약국에
없는
약 이야기

약국에
없는
약 이야기

가짜 약부터 신종 마약까지
세상을 홀린 수상한 약들

박성규 지음

MID

약국에 없는 약 이야기

초판 1쇄 발행 2019년 10월 10일
초판 7쇄 인쇄 2024년 11월 1일

지은이 박성규

펴낸곳 (주)엠아이디미디어
펴낸이 최종현

기획 김동출 이휘주
편집 이휘주
교정 김한나
디자인 최재현

주소 서울특별시 마포구 신촌로 162, 1202호
전화 (02) 704-3448 **팩스** (02) 6351-3448
이메일 mid@bookmid.com **홈페이지** www.bookmid.com
등록 제2011 - 000250호

ISBN 979-11-90116-10-7 03900

들어가며

필자는 약학을 전공했다. 그래서인지, 몇몇 사람들은 필자에게 약에 대해 평소에 궁금했던 점을 묻곤 한다. 그들의 질문을 듣다보면 우리가 생각하는 '약'의 범주가 굉장히 넓다는 것을 새삼느끼게 된다. 누군가는 영양제의 성분에 대해서 묻기도 하고, 전통적인 보약의 효과를 궁금해 하는 이도 있고, 은밀한 목소리로마약과 같은 향정신성 약물에 대한 호기심을 드러내기도 한다. 쥐약이나 모기약 같은, 살리는 게 아닌 '죽이는 효과'가 있는 것까지도 약이긴 하냐고 묻기까지 한다.

사실 엄밀한 의미에서의 약, 그러니까 현대적인 의미의 의약품은 우리가 일반적으로 쓰는 약의 의미보다 좁긴 하다. 그런데 왜 우리는 그런 범주에 들지 않는 것들까지 '약'이라고 통틀어 부를까? 약은 왜 약 그 이상인 것일까?

먼저, 약은 인간의 욕망을 굉장히 솔직하게 보여주는 물건이기 때문이다. 쥐약, 모기약처럼 생명을 죽이는 약이라도, 좋은 환경과 위생이라는 '인간의 욕망'을 채우는 데 도움이 된다면 그건 '약'인 것이다. 세상의 모든 물건이 인간의 욕망을 실현하기 위해 만들어진 거겠지만, 약은 그 욕망을 가장 집약적으로 또한 노골적으로 보여주는 물건이라 할 수 있다.

집에 있는 약통을 꺼내 뒷면의 '효능과 효과' 항목을 살펴보자. 질병과 증상이 길게 나열되고, 이에 대한 '개선', '치료보조' 같은 말이 적혀 있다. 풀어 보자면, '이걸 먹으면 나아', '이걸 먹으면 아프지 않아', '이걸 먹으면 건강해져'라는 말이다. 즉 약은 바로 인간의 근원적 욕망인 치유, 무통, 건강을 그대로 가리키고 있다. 어느 시대에서건 약이 가장 비싸고도 귀중한 재화인 것을 봐도 그렇다. 신약 개발 소식이 큰 뉴스로 전파되고, 산삼의 가격이 여전히 이야깃거리가 되는 것도 생각해보자. 자신의 욕망을 실현해주길 바라며 개의치 않고 입에 넣어 섭취하는 것을 우리가 '약'으로 인식해왔다는 것은 새삼스럽지 않은 것이다.

인간과 약이 서로 얽힌 이야기들은 참 재미있고 다양하다. 인간의 역사에서 약이라는 물건을 통해 빚어낸 희비극을 보고 있으면, 인간의 욕망이란 참 흥미롭고도 끈질기다는 생각이 들게 된다. 각종 엉터리 약에 속아 넘어간 사람들의 이야기는 오늘날 보기엔 조금 우스꽝스럽고 심지어 안타깝기까지도 하다. 하지만 그들의 마음 속에 있는 절실한 욕망은 오늘날의 사람들도 똑같이 기지고 있다는 점을 다시 생각하게 된다.

약은 왜 약 이상인걸까? 그 두 번째 이유는, 약이 우리 사회 문화 많이 반영된 복합적인 물건이기 때문이다. 옛날에는 몸에 좋다고 먹고 바르기도 했던 수은은 오늘날엔 소량이라도 손에 묻히기 싫은 물질이 되었다. 이런 인식의 차이는 어디에서 비롯된 것일까? 한때 특유의 독특한 빛깔과 성질로 인해 귀중한 약으로 여겨진 수은은 왜 이제 독처럼 느껴지는 것일까? 물론 수은의 위험성에 대한 지식이 축적된 것도 한몫했겠지만, 여기에는 수은을 바라보는 사회 문화적 태도가 달랐던 것도 큰 역할을 했다.

심지어 같은 시대에서도 어디에 사느냐에 따라 약에 대한 인식이 또 달라진다. 미국의 몇몇 주에선 의료용으로 합법화되어 널리 이용되는 대마는, 우리나라에서는 범죄 뉴스에 등장하는 자극적인 소재로 취급된다. 하지만 몇몇 마약들이 치료제로 활용될 수 있다는 의료계의 소식도 들려오고 있다. 좋은 약과 나쁜 약의 차이는 이토록 미묘하다. 약을 뜻하는 그리스어 파르마콘^{pharmakon}, 독과 약이라는 의미가 이 단어 하나에 모두 포함되어 있는 것처럼.

그렇다면 무엇이 이른바 '좋은 약'과 '나쁜 약'을 규정하는 것일까? 불티나게 팔린 항우울제 프로작^{prozac}은 행복을 위한 묘약이었을까? 아니면 많은 희생자를 불러일으킨 나쁜 약이었을까? 오늘날 마약으로 규정된 대마는 애초부터 나쁜 약이었을까? 발견 당시 신약으로써 새로운 가능성을 열어줄 것 같았던 코카인과 LSD는? 이런 곤란한(?) 문제도 꼭 다루고 싶었다.

재미있는 정보와 이야기만큼이나 재미있는 '물음표'를 독자들에게 많이 안겨주는 책이 되길 바라며, 이 이야기를 시작한다.

약을 먹고자 하는 욕망은 인간과 동물을 가르는
가장 위대한 특징일 것이다.

— **윌리엄 오슬러**William Osler

1부

—

욕망,
약을
발명하다

사람은 태어나 늙어가고 아파하다가 죽는다. 한낱 생물이기에 생로병사는 당연한 자연 법칙이겠지만 다른 동물들과 달리 인간은 의문을 갖는다.

어떻게 늙고, 아프고, 죽는 것을 피할 수 있을까?
건강하게, 영원히 살 순 없을까?

이 문장은 질문인 동시에 욕망의 표현이다. 아픈 사람은 낫기 위해서, 늙은 사람은 더 살기 위해서 할 수 있는 모든 것을 다하고자 한다. 그 무엇이라도 하고자 하는 것은 어쩌면 간절한 바람을 투영하는, 일종의 의식ritual이 아닐까. 이른 시절의 인류는 무언가를 먹으면 아프지 않고 병이 낫지 않을까 해서 시험삼아 이것저것을 입에 넣었을 것이다. 이것이 처음으로 약을 복용하는 계기가 아니었을까. 그렇게 약medicine은 욕망을 실현하기 위한 현실적 수단을 찾는 데서 시작했을 것이다.

생로병사라는 피할 수 없는 굴레를 피하고자 하는 욕망은 '약'을 발명했다. 하지만 죽지 않고 건강하게 산다는 것은 결코 완벽하게 충족되는 욕망이 아니다. 물론 약의 발명과 발전은 우리를 덜 아프고 더 살 수 있게 만들어줬다. 몇 세기 전만 해도 악명을 떨쳤던 유행병과 악성 질병들이 신약의 등장으로 인해 오늘날엔 구경조차 하기 힘든 것처럼 말이다. 하지만 인간의 욕망은 대개 해프닝을 빚어내기 마련이라, 약의 등장과 발전에 있어서 수많은 시행착오와 좌충우돌이 있었다.

최초의 약부터가 사실은 시행착오에서 시작되었을 가능성이 높다. 예컨대, 최초의 약은 과연 약의 '실제 효과'로 인간을 치료했을까? 아마 그렇지 않았을 것이다. 최초의 약은 위약이었을 가능성이 높다고 필자는 생각한다. 약의 실제 효과는 미흡하거나 거의 없는 수준이었을 것이다. 하지만 강력한 심리적 암시와 믿음이 환자를 낫게 했을 것이고, 사람들은 그것이 약의 효과라고 믿었을 것이다. 약은 그 실체에 앞서 개념으로 먼저 존재했던 것이다. 약에 대한 심리적 효과는 얼마나 클까? 생각보다 크다. 아니, 사실 무시할 수 없을 정도다. 이런 심리적 암시를 주는 데 탁월한 능력을 갖췄던 고대의 주술 치유자들witch-doctor은 종교 의식과 치료를 병행하여 환자들을 낫게 했다. 그래서 몇몇 약들은 실제 효과와는 무관하게 신성시되기까지 했다. 심지어 어떤 약들은 만병해독제로 받들어져 고대에서 중세에 이르기까지 사람들은 엉터리 약을 믿고 복용하기까지 했다.

게다가 정말 이상한 재료로 약을 만든 사례가 세계사에서 종종 발견된다. 우리 속담에도 '개똥도 약에 쓰려니 없다'는 말이 있듯이, 하찮거나 효과가 없어 보이는 물질이 약의 재료로 쓰이는 것은 꽤 보편적인 현상이었다. 왜 그런 것일까? 시공간을 초월해서 인간이 갖는 어떤 공통된 원리가 있기 때문이 아닐까?

욕망과 미신이 강력하게 지배했던 고대 의약학에서 히포크라테스의 등장은 중요한 분기점이었다. 히포크라테스 학파는 오랜 기간 서양의학의 주류를 지배했고, 오래 지배한 만큼 과오를 범하기까지 했다. 이후엔 연금술이 의약학에 큰 기여를 하게 된다. 오늘날 보기엔 터무니없는 마술에 가까운, 연금술은 한 때는 굉장히 진지하게 연구된 학문이었다. 당대의 수많은 이들이 이 치명적인 학문에 흠뻑 빠졌다. 그리고 이 요상한 학문은 본래의 목적에 도달하진 못했지만, 의약학의 새로운 시대를 열었다. 마침내, 근대에 이르러 약학은 신비주의와 전통을 토대로 한 기존의 약학에서 벗어난다. 우리가 제대로 된 약을 복용하면 대다수의 질병을 치료할 수 있게 될 것이라 생각하는 게 당연해진 것도 최근의 일이다. 이렇게 좌충우돌로 가득한 약의 역사를 추려 보는 것이 1부의 몫이다.

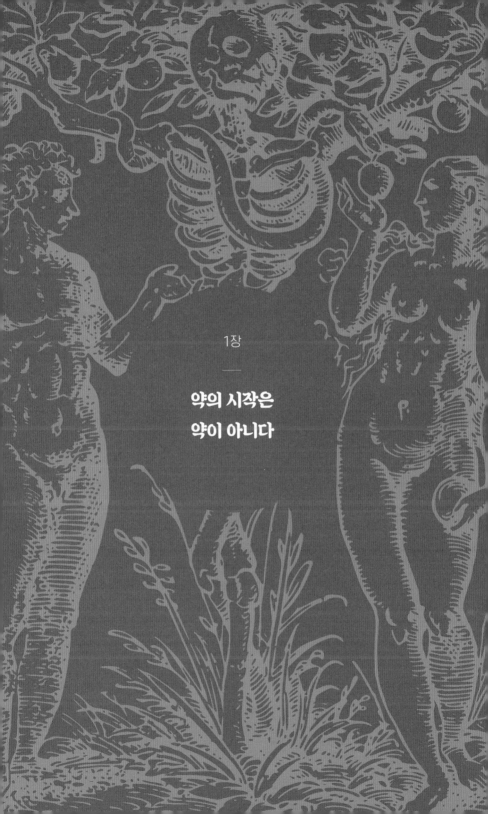

1장

—

**약의 시작은
약이 아니다**

엄마 손은
정말 약손이었을까

의약학이 발전되지 않은 때에는 약의 실제 효험보다는 약에 대한 욕망과 믿음의 효과가 엄청나게 컸으리라는 이야기를 앞서 했었다. 어쩌면 이런 비이성적으로 보이는 발상에 코웃음을 치는 이도 있을지 모르겠다. 이성과 과학의 시대에 걸맞지 않은 소리라고 말이다. 하지만 그런 독자라도 어릴 때 주문(?)을 통해 치유된 경험이 있을 것이다. 어린 시절, 체하거나 배앓이를 할 때 배를 어루만져 주던 엄마의 손길을 기억하는가? "엄마 손은 약손~"으로 시작하는 나른한 노래까지 말이다. 손의 따스한 온기와 다정한 노랫소리에 배의 통증이 가라앉는 경험을 아마 대부분 했을 것이다. 그 놀라운 치유를 경험했을 때, 모르긴 몰라도 이런 생각이 들었을 것이다. "엄마의 주문이 나를 낫게 했어!" 실제로는 엄마의 주문이 배가 아픈 원인을 제거하는 데 직접적인 기여를 하진 않았겠지만, 엄마에 대한 우리의 신뢰가 엄마의 주문을 효과가 있게 만든 것이다.

엄마 손과 같은 사례는 고대 이집트에도 있었다. 이집트의 '치유의 주문'에는 처방과 함께 신뢰할 수 있는 사제의 주술이 곁들여졌다. '치유의 주문'에는 약초, 뿌리, 특이한 모습을 지닌 동물의 신체 부위 같은 천연약재를 곁들이는 경우가 많았다. 고대인들은 자연계에 있는 모든 종류의 물질을 대상으로 치료제로서의 가능성을 탐색하였다. 치료제를 찾을 수 있는 자연계는 상당히 광범위하다. 여기에는 약초를 채집할 수 있는 식물계가 있고, 지네와 같은 곤충을 포함한 동물계, 희귀한 색상의 흙과 금속이 포함된 광물계도 있다. 현대에 이르러서도 식물계, 동물계, 광물계에서 약물이 될 수 있는 물질들의 탐색이 이루어지고 있다. 하지만 고대에는 약물에 대한 경험적 지식과 엄밀한 검증 방법이 부족했던 만큼 대부분의 약은 실질적인 효능이 없는 경우가 많았다.

수메르에서 출토된 점토판에는 4,000년 전 어떤 이름 모를 의사가 기록해놓은 처방전이 남아있는데, 그다지 효능이 없어 보이는 천연치료제들이 대부분이었다. 점토판을 남긴 수메르 의사 역시 치료제를 구하기 위해 식물계, 동물계, 광물계를 탐색하였다.

그가 자주 애용하던 치료제들은 소금(광물계), 우유와 뱀 껍질(동물계), 계피, 대추야자나무, 백리향(식물계) 등이었다. 이 재료들이 치료 효과가 있었는지는 모르겠지만, 영양을 보충하는 데는 좋았을 것이다. 소금과 백리향으로 간과 향을 더하고, 우유와 뱀 껍질로 단백질과 양기를 보충하기 좋은 약이라면 영양가 높은 음식에 가까웠을테니 말이다. 치료가 성공적이었다면, 아마도 건강한 음식 덕분이 아니었을까. 게다가 죽을병이 아니면 자연 치유로 병이 고쳐지기도 하는데 고대인들은 이런 자연 치유 현상도 약의 효과로 착각했을 가능성도 높았을 것이다.

가짜 약의 진짜 효능, 플라시보 효과

'엄마 손'과 같은 주술과 암시가 주는 심리적 효과는 무시할 수 없다. 약물에 효과가 없을지라도, 강력한 심리적 암시와 믿음은 가짜 약에 탁월한 효능을 부여하기 때문이다. 서로 다른 형태인 '약'과 '치료의 주문'이 일종의 상승작용synergistic effect을 일으키는 것이다. 약의 실제 효능과 무관하게 치료 효과를 높여주는 이런 심리적인 효과를 플라시보 효과Placebo effect라고 한다. 가짜 약(위약)을 실제로 의학적 효과가 있는 약으로 처방 받은 뒤 복용하거나, 가짜 의료 도구 혹은 수술을 통해 치료를 받은 후 환자들이 실제로 자신의 질병이 호전되고 있다고 느끼는 경우도 플라시보 효과의 사례.

가짜 약의 생김새는 진짜 약과 똑같은 모습을 가지고 있는 경우가 많다. 하지만 구성 성분은 밀가루와 설탕 등으로 아무런 효능이 없는 물질들이다. 그렇지만 환자 입장에서는 복용한 약을 진짜 약과 구별할 길이 없기에, 약을 복용하였다는 단순한 심리적인 요인만으로도 신체 안에서 실제 약과 비슷한 신경생리학적인 변화가 일어난다. 예를 들면 위약을 복용한 경우, 환자의 뇌에서는 엔도르핀endorphin이 분비되어 통증이 줄어든다고 느끼게 된다. 약에 대한 강한 믿음이 뒷받침한다면, 위약도 효과가 뛰어난 진짜 약이 되는 것이다. 이것이 바로 우리의 선조들이 실제 효험이 크지 않은 약으로도 질병을 치유할 수 있었던 원리였다.

플라시보 효과는 특히 통증에서 가장 큰 효과를 발휘한다. 현대 의사들은 질병 자체를 치료하는 데 집중하지만, 고대 의사들은 '질병 자체'가 아닌 '질병에 따르는 고통'을 줄여주는 역할로 명성을 얻었다. 그도 그럴 것이, 고대인들에게 고통은 질병 그 자체를 의미했기 때문이다. 아프면 병이 난 것이고, 아프지 않으면 병이 나은 것이다. 고대 의사들이 쌓아올린 명성과 무통효과는 서로 상승효과를 일으켰다. 플라시보 효과에서는 의사와 환자 간의 관계도 중요하기 때문이다. 환자의 통증이 완화되어 진료한 의사의 명성과 신뢰가 높아지면, 다음 환자는 이전보다 더 큰 무통효과를 얻을 수 있었다.

오늘날에도 쓸모있는 가짜 약

그렇다면 플라시보 효과는 치료가 어려웠던 고대에서만 의미가 있을까? 고대와 달리 실제 효험이 뛰어난 약들이 많이 있는 오늘날이니 말이다. 그렇지만은 않다. 오늘날에도 환자가 치료에 대해 어떻게 '해석'하느냐에 따라 치료 효과가 달라진다는 연구 결과가 꽤 많이 있다. 심지어 플라시보 효과가 너무 강력하게 작용한 사례도 보고된다. 심지어 위약임을 알고 복용해도 효과를 얻을 수 있는 '정직한 위약'에 대한 이야기도 나오고, 진짜 약을 먹지 않았음에도 우려로 인해 부작용을 겪는 노세보^{nocebo} 효과, 즉 역위약 효과까지도 중요하게 연구되고 있다. 의약학이 아무리 발전해도 인간의 마음이 신체와 연결된 고리는 오늘날에도 여전히 튼튼하다는 것을 플라시보 효과를 통해 알 수 있다.

하지만 오늘날에는 신약 개발이 승인되려면 플라시보 효과보다 더 나은 효용성을 보여야 한다. 그렇다면 약의 효과가 단순한 플라시보 효과에서 비롯된 것인지 아닌지를 판단하기 위해서는 어떻게 하면 될까? 위약대조라고 부르는 실험이 있다. 약효가 있다고 여겨지는 유효성분이 포함된 '진짜 약'과 유효성분이 하나도 들어 있지 않은 '가짜 약'을 두 개의 집단으로 나누어 실험하는 것이다. 여기서 진짜 약을 처방 받는 그룹은 시험군이라고 부르고, 가짜 약을 처방 받은 그룹을 대조군이라고 부른다.

위약대조에는 상당히 중요한 조건이 있다. 플라시보 효과는 심리적 요인에서 비롯된 것이므로, 약을 처방 받은 피실험자는 자신이 처방 받은 게 진짜 약인지, 가짜 약인지 철저히 몰라야 한다. 이렇게 피실험자의 '눈을 가린 상태'에서 약물의 효능 여부를 시험하는 것을 맹검시험^{blinded test}이라고 부른다. 만약 진짜 약에 약효가 없다면, 시험군과 대조군 모두 똑같은 수준의 반응이 있을 것이다. 하지만 실제로 약이 효과가 있다면, 플라시보 효과를 뛰어넘어 시험군은 대조군보다 훨씬 뚜렷하게 증상이 개선될 것이다.

좀 더 엄격한 조건에서 맹검시험을 수행할 때에는 환자뿐 아니라 약을 처방해주는 의사들의 눈 역시 가려야 한다. 즉 의사도 환자에게 처방하는 약이 진짜인지 가짜인지 몰라야 한다. 의사가 환자에게 투여하는 것이 가짜 약이라는 것을 알게 된다면, 환자를 대하는 태도나 말투 등에서 무의식적으로 가짜 약을 투여하고 있다는 암시를 줄 수도 있기 때문이다. 이처럼 환자뿐 아니라 의사들의 눈까지 가려 심리적인 효과를 완벽하게 차단하는 것을 이중맹검^{double blind}이라고 한다.

오늘날에는 이런 실험을 통해 플라시보 효과와 실제 약효를 가늠할 수 있지만, 고대에는 그렇지 못했다. 플라시보 효과와 실제 효험이 쉽게 구분되지 않았고, 약의 효과를 검증하는 방식도 정밀하지 못했다. 게다가 질병과 우리 신체의 대부분이 미지의 영역이었던 시대였던 만큼 플라시보 효과에 상대적으로 더 의존할 수밖에 없었다. 치료가 쉽지 않았던 시대에 일단 효과라는 게 있다는 것만으로도 환자들은 얼마나 많은 위안을 받았을까.

그래서 고대 의사들은 이런 심리적 효과를 최대화하는 방법을 강구했다. 사실, 고대의 의사들은 플라시보 효과에 관한 한 오늘날의 의사나 약사보다 더 전문가였을 것이다. 그들은 굉장히 구체적이고 유서 깊은 제도와 형식을 통해 약이 주는 심리적 효과를 강화하였다. 바로 종교를 통해서였다.

믿음이 너를
치유케 하리라

고대 이집트의 의사들은 문자를 사용해 처방과 치료법 등을 기록했는데, 오늘날 이 문서들을 에베르스 파피루스Ebers Papyrus라고 부른다. 여기에는 "주술은 약과 함께 사용할 때 효과가 있으며, 약은 주술과 함께 사용할 때 효과가 있다"고 기록되어 있다. 앞서 언급한 '치유의 주문'처럼 원시적이고 강렬한 비언어적 상징들은 종교 의식을 통하여 주문의 심리적 효험을 높여 주었다. 의학과 종교는 그 기원이 서로 밀접하게 연관되어 있음을 확인할 수 있는 사례가 인류 역사에서 공통적으로 발견된다. 고대의 질병 치료와 종교 의식을 비교해보면, 둘의 차이점을 찾기가 오히려 힘들 정도다. 기본적으로 둘은 모두 사악한 정령을 달래거나 제압하는 의식을 거행했다. 향을 피우거나 불을 지피는 등, 미디어에서 흔히 접하는 방식을 떠올리면 좋을 것이다. 이처럼 고대 사회에서 질병을 보는 관점은 현대와는 무척 달랐다.

고대인들은 질병의 원인을 사악한 기운이나 악령이 몸에 침투하여 발생한다고 보았다. 질병의 발생 원인이 신체 외부에서 들어온 것이기에 그 원인이 다시 몸에서 빠져 나오게 하는 것이 고대인들의 치료 매커니즘으로, 주술이 대표적이었다. 주문을 외우고 굿판을 벌이는 주술 치료는 지금도 성행하고 있다. 여전히 많은 사람들이 신성한 부적이 앞으로 다가올지 모를 질병과 액운을 방지해주기를 바라며, 주술이 현대의학으로 치료 불가능한 질병을 치료해주기를 기원한다. 이성과 과학의 시대에도, 액운과 질병에 관한 주술적 사고방식은 여전히 우리의 깊은 마음속에 남아있다. 그리고 이러한 사고방식에는 한 가지 전제가 있다. 질병과 건강에 관여하고 관장하는 '누군가'가 있다는 것이다. 그리고 그 누군가는 선하기도 하고 혹은 악하기도 했다.

질병과 치료는 신적 존재의 몫

질병과 치료에 관여하는 신적인 존재는 인류 문명의 시작점인 고대 메소포타미아에서도 찾아볼 수 있다. 당시 메소포타미아 문명에서 주술사와 의사는 서로 다른 직업으로 분류되었지만, 질

병의 악마 파주주
파주주의 형상에는 독수리, 전갈, 사자의 모습이 섞여 있
다. 고대인에게 공포 그 자체였던 '질병'을 대표하는 신
이 무서운 동물이 모조리 합체한 형상인 건 당연할지도.

병 치료를 위해서는 주문과 의술이 함께 쓰였다. 병을 일으키고 또 낫게 해주는 대상은 신적인 존재들로 연결되었다. 5,000년 전의 메소포타미아인들이 질병을 일으킨다고 믿었던 악마 중에는 우리에게 낯설지 않은 이름도 있다. 바로 파주주^{Pazuzu}다. 파주주는 1970년대에 인기를 끌었던 영화 〈엑소시스트^{The Exorcist}〉에서 소녀의 신체에 깃든 악마의 이름이기도 하다. 질병의 화신이었던 파주주는 바람과 가뭄을 일으키기도 하고, 메뚜기 떼를 출몰시키기도 하며, 여러 지역에 질병을 일으키는 주범으로 지목되었다.

당시 메소포타미아의 치료 방법은 영화 〈엑소시스트〉를 떠올리면 이해하기 쉽다. 메소포타미아인들은 악마가 싫어하는 것을 악마에게 가까이 두면 악마가 달아날 것이라고 믿었다. 그리고 인간이 싫어하는 것이라면, 악마도 싫어할 것이라고 생각했다. 예를 들어 개똥을 환자에게 먹이거나, 동물의 깃털을 태워 지독한 냄새와 연기를 내면 악마가 달아날 것이라는 식이다. 고대인들은 악마가 숙주, 즉 환자에게 깃들었을 때 질병이 발생한다고 보았다. 악마가 다른 곳에 옮아가게 하는 것도 하나의 방법이었다. 그래서 동물이나 사람을 본딴 주술 인형을 만들어 환자에게 주었다. 악마가 현재의 숙주보다 더 매력적인 숙주를 찾는다면 그 쪽으로 옮겨갈 것이라고 생각한 것이다. 영화 〈엑소시스트〉에서 악마가 소녀 대신 퇴마의식을 수행한 신부의 몸으로 옮겨간 것처럼 말이다.

의술의 신 토트

토트는 굉장히 바쁜 신이었다. 의술을 비롯한 세상의
모든 지혜와 기록까지 담당했기 때문이다. 치유의 주
문, 처방전, 약 제조법 등을 써야 했던 이집트의 의사에
게 토트는 중요한 숭배 대상일 수 밖에 없었다.

이렇게 질병을 일으키는 악마만 있었다면 인간에게는 조금 불리한 세상이 되었을 것이다. 그래서인지 몰라도 고대에는 질병을 일으키는 악마를 막는 '의술의 신'도 존재했다. 고대 이집트의 토트Thoth와 임호텝Imhotep이 바로 이런 의술의 신으로 알려져 있다.

그중 토트는 의술의 신이면서 동시에 지혜와 언어의 신이기도 했다. 특히 의술에 있어서 언어와 글이 매우 중요한 역할을 하였다. 약을 처방하거나, 혹은 치료 기록을 전수하는 것은 지혜가 동원되는 일이었고, 그 지혜를 기록하기 위해서 언어는 필수적이었기 때문이다. 게다가 고대 이집트인들은 언어 자체에 힘이 있다고 여겼다. 먹을 수 있는 잉크로 주문을 써서 특수한 용액에 녹여 마시는 것도 치료 방법 중 하나였을 정도다. 지금 보면 괴이한 풍습으로 보이지만, 예전에 학생들이 영어 단어를 외우기 위해 사전의 페이지를 씹어 먹었던 것을 생각해보자. 이렇게 보면 고대 이집트인의 생각도 현대인과 크게 다르지 않다. 좀 더 독특한 면이 있다면, 이들에겐 치유의 주문이 중요한 역할을 했고 그 효험을 굳게 믿었다는 점이다. 치유의 주문은 환자 앞에서 낭송되거나 글로 쓰여져 환자에게 전달되었다. 오늘날 발굴된 치유의 주문에는 토트의 이름이 종종 등장한다.

고대 이집트인의 종교와 의약학은 이러한 공존을 통해 나름의 '상승 작용'까지 누릴 수 있었다. 사후세계에 큰 관심이 있던 이집트인들이 미이라를 제작하고 장례 의식을 정교화하면서 해부학에 대한 해박한 지식을 갖게 되었던 것이다. 그리고 이 지식은 다른 지역에도 전파되어 고대 의약학에 중요한 역할을 하게 되었다.

오늘날 의사들이 고대인들이 하던 방식으로 진료에 주문을 곁들이거나 종교적 색채를 더한다면, 돌팔이 진료로 큰 문제가 될 것이다. 오늘날엔 아무리 독실한 신자라 해도 의학과 종교는 분리해서 생각한다. 하지만 의학 지식이 부족했던 고대인들에게는 자연을 관찰하여 얻고 나름대로 해석한 지식이 가장 유용하고 의미 있었을 것이다. 옛날 사람들은 당시로선 가장 납득 가능한 방식인 자연을 통해 질병의 원인을 설명하고 해결책을 찾고자 했을 것이다. 많은 사람들에게 납득 가능한 방식이라면 쉽고. 직관적이며, 보편적인 원리여야 한다. 다음에 할 이야기는 바로 그런 보편적인 원리에 대한 것이다.

세상은
신이 만든 약국이다

만약 당신이 환자라고 가정하자. 기상천외한 재료로 약을 지어 준 의사의 처방을 곧이곧대로 믿겠는가? 의심스러운 눈초리로 약이 과연 효과가 있을지, 부작용은 없는지 물어볼 것이다. 오늘날이라면 약사나 의사가 약의 성분이나 처방의 원리를 간단하게라도 설명하겠지만 성분을 정밀하게 분석할 수 없었던 고대라면 어떨까? 의심쩍어하는 환자를 마주한 고대의 치료사는 쓴 약은 입도 대지 않으려는 아이를 구슬리는 부모의 심정이었을 것이다. 치료사의 입장에선 질병과 증상 그리고 약의 효과에 대한 직관적이면서도 설득력 있는 설명이 필요했을 것이다. 그런데 신기하게도 동서를 막론하고 고대 치료사들은 비슷한 설명을 환자들에게 들려준 모양이다. 인간이라면 누구나 고개를 끄덕일 수 있는, 자연과 인간의 관계를 들어가며 말이다.

질병과 증상을 자연을 통해 설명하는 것도 고대 치료사들이 즐겨 쓰는 방법이었다. 사실 오늘날에도 그 흔적은 남아있다. 충치가 좋은 예가 될 것이다. 우리는 썩은 이(齒牙)에 벌레 먹었다는 뜻으로 충치라는 표현을 쓴다. 이 표현은 동서고금을 막론하고 사용되어 왔다. 현대 서양권에서도 충치에 'tooth worm'이라는 표현을 쓴다. 이를 파고든 벌레라는 표현은 5,000년 전 쓰인 메소포미아 점토판에도 새겨져 있다. 이들의 신화에 따르면, 이를 썩게 만드는 벌레가 신에 의해 처음 창조되었을 때 인간을 창조한 선한 신은 (인간을 위하여) 잇몸의 피와 이 대신 다른 근사한 음식을 벌레에게 권했다고 한다. 이에 벌레는 신의 권유가 마음에 들지 않는다며, 다음과 같이 말하였다.

"잘 익은 무화과와 사과가 무슨 소용이랍니까? 저를 입속에 살게 하시어, 잇몸에서 피를 빨아먹고, 이 사이에 낀 음식찌꺼기를 씹도록 하소서."

불행히도 메소포타미아의 신은 벌레에게도 좋은 분이셨는지, 벌레의 간곡한 기도를 들어주었다고 한다.

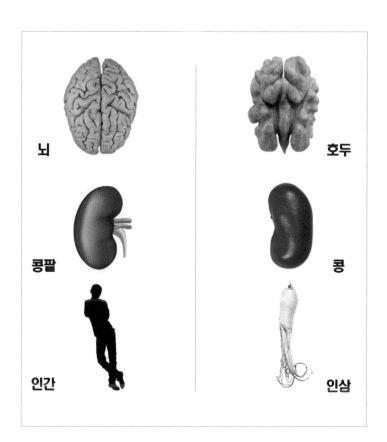

뇌

호두

콩팥

콩

인간

인삼

세계는 신이 만든 약국

"신들은 우리에게 힌트를 남겼다. A를 닮은 음식은 A
에 좋은 음식이다. 생긴 것에는 다 이유가 있지 않겠는
가?" 자연주의의 오류라고 지적해야겠지만, 꼭 닮은 생
김새를 살펴보면 꽤나 솔깃해지는 이야기다.

동서고금을 막론하고 충치에 대한 표현 방식은 어찌 이리도 보편적일까? 바로 인간의 원시심성$^{primitive\ mind}$ 때문이다. 원시심성이란 시대와 문화를 초월하여 공통적으로 나타나는 인간의 사고방식을 말한다. 원시심성은 질병의 원인을 이해하는 방식뿐 아니라, 치료제를 찾는 방식에 있어서도 공통적으로 나타난다. 바로 표식자의 원리와 유사성의 원리로 말이다.

일단 표식자의 원리$^{doctrine\ of\ signature}$를 살펴보자. 표식자의 원리로 본다면, 신에 의해 만들어진 이 세상은 하나의 거대한 약국이다. 신은 인간을 위해 이 세계를 창조했기 때문에, 인간을 아프게 만드는 질병의 치료제도 같이 세계 속에 창조해 놓았어야 하기 때문이다. 신은 인간을 사랑하기에, 우리가 알아볼 수 있도록 치료제가 될 수 있는 물질에는 표식(일종의 단서)을 해두었다고 한다. 자연계에 신이 남겨놓은 표식은 다음과 같은 방식으로 이해되었다. 사실 오늘날에도 자주 들을 수 있는 이야기다.

"두통에는 호두가 좋다. 호두의 주름은 뇌의 주름과 많이 흡사하기 때문이다."

"몸이 허약해졌을 때는 인삼이 좋다. 인삼은 신체의 모양과 비슷하게 생겼으니 말이다."

신은 이렇게 병든 신체 기관과 비슷한 모양을 갖춘 자연물에 표식을 남겨두었다고 한다. 신이 인간을 사랑하기에 이런 일도 했구나 싶겠지만, 비슷한 논리로 신은 인간을 벌주기 위해 질병도 같이 창조했다고도 한다.

이제 유사성의 원리$^{similia\ principle}$를 살펴보자. 유사성의 원리는 의학사에서 들어봤을 법한 의사들이 모두 한 번쯤은 긍정적으로 언급했을 정도로 중요하게 여겨졌다. 히포크라테스는 "질병을 유발한 것과 비슷한 물질로 질병을 치료할 수 있다"고 주장하였다. 독자들 중 꽤나 그럴듯한 원리라고 고개를 끄덕이는 분도 아마 있을 것이다. 굉장히 직관적인 아이디어이기 때문이다. 그래서인지 이 원리를 표방한 치료법이 꽤 오랜 시간동안 명맥을 이어 왔다.

기원전 1,500년 전의 이집트 에베르스 파피루스에는 "두통에는 물고기 머리를 섭취하여 치료하고, 눈앞이 보이지 않을 때는 돼지의 눈을 섭취하여 치료한다"라고 기록되어 있다. 유사성의 원리는 서양뿐만 아니라, 동양 문화권에서도 사용되었다. 동양의학에서 자주 사용되는 이열치열(以熱治熱)이나 이독제독(以毒制毒) 등의 표현들이 같은 원리에 해당된다.

믿음이 만든 황당한 치료법

질병을 일으킨 독과 유사한 성질의 독으로 치료가 가능하다는, 유사성의 원리에 기반한 치료는 꽤 최근까지도 이어져왔다. 유사성의 원리는 동종요법^{homeopathy} 등의 치료하는 방식에도 적용되었고, 오늘날에 이르기까지 맥을 이어오고 있다. 여기에 중요한 역할을 한 사람은 18세기 말 독일의 의사, 사무엘 하네만^{Samuel Hahanemann}이었다. 하네만의 동종요법은 현대의학에 회의적이거나 현대의학을 통해서 만족스럽게 치료를 받지 못한 많은 사람들이 찾는 마지막 수단으로 오늘날에도 사용되고 있다. 하지만 현재까지 의학적인 효능이 검증된 바는 없다.

하네만의 동종요법이 얼마나 허무맹랑한 치료원리인지 한번 살펴보자. 하네만의 동종요법은 질병을 일으키는 물질과 유사하거나 같은 물질을 치료제로 사용할 수 있다는 원리에서 시작된다. 그런데 치료를 위해서는 약물을 반드시 희석해야 한다. 희석하지 않을 경우 병증을 악화시킬 수 있지만, 약물이 희석된다면 부작용도 줄고 약효가 향상된다는 것이다.

물론 동종요법을 통해 독의 독성을 제거할 수는 있다. 아무런 독성을 갖지 않도록 극도로 희석해버리면 된다. 그런데 문제가 있다. 약물의 농도가 너무 낮으면 생체 내에서 아무런 생화학적인 변화를 일으키지 않는다는 것이다. 이런 농도를 무효량^{ineffective dose}이라고 부르는데, 동종요법의 많은 경우가 무효량을 이용한다. 가장 널리 쓰이는 희석의 비율은 30C인데, 이는 100배 희석을 30

회 걸쳐 반복하면 얻을 수 있다.* 이에 해당하는 희석의 비율은 $10^{60}(=100^{30})$이다.

동종요법으로 희석된 독약은 말 그대로 맹물이다. 10^{60}정도로 약물을 물이나 용액에 희석시킨다면, 희석 이후엔 약물 분자는 그 용액에 하나라도 남아있기 어렵기 때문이다. 10^{60}보다 훨씬 작은 크기의 숫자인 10^{23}을 예로 들어보자. 이 숫자는 아보가드로 수 Avogadro's number로 알려져 있는데, 한 컵의 커피를 바다에 붓고 균일하게 바다를 휘저으면 아보가드로 수만큼의 비율로 희석시켰다고 말할 수 있다. 이때 바다에서 한 컵의 바닷물을 떠올리면 컵 속에 다시 들어오게 되는 커피 분자는 기껏해야 한두 개 정도이다. 희석 비율을 높일수록 약물 분자 개수는 줄어든다. 그런데 동종요법에 자주 사용되는 30C는 아보가드로 수의 희석 비율보다 10^{37}배 이상 크다. 불행히도 하네만은 분자의 개수와 희석의 연관성, 다시 말해 정량적인 화학에 관한 이해가 전무했다. 동종요법의 희석은 독을 약이 아닌, 아무런 약리 효과가 없는 맹물로 만들 뿐이나.

동종요법을 통한 치료효과는 소위 '평균으로의 회귀'regression to the mean'와 '자연 치유력'에 기인한다. 평균으로의 회귀란 세상의 모든 것에는 나름의 고유한 주기가 있다는 뜻인데, 여기엔 인간의 몸도

● 지구보다 훨씬 커다란 우주공간 전체에 물을 가득 채워 넣고, 약물 분자 하나를 첨가해 놓으면 55C의 희석비율이 나오는데, 동종요법에서는 이보다 더 높은 희석비율의 제품을 판매하기도 한다.

예외가 아니다. 질병으로 인해 우리 몸은 좋다가도 나쁘기를 주기적으로 반복하게 되어 있다. 그리고 죽을 만큼의 질병이 아니라면, 약물의 치료 없이도 건강이 회복되기 마련이다. 인간의 신체에는 자연 치유력이 있기 때문이다. 자연 치유 덕분에 일시적으로 병세가 호전되거나, 질병이 치유되어도 함께 병행했던 동종요법의 덕택으로 받아들이게 되는 것이다. 다시 말해, 동종요법에 치료의 효과가 있다고 한들, 기껏 플라시보 효과에 불과할 뿐이라는 이야기다.

하네만의 동종요법과 같은 황당한 치료법이 오늘날에도 어딘가에서 쓰이고 있으니, 고대에는 더 황당한 치료법이 판을 치고 있던 게 당연했다. 하지만 믿음만으로 사람의 몸을 치료할 수 있는 것도 한계가 있다. 결국 중요한 것은 약물과 치료의 실제 효험이다. 인간의 신체와 증상에 맞는 체계적인 처방만이 질병을 극복할 수 있게 한다. 하지만 오늘날엔 너무나 당연하게 여겨지는 의료 상식이 당연하지 않았던 때가 훨씬 길었다. 다행히도, 주술과 신화의 시대에서 그리 멀지 않은 시기에 등장한 그리스의 한 의사로부터 합리적 의학의 막이 열리게 되었다.

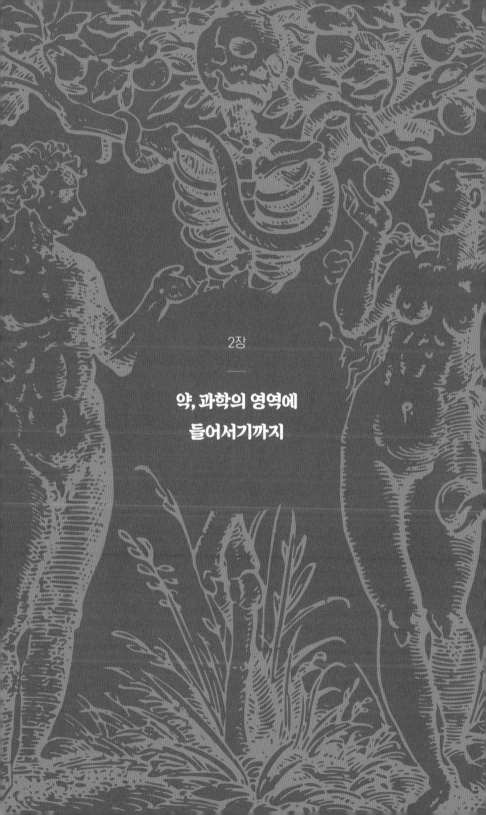

2장
—

**약, 과학의 영역에
들어서기까지**

히포크라테스,
합리적 의학의 막을 올리다

믿음이 모든 걸 해결해주지 않는다는 것을 고대인들도 모르진 않았다. 지금까지 발굴된 에베르스 파피루스들을 시간 순으로 살펴 보면, 주술이 차지하는 비중이 점차 적어진다고 한다. 주술이 모든 것을 해결해준다는 생각이 점차 바뀌고 있었던 것이다. 간절한 믿음과 주문이 치료의 필요조건인 의학이 아니라, 우리가 '아는 것'을 토대로 인간의 몸을 처방하는 의학, 즉 합리적 의학이 싹트기 시작한 곳은 바로 고대 그리스였다. 그리고 히포크라테스는 그 막을 올린 주인공이라 할 수 있다.

히포크라테스Hippocrates는 고대 그리스의 의사로, 에게해 남동쪽의 코스Cos 섬에서 태어나, 세습 의사였던 아버지로부터 의술을 배

왔다. 히포크라테스는 그리스의 섬들을 순회하면서 환자들에게 뛰어난 의술을 베풀며 의사로서의 명성을 높였다. 그를 중심으로 많은 제자들과 학파가 형성되었고 우리는 그들을 히포크라테스 학파라고 부른다. 앞으로 히포크라테스의 업적이 그의 이름으로 논의된다면, 당시의 히포크라테스 학파의 총괄적인 의학적 견해로 보면 된다.

하지만 히포크라테스라고 해서 신화의 시대에서 완전히 벗어난 인물은 아니었다. 히포크라테스에 대한 서술을 보면, 합리적 의학의 아버지인 그도 당시의 신화 세계관과 연결되어 설명되고 있음을 알 수 있다. 히포크라테스 집안의 시조(始祖)부터가 보통 예사로운 사람이 아니다. 히포크라테스 집안의 시조인 아스클레피오스Asclepius는 신적인 존재로부터 의술을 전수받은 '의술의 신'이기 때문이다. 히포크라테스가 의술의 신의 후손이라는 사실만으로도, 그를 찾은 환자들은 큰 심리적 효과를 누리지 않았을까?

아스클레피오스에게 의술을 전수해주었다는 인물도 만만치 않았다. 그의 스승은 반인반마의 신 케이론Chiron으로, 반인반마로 헤라클레스 등의 영웅을 길러냈다. 트리카 지방의 왕자였던 아스클레피오스는 케이론에게 수련을 받은 뒤 고향에 환자를 돌보는 장소를 마련했다. 탁월한 의술에 대한 소문이 나자 그곳은 병원이자 신전이 되었고, 그를 숭상하는 후예들로 인해 그는 의술의 신이 되

의술의 신 케이론

반인반마의 신 케이론과 아킬레우스. 케이론은 아킬레우스, 헤라클
레스를 가르쳤을 뿐만 아니라 아스클레피오스에게 의술을 전수해주
기도 했다. 시간이 흘러 아스클레피오스의 후손이 서양의학을 재정
립하게 되니 그가 바로 히포크라테스다. (그림 : 베니네 가레로)

었다. 이러한 신화적 믿음이 아스클레피오스와 그 후손들의 의술에 플라시보 효과를 톡톡히 줬을 것이다.

아스클레피오스가 사용했던 치료약은 머리카락이 뱀의 형상을 한 괴물 고르고^{Gorgo}, 즉 메두사의 피였다고 한다. 살아가면서 계속 허물을 벗는 뱀은 재생, 더 나아가 부활의 모습을 의미했다. 그래서 고대의 환자들에게 뱀은 영험한 존재로 여겨졌다. 치료의 꿈을 이루기 위해 환자는 뱀을 곁에 두고 잠을 자기도 하였다. 그렇게 뱀은 의술의 상징이 되었고 아스클레피오스의 지팡이에도 뱀의 형상이 남게 되었다. 오늘날에도 뱀은 의약학을 상징하는 동물로 남아 있다.

그런데 고르고의 피에는 흥미로운 이야기가 있다. 고르고의 몸 오른쪽에 흐르는 피는 약이 되지만, 그 반대편의 피는 오히려 독이 된다고 한다. 고르고의 피가 독이자 약이었다는 것은 독성학과 약학에 있어 중요한 의미를 가진다. 독과 약이 서로 양극단에 위치한 개념이 아니라, 하나의 물질이 독이 될 수도 약이 될 수도 있다는 것을 고르고의 피가 상징하기 때문이다. 고대 그리스인들의 독과 약에 대한 관점은 서양 의약학에 큰 영향을 미쳤다. 고대 그리스의 약국은 '파르마콘^{pharmakon}'으로 불렸는데, 이곳에서 의사는 약을 사러 온 사람들에게 약의 치사량을 알려주었다. 그때나 지금이나 독약을 구매하고 싶은 사람들은 항상 있었나 보다. 이때부터 파르마콘은 약국뿐만 아니라 독과 약을 동시에 의미하는 단어가 되었다.• 파르마콘에서 파는 약은 치사량을 초과한다면, 사람을 죽이는 독이 되기도 했기 때문이다. 독과 약을 결정하는 것은 그 용량이라는 관념이 파르마콘이라는 단어에서도 잘 드러나 있는 것이다.

이렇게 고대 그리스에서도 의약학은 점차 발전하고 있었지만, 히포크라테스가 태어나던 당시엔 고대 그리스의 치료 또한 고대 메소포타미아와 이집트의 주술 치료와 별반 다르지 않았다. 차이가 있다면, 고대 그리스에서는 의술의 신으로 아폴로^{Apollo}와 아스클레피오스를 모셨다는 것이다.

아스클레피오스 신전은 코스 섬을 비롯하여 지중해 전역에 널리 분포해 있었다. 환자들은 이곳에서 며칠 묵으면서, 목욕재계와 금식의 정화의식을 치렀다. 그리고 의술의 신과 신의 형상을 한 성상에 제물을 봉헌하고, 기도와 제사를 드렸다. 힘겨운 생업을 떠나 공기 맑은 곳에서 안정을 취했다니, 아무래도 환사들에겐 평소보다는 더할 나위 없이 좋은 환경이 아니었을까? 모르긴 몰라도 여기서도 플라시보 효과를 누리고 퇴원한 환자들이 꽤 있었을 것이다.

● 파르마콘에서 약국(pharmacy)이, 중세 서유럽어의 말린 것(droog)에서 약(drug)이 파생되었다. 약의 어원은 옛날부터 사람들이 동식물을 말려서 장기간 보관하여 아플 때마다 약으로 쓴 것에 비롯되었다.

이성적인 치료의 시작

이렇게 주술과 종교가 가득한 곳에서 의술이 펼쳐지던 시대에, 히포크라테스는 새로운 관점을 도입했다. 히포크라테스 학파는 질병을 자연적인 현상으로 보기 시작했고, 질병 치료 역시 '합리적인 방식'을 통해 이루어져야 한다고 봤다. 당시엔 질병은 초자연적이고 신적인 기원을 가진다고 여겼고, 의사들은 종교와 주술에 전적으로 의존하여 질병을 치료하였다. 하지만 히포크라테스가 시도한 합리적인 치료가 주술적 치료를 완전히 밀어내고 이성적인 방식으로 치료하는 것을 의미하지는 않았다. 히포크라테스는 이성적인 치료법이 있을 때에만 주술적 치료를 거부하였고, 이성적인 치료와 주술을 적절히 혼합하는 방식으로 치료를 진행하기도 했다. 그렇기 때문에 그의 의술은 이성적인 치료만 이루어지는 현대의 의학보다 훨씬 유연하고 탄력적인 편이었다. 한마디로, 히포크라테스는 플라시보 효과를 적절히 이용할 줄 아는 서양 의학의 첫 번째 의사였다.

히포크라테스는 합리적이고 체계적으로 인간의 신체와 증상을 설명하는 방법을 모색했다. 그래서 히포크라테스는 체액을 중요시했다. 이후에도 히포크라테스 학파는 체액들의 균형을 강조하였는데, 불균형을 이룬 체액의 섭취와 방출로 체액의 균형을 맞출 수 있다고 주장했다. 특정 체액이 너무 많이 신체에 있는 경우,

16세기에 그려진 히포크라테스 초상

히포크라테스 의학이 오늘도 유효한가 묻는다면 회의
적이다. 하지만 가장 영향력 있는 의사는 누구인가를
묻는다면 대부분 히포크라테스를 꼽을 것이다.

방혈, 설사, 구토 등으로 과도한 체액을 빼낼 수 있고, 모자란 경우에는 해당 기질을 포함하고 있는 음식을 섭취하여 균형을 조절할 수 있다고 여겼다.

히포크라테스는 체액의 균형을 맞추기 위해 식이요법, 운동, 목욕 등을 최우선으로 권장했다. 약물의 사용과 같은 외적 개입은 치료에 있어 최대한 유보하였다. 자연 치유력이 질병의 치료에서 결정적인 역할을 한다고 믿었기 때문이다. 다만 자연 치유력은 신체의 균형이 증진되어야 그 힘을 발휘할 수 있다. 히포크라테스는 외과 수술이나 약물 같은 외적 개입을 통한 방법보다, 신체가 가진 자연 치유력을 이용하여 흐트러진 체액의 균형을 회복시키는 것을 중시했다. 히포크라테스 학파의 입장에선 의사의 주요 역할은 치료 과정에서 무리가 가지 않는 선에서 자연 치유력이 잘 발휘될 수 있도록 돕는 것뿐이었다. 오늘날 의사^{physician}라는 단어의 기원은 '자연적으로 치유되려는 신체적 본성^{physis}'라는 용어에서 유래된 것이다.

체액설은 2,400여 년 전에 히포크라테스에 의해 정립되어, 지금으로부터 2백여 년 전까지 건강과 질병을 설명해주는 강력한 틀이었다. 비록 체액의 균형에 중점을 두고 있는 치료법은 현대의 우리에겐 황당하고 낯선 이론에 불과하겠지만 말이다. 하지만, 현대에서도 체액의 변화는 병의 원인과 종류를 알려주는 주요한 지

표이다. 일단, 염증이 발생하면 혈액이 한곳에 많이 모여 신체의 일부분이 붓게 된다. 감기에 걸렸을 때는 코에서 점액인 콧물이 흘러내리며, 빈혈 및 당뇨 등으로 인하여 침의 분비가 감소해 입이 마른다. 과음을 하거나 위장염에 걸렸을 때에는 황담즙을 토해내기도 하고, 설사를 할 땐 흑담즙인 대변을 신체에서 배출해내기도 한다. 그뿐만 아니다. 현대에도 체액설에 기반을 둔 언어의 흔적들이 남아있다. 예를 들면, 우리는 우울할 때 멜랑콜리^{melancholia}하다고 심리상태를 표현하기도 하는데, 이는 흑담즙의 과다해진 상태를 말하는 것이다. 멜랑^{melan}은 검은색을, 콜리^{cholia}는 체액이라는 단어에서 유래되었다.

히포크라테스 의학의 그림자

체액설이 서양의학을 지배하고 있는 동안, 의사들은 체액의 균형을 맞추기 위해서는 이른바 나쁜 체액을 빼내야 한다고 믿게 된다. 우리 몸안의 것을 빼는 방법은 다양하다. 예전엔 절개와 같은 외과적 시술도 주요한 방법이었고, 동식물로 이루어진 생약제와 같은 다양한 약물을 사용하기도 했다.

광물로 만든 이른바 '금속치료제'는 의사들의 약제에 있어 빠지지 않는 단골손님이었다. 금속치료제는 여타 생약제에 비해 독성이 상당히 강해, 구토나 설사 같이 확연하게 눈에 띄는 신체적인 반응을 빠르게 일으켰기 때문이다. 그렇다면 어떤 금속치료제들이 있었을까?

한 가지로는 휘안석^{Stibnite}으로부터 얻어낸 안티모니^{Antimony}가 있었다. 안티모니는 구토를 유발하는 약이었다. 고대 로마사람들의 구토 문화는 맛있는 음식을 좀 더 즐기기 위한 방법으로 흔히들 알고 있지만, 실제론 히포크라테스 의학의 영향이 컸다. 구토를 통해 나쁜 체액을 배출하는 것은 히포크라테스 의학에서 강조하는 건강 비결이었다. 사람들은 안티모니를 녹여 만든 컵에 담가놓은 포도주를 마시거나, 체내에서 분해되지 않는 금속 알약을 복용하였다. 안티모니는 신체에 흡수되지 않고 바로 구토나 배변으로 배출되는 성질이 있어, 대변에서 알약을 다시 찾아내 후손에게 물려주기까지 했다.

또 다른 약으로 칼로멜^{Calomel}이 있었다. 칼로멜은 수은으로부터 합성한 금속치료제로 연금술사들이 많이 애용했던 약이다. 하지만 히포크라테스 의학을 물려받은 의사들도 칼로멜을 종종 사용하곤 했는데, 칼로멜은 많은 질병들에 쓸 수 있는, 만병통치약처럼 여겨졌기 때문이었다. 칼로멜은 설사를 유발했기에 나쁜 체액을 빼내기엔 제격이었다. 나쁜 체액을 빼내기 위해 의사들은 기생충 감염이나, 고열 그리고 흑담즙의 과도한 누적이 원인인 우울증에도 칼로멜을 사용하였다.

중세의 방혈시술

13세기 프랑스의 이 그림은 나쁜 피를 뽑기 위한 방혈
시술을 묘사하고 있다. 시술 부위는 주로 팔뚝이었으
며, 0.5리터의 혈액을 뽑아내기도 했다. 0.5리터면 전
체 혈액의 10%에 해당하는 양이다.

의사들이 칼로멜을 좋아한 이유가 또 있다. 과량을 복용할 경우, 장에서 출혈이 일어나 사혈요법을 하지 않아도 대변과 함께 피를 빼낼 수 있었기 때문이다. '미국의 히포크라테스'로 불리던 벤자민 러쉬[Benjamin Rush]는 18세기 필라델피아에서 황열병이 돌자, 신체의 고열을 낮추기 위한 사혈요법을 쓸 때 칼로멜을 이용하였다.

하지만 이렇게 체액을 빼는 치료법이 효과가 과연 있었을까? 글쎄다. 어쩌다 몸 상태가 좋지 못할 때, 피를 뽑고 나서 기분이 좋아졌다고 느낄 수는 있다. 하지만 한 가지 확실한 사실은, 많이 뽑아내면 죽는다는 것이다. 전체 혈액의 30% 정도가 죽음의 경계선이다. 여기엔 그 누구도 예외가 없다. 문제는 사혈을 할 때 그 선을 넘는 경우가 부지기수로 생겨났다는 것이다. 수많은 사람들이 사혈로 사망하였다. 미국의 초대 대통령인 조지 워싱턴도, 베토벤도 모두 무리한 사혈로 생을 일찍 마감하였다.

칼로멜을 사용하기 좋아한 러쉬는 한 사람이 평균적으로 갖는 혈액의 200%에 해당하는 양을 치료를 위해 뽑아내기도 했다. 어떻게 한 사람에게서 200%를 뽑아낼 수 있었을까? 한 차례에 30%의 혈액을 뽑아내면 환자는 당연히 죽는다. 하지만 수일에 걸쳐서 '하루에 한 번 이상' 뽑아낸다면야 가능하긴 하다. 하지만 여전히 위험한 방법이었다. 무고한 수백명의 환자들이 그의 치료 덕분에 죽음을 면치 못했다.

히포크라테스 의학이 낳은 잘못된 사례로는 '태우고 자른다 temnein kai kaiein'는 표현에 이르기까지 한 무지막지한 수술도 포함된다. 히포크라테스의 추종자이자 기원후 2세기의 대표적인 그리스 의사였던 켈서스Celsus는 다음과 같은 말을 남겼다.

"약으로 치료할 수 없을 때는 수술을 통해 치료를 하고, 수술로도 치료되지 않는다면 뜨거운 인두로 지져서 치료하라. 만약 이런 방법들로도 효과가 없다면, 원래부터 치료가 불가능한 병이다."

그로부터 600년이 흐른 후에 켈서스의 후예들은 인두를 치료에 사용하곤 했다. 이렇게 불에 뜨겁게 달군 인두를 사용해 신체의 일부분을 지지는 것을 소작cautery이라고 하는데, 당시 의사들에겐 소작을 해야 하는 나름의 이유가 있었다. 담즙이나 점액이 혈관으로 흘러 들어와서 질병이 발생한다고 믿었기에, 질병이 혈관을 타고 다니니 신체를 지져서 막아내야 한다고 생각하던 것이다.

이 무지막지한 수술법이 수백 년간 이어진 데에는 어떤 이유가 있을까? 히포크라테스 의학의 성서적 권위는 이러한 치료법이 이어지게 만들었다. 기존 이론에 어긋나는 발견은 발견으로도 인정되지 못했다. 전통적인 이론에 비판을 가하면, 학계에서 파문을 당하기도 했다. 게다가 켈서스는 "아무리 무모해 보이는 치료법이라도 시도해봐야 한다"는 말도 남겼다. 목숨을 앞에 두고서 물불을 가리는 사람은 없으니 말이다. 오늘날 우리는 이런 관점으로부터 얼마나 자유로울까? 요즘도 현대의학이 풀지 못한 난제를 과격한 치료나 신비주의로 해결하려는 경우가 있으니 말이다.

동양에서도 체액설과 비슷한 이론 체계가 존재해왔다. 바로 중의학의 음양오행설이다. 어떤 체액의 균형이 깨지면, 질병이 생긴다는 것은 일종의 전인적인holistic 세계관으로, 음과 양의 원리와 비슷하다. 동서고금을 막론하고 통용되었던 질병관에는 이러한 유사점이 있는 것이다. 하지만 체액설을 비롯한 이런 전인적인 질병관은 근대 서양의학에서는 완전히 사라지게 되었다. 질병은 신체적 불균형 때문이 아닌, 소위 병소lesion라 불리는 특정 장기에 문제가 있기 때문에 발생한다는 것을 모르가니Giovanni Morgagni가 300여 년 전에 밝혀냈기 때문이다. 예를 들어 폐렴은 폐에, 위궤양의 속쓰림은 위에 문제가 있다는 것인데, 이런 식으로 질병의 원인을 해석하는 것을 국소병리학이라고도 한다.

히포크라테스 의학에 직격탄을 날린 것은 모르가니의 국소병리학뿐만이 아니었다. 지금으로부터 150여 년 전, 파스퇴르와 코흐는 병원성 세균이 질병을 일으킨다는 것을 밝혀냈다. 속이 쓰리다면 위벽에 헬리코 박테리아가 살고 있고, 설사와 방귀는 장내 미생물의 불균형이, 폐렴에는 폐렴균이 관여하는 것이다. 이런 발견을 통해 질병에는 그 어떠한 체액도 관여하지 않는다는 것을 우리는 알게 되었다. 이 결과 중근세까지 의학에서 위세를 펼치던 히포크라테스 의학은 이제 『히포크라테스 전집』 속으로 자취를 감추었고, 이제 우리는 의학 선서에서나 히포크라테스를 만나볼 수 있게 되었다.

연극의 주인공 배우로 비유하자면, 히포크라테스는 합리적 의학의 막을 올리고 서막을 화려하게 장식한 배우였다. 하지만 서막은 서막으로 끝났어야 했다. 더 나은 의학이 주인공으로 등장할 새로운 막이 오르기까지 너무 오랜 시간이 걸렸고, 그래서 히포크라테스라는 배우는 수많은 실수를 무대에서 보여줄 수밖에 없었다. 그렇다면 다음 막에 등장할 배우는 누구일까? 이성과 과학으로 무장한 신예 의학? 아니면 화학과 결합하여 드디어 약학다워진 약학? 사실, 이번에 소개할 대상은 주류 의약학이 아니다. 배우의 역할로 치면 흐름을 완전히 바꾸는 씬 스틸러라 할 수 있겠다. 굉장히 신비롭고 허무맹랑한 이 배우의 이름은 바로 연금술이다.

연금술,
매혹과 욕망의 학문

연금술만큼 약에 대한 인간의 욕망과 판타지를 잘 말해주는 학문이 있을까? 더 잘 살고, 더 오래 살고 싶은 인간의 욕망의 역사만큼이나 연금술의 역사가 긴 것도 당연하다. 물론 연금술이 약속한 것은 인간의 물욕만이 아니었다. 만물의 근원을 밝힐 수 있으며, 영혼과 물질의 관계를 설명할 수 있다는 연금술의 약속이 수많은 사람들을 홀렸다.

연금술의 기원은 고대 이집트에 있다고 알려져 있다. 연금술은 총체적인 학문으로 발전했다. 메소포타미아의 점성술, 이집트와 메소포타미아에서 비롯된 염료와 안료를 만드는 공예기술, 고대 그리스 철학, 그리고 신비주의 사상이 연금술의 지식으로 편입

되었다. 이후 연금술은 세계 각지로 퍼져 나가 7~8세기에 아랍을 통하여 발전한 후, 11세기 말에 십자군 원정을 통해 중세 유럽으로 전해졌다. 연금술 지식의 이동과 함께, 8세기 후반부터 이슬람 문화권에서는 번역 운동이 시작되었다. 이 운동은 이후 300년 넘게 지속되었는데, 주로 그리스의 의서가 아랍어로 번역되고 이것이 라틴어로 중역되어 유럽으로도 전파되었다.

현자의 돌을 찾아라

연금술사들이 전통적으로 주요하게 다루던 금속들은 철, 동, 납, 주석, 수은, 은 그리고 금으로 일곱 종류였는데, 이들 중 금은 제일 완벽한 금속이었다. 왜냐하면 금은 부식을 일으키지 않는 화학적으로 견고한 금속이기 때문이다. 나머지 금속들은 불완전할 뿐 아니라 화학적으로도 열등한 기저금속이었다. 연금술사들은 플라스크 안에서 기저금속들을 완벽한 금으로 변성시킬 수 있는 물질을 '현자의 돌$^{philosopher's\ stone}$'이라고 불렀다.

이런 물질이 과연 존재할까? 현대 과학자들도 알고, 우리도 알지만 현자의 돌은 없다. 하지만 중세의 사람들은 그 존재를 믿었다. 당시에는 세계의 모든 물질에 혼과 정신이 있다고 믿었는데, 여기엔 땅속에 묻혀있는 광석들도 예외가 아니었다. 예컨대 금속에 대한 연금술사의 설명은 다음과 같다.

연금술사의 연구실

연금술사의 실험실은 현대 의약화학이 탄생한 요람이다. 연금술사의 실험 기구들은 현대의 화학 실험실에서도 쉽게 발견할 수 있다.

(그림 : 다비트 테니르스)

"살아있는 생물체는 영양분을 먹고, 소화시켜 배설한다. 금속도 마찬가지다. 금속은 종종 물을 먹고, 녹이나 녹청을 배설한다. 이렇게 기저금속들은 성장과정을 거쳐 마침내 금으로 성숙한다."

당시 사람들에게 광석이란 '대지에 수태된 아이들'이었고, 광산이란 광석을 수태하고 있는 '어머니의 자궁'이었다. 당시의 사람들은 땅속 자궁에서 광석이 금으로 숙성되는 데 1,000년 정도의 시간이 걸린다고 믿었는데, 연금술사는 그 과정을 인공적인 수단인 현자의 돌을 통해 단축시키려고 하였다.

현자의 돌이란 과연 무엇이었을까? 현자의 돌이 기저금속을 금으로 바꾸어 줄 수 있는 물질이라는 점엔 의견이 일치했지만, 세세한 부분에선 연금술사마다 의견이 많이 달랐다. 혹자는 기본 원소에서 원소적 성질(냉, 열, 건, 습)이 모두 제거된 순수 질료인 일차 질료를 현자의 돌이라 생각했다. 또 다른 누군가는 사물에 응집력을 부여해주는 일종의 영적인 힘인 '프네우마^{pneuma}'를 현사의 돌이라 여겼다. 심지어 어떤 연금술사들은 지상에 없는 물질을 현자의 돌로 여겼다. 우주공간을 메우고 있는 매질인 제5원소 에테르^{ether}도 현자의 돌이 될 강력한 후보 중 하나였다.

연금술사들은 금속 변성뿐 아니라 불로불사의 약에 대해서도 많은 관심을 가졌다. 지금의 시선으로 보면 황당할지 모르지만,

금속 변성과 불로불사의 약 사이의 연결고리는 그노시즘^{gnositicism}의 구원 사상의 영향이 컸다. 그노시즘에 따르면, 우리가 살고 있는 우주의 모든 물질에는 신성한 영혼이 갇혀 있다. 현자의 돌을 이용하여 기저금속을 금으로 변하게 하는 것처럼, 연금술사는 언젠간 죽게 되는 인간의 운명을 현자의 돌을 통해 구원하고자 했다. 연금술사들에게 있어 현자의 돌은 단순히 금으로의 변성을 일으키는 물질일 뿐 아니라, 불로불사의 약이기도 하였다.

이런 황당한 연금술이 새로운 약학의 길을 여는 토대가 된 계기가 있다. 그 이전에는 질병 치료에 쓰이는 약을 자연계에서만 구할 수 있었는데, 연금술사들은 금속 변성을 일으키는 연금술을 통해 금속치료제를 인위적으로 합성하기 시작한 것이다. 비록 연금술사들이 주장하는 대다수의 명약들은 아무런 효과가 없거나 오히려 독약에 가까웠지만 말이다.

희대의 이단아 파라켈수스

중세의 연금술사들에게 있어 금속 반응의 플라스크는 신약을 찾기 위한 하나의 실험적 공간이었다. 하지만 대부분의 금속치료제는 질병 치료에 아무런 효과가 없었을 뿐만 아니라, 독성이 너무도 강해 치료제로 쓰기에도 부적합하였다. 중세 의학의 주류는 히포크라테스 의학이었다. 당대의 의사들은 맹독성의 금속치료제 사용을 반대하였다. 이러한 분위기 속에서 연금술과 금속치료제에 바탕을 둔 의학은 이단일 수밖에 없었다. 하지만 그런 세상에 도전장을 내민 걸출한 이단아가 탄생했다. 그의 이름은 파라켈수스^{Philippus Aureolus Paracelsus}다. 500여 년 전, 파라켈수스는 다음과 같은 말을 남겼다.

> "모든 물질은 독성을 띠고 있다. 오직 용량만이 그 물질의 독성을 결정한다."

앞서 잠깐 다뤘던 이야기다. 사람을 죽이는 독과 생명을 구해주는 묘약은 서로 다른 물질일까? 정답은 '아니오'다. 현대 독성학에서는 독과 약을 구분하는 것은 '어떤 물질'이 아닌, 그 물질의 '용량'으로 본다. 독성에 대한 뛰어나고 명쾌한 정의를 남긴 파라켈수스는 현대 독성학의 아버지가 되었다. 그런데 당시에 파라켈수스가 실제로 정의하고 싶었던 독성은 그의 말처럼 보편적인 성격을 갖고 있지 않았다.[●] 앞에서 그가 언급한 '모든 물질'은 독성이 강한 금속치료제들을 가리키지만, 현대 독성학에서의 '모든 물

● 파라켈수스가 말한 '모든 물질'에서 약초는 대부분 여기에 포함되지 않았다. 약초들은 치료제로 사용하기에는 약리적인 성질이 너무 약하다고 봤다. 파라켈수스는 치료제로 동물과 식물에서 얻은 생약재들을 사용하기도 했지만, 금속치료제에 중점을 두었다.

질'은 금속치료제를 포함한 모든 물질이다. 파라켈수스가 '금속치료제들'을 '모든 물질'로 확장시켜 언급한 데에는 그럴만한 사정이 있었다. 사실 그는 금속을 치료제로 쓰는 것을 무척이나 좋아했기 때문이다.

하지만 파라켈수스의 생각은 너무 급진적이었으며, 시대를 앞서나갔다. 당시의 의사들은 금속보다 약초를 훨씬 더 선호했기 때문이다. 많은 금속들은 상당히 유독하여, 치료제로 사용하기가 어려웠다. 파라켈수스 역시 독성이 상당히 심한 물질은 환자를 치료하기보단 죽게 만든다는 것을 모르지 않았을 텐데, 그럼에도 불구하고 독을 치료제로 고집한 이유는 무엇일까?

파라켈수스는 앞서 언급한 '유사성의 원리'를 열렬하게 믿는 신봉자였다. 파라켈수스가 믿는 질병의 치료제는 다름 아닌 그 질병을 일으킨 독에 있었다. 그는 유년기를 광산촌에서 보내며 많은 광부의 직업병을 관찰하곤 했는데, 광부들은 혹독한 노동 환경 때문에 폐 안에 광물질이 누적되어 생기는 폐질환을 흔히 앓고 있었다. 이후 파라켈수스는 광부들에게 누적된 금속을 원재료로 치료제를 만들었는데, 질병을 일으킨 금속 안에 포함되어 있는 독성을 연금술을 이용해 제거하였다고 전해진다.

이처럼 파라켈수스는 체액설을 바탕에 둔 히포크라테스 의학을 거부하였다. 심지어 그는 바젤 대학 의학부에 재직할 당시, 전통 의학에 대한 저항의 뜻으로 히포크라테스와 갈레노스^{Claudius Galenus}의 의서를 동료들 앞에서 불살라 버리기까지 하였다. 이 서적들을 불살라 버렸다는 것은 저항 이상의 파격이었다. 당시 이 전통적인 의학서들의 내용은 그 자체로 종교적 권위가 있었고, 심지어는 신성시되기까지 했다. 책의 내용과 다른 것을 발견하거나 그에 반하는 새로운 학설을 발표할 수조차 없었다. 새로운 학설을 발표하기 위해선 기존 히포크라테스 의학 안에서 설명이 가능한 방식이어야만 했을 정도다.

하지만 파라켈수스는 히포크라테스와 갈레노스의 권위를 바탕으로 한 기존의 서양의학을 넘어서고자 했다. 그는 새로운 경험과 실험을 바탕으로 한 의약학 체계를 구축하려고 했다. 비록 그가 시도하려는 혁신적 의약학이 정도를 넘어서 이단으로 보이더라도 말이다.

파라켈수스는 기존의 모든 체계를 자신의 틀에 맞추었다. 그랬던 그가 자신의 주요 연구 분야인 연금술을 가만히 내버려두었다면, 파라켈수스가 아니었을 것이다. 그는 전통적인 연금술의 기본 원리 역시 자신만의 독특한 우주철학에 끼워 맞췄다. 당시 연금술사들은 기본 물질들을 수은과 유황을 통해 설명하였지만 파라켈수스는 유황과 수은 외에, 염^{salt}을 포함시켜 기존 연금술의 기본 원리를 수정하였다. 유황, 수은과 염이 물질의 '3원리^{Tria Prima}'라는 것을 설명하기 위해, 몇 세대 전부터 연금술의 기본 원리에 자주 사용되던 나무의 원소에 관한 예를 들었다. 여기서의 수은과 유황은 실재하는 금속이 아닌, 이른바 '현자의-' 물질이며, 때에 따라서는 연금술의 주요 원리에 포함된다.

> "모든 물체는 세 가지의 기본 물질로 이루어져 있는데, 이 세 가지 물질은 유황, 수은 그리고 염이다. 이 세 가지의 기본 물질들이 결합하여, 모든 물질들을 구성한다. 나무의 연소를 예로 들어보자. 나무가 탈 때, 타는 것은 유황이고, 증발하는 것은 수은이며 재로 변하는 것이 염이다."

파라켈수스는 연금술의 기본 원리에 인간의 육체와 정신, 영혼을 연결시켰고, 이러한 유사성을 바탕으로 '생명과 죽음'을 설명하였다. '생명'의 유지란 세 가지 구성요소들이 연금술의 원리에 의해 조화롭게 결합된 상태라는 것이다. 위에서 언급된 나무는 살아있는 생명체의 예시다. 나무는 타면서 죽음을 맞이하는데, 이때 세 가지 기본 물질들로의 분리가 일어난다. 인간의 죽음은 나무가 타는 것과 마찬가지이다. 사람 역시 죽음을 맞이하게 되면, '인간을 이루고 있는 기본 요소들' 즉, 육체와 정신, 영혼으로 분리되어 흩어지게 된다.

파라켈수스는 연금술의 원리를 통해서 신체의 생리활동을 설명하였는데, 생리활동을 담당하는 정령이 신체에 살고 있다고도 주장했다. 이 정령의 이름은 아르케우스^{Archaeus}였는데, 사람의 위^{stomach} 속에서 신체의 해독작용을 담당했다. 지금의 상식으로는 황당할지 모르나, 당시 사람들은 세상의 모든 물질에는 그 물질의 고유적인 기능을 담당하는 정령이 깃들어 있다고 생각하였다. 그러니 건강을 담당하는 정령이 없다면, 오히려 이상하다고 생각했을 것이다.

파라켈수스는 질병 역시 신체 안에 살고 있는 하나의 정령으로 간주하였다. 질병은 연금술사의 정령이 자신의 임무를 올바르게 수행하지 못할 때 발생하게 되는데, 질병의 증상인 고열과 통증은 연금술사의 정령이 질병과 싸우는 과정에서 발생한다. 사람이 질병에 걸려 죽는 것은 아르케우스가 질병과 싸워서 지게 될 경우였다. 파라켈수스는 아르케우스가 인간의 기본 3요소(육체, 정신, 영혼)를 제대로 혼합하지 못해서 죽음이 발생한다고 보았다. 히포크라테스가 4가지 체액을 제대로 혼합하지 못할 때 질병과 죽음이 발생한다고 본 것과는 다른 방식이었다. 두 의학 체계의 원리가 상이하게 다르다 보니, 파라켈수스의 이론은 히포크라테스 의학과 충돌을 피할 수 없었다.

AMOSO·DOCTOR   PARESELSVS

파라켈수스의 초상화

젊었을 때의 모습(왼쪽)과 노년의 모습(오른쪽). 노년의
초상화가 그려질 당시는 48세의 나이로, 그가 죽기 일
년 전의 모습이다. 그의 턱은 쪼그라들고 질병으로 많
이 여위었다. 자신이 죽기 전까지, 그는 자신이 앓고 있
는 질병의 치료제를 수은에서 찾고자 했다. 역설적이게
도 그를 죽음으로 이끈 것은 수은 중독이었다. 그림 속
에서 손에 쥐고 있는 칼자루 끝에는 현자의 돌을 의미
하는 'Azoth'가 쓰여 있고, 그 안에는 아편의 진액(로더
넘)이 들어있었다.

오류의 학문이 만든 과학

파라켈수스는 시대와 전통을 철저하게 거부한 이단아로, 사회 주류에 부합하지 못하고 방랑 생활로 생을 마감하였다. 하지만 그가 새롭게 정립한 연금술을 바탕으로 한 약학은 시대적 기류를 타고 유럽 전역으로 번성할 수 있었다.

1492년, 콜럼버스는 아메리카 대륙으로 향했다. 그가 항해에서 돌아왔을 때는 매독도 함께 돌아왔다. 때마침 전쟁이 발생하면서 매독은 삽시간에 유럽 전역으로 퍼져나갔다. 매독 앞에서는 히포크라테스의 의학은 너무나도 무기력했다. 앞서 이야기했던 것처럼, 히포크라테스 의학은 몸의 체액의 전체적인 균형을 강조했기 때문에 신체에 필요한 체액을 고갈시키기는 치료법을 썼는데, 이런 치료법은 질병을 치료한다기보다 실제적으로 면역력을 약화시켜 병의 상태가 더욱 악화되었다. 특히 매독같은 병균과 맞서 싸우기 위해선 면역력을 키우거나, 독성으로 매독균을 죽였어야 했는데, 도리어 악화되었다. 히포크라테스 의학의 문제점이 적나라하게 드러나고 만 것이다.

무기력한 히포크라테스 의학 앞에서 수은을 기반으로 한 금속치료를 중시한 파라켈수스의 의약학은 점차 세력을 확장시켜 나갈 수 있었다. 물론 이 치료법도 문제가 많았지만 말이다. 수은치료는 뒤에서 다시 다루겠다.

매독 치료에서의 우위를 점령한 파라켈수스의 의약학과 함께, 이단에 가까운 그의 종교적 해석과 글들도 점차 빛을 보기 시작했다. 그의 추종 세력은 스페인, 영국, 덴마크, 프랑스, 이탈리아 등의 유럽의 주요 국가로 퍼지기 시작하였고, 그의 많은 책들은 암암리에 출판되었다. 종교적 탄압에도 불구하고, 이단에 가까운 파라켈수스의 사상은 그의 연금술에 바탕을 둔 의학과 함께 점점 그 세력을 넓혀 나갔다. 안타깝게도 파라켈수스는 이 모든 영광을 누리기 전에 죽음을 맞이했다.

파라켈수스의 삶과 철학은 흥미진진하고도 발칙하다. 성서를 새롭게 해석하는 신학자였기도 하고, 연금술을 통해 새로운 생명체를 창조하려고도 했고, 점성술과 예언을 담은 책을 내기까지도 했으니 말이다.

그가 심취했던 연금술은 현대적인 시각에서 보자면, 인간의 욕망을 자극하고 수많은 사람을 매혹한 오류의 학문에 불과할 것이다. 실제로 연금술에 빠져들어 가산을 탕진하거나 명예가 실추된 사례들이 많았다. 우리가 잘 아는 과학자 아이작 뉴턴도 연금술사였다. 연금술에 심취했던 그는 연금술을 연구하면서 많은 기록을 남겼지만, 주변 사람들은 뉴턴의 명예가 손상될까 염려하였고 그의 연금술 문헌들은 뒤늦게서야 알려졌다. 그럴 만도 하다. 대부분의 연금술의 이론은 틀렸고, 그 결과는 실패였으니 말이다.

하지만 많은 과학적 성취가 증명하듯, 수많은 시행착오가 새로운 발견을 탄생시킨다. 심지어 의도하지 않았더라도 말이다. 욕망과 정령들이 혼재된 연금술이라는 이상한 학문이 근현대 의약학을 탄생시켰다니, 이것이야말로 연금술사들이 이룩한 최고의 '연금술'이 아닐까?

연금술과의 이별,
근현대 약학

이제 시대가 변했다. 연금술의 심오한 신비주의 철학과 신비한 제조술은 근대에 이르러 퇴색되고야 만다. 근대의 약학은 연금술이 품고 있던 신비주의에서 벗어나기 시작했다. 아니, 사실상 새로운 의약학이라고 해도 과언이 아닐 것이다. 인간은 이제 약초들은 각각 '성분'을 가지고 있다는 것과, 이러한 성분이 추출될 수 있다는 것을 깨달았다. 덕분에 인간은 약을 화합물로 추출하고, 정제하여 활용할 수 있게 되었다.

이성과 합리주의를 추구하는 과학의 발전은 사고방식의 전환, 즉 패러다임의 변화를 이뤄냈다. 만약 다음과 같은 실험을 했을 때, 연금술사와 근현대의 화학자는 다르게 생각할 것이다.

"새로운 화합물을 얻기 위하여, 여러 물질을 섞고 버너로 열을 가했다. 신기하게도 어떤 화학 반응이 일어나고 새로운 물질이 생성되었다. 여기서 열은 어떤 역할을 한 것일까?"

중세의 연금술사들은 어떤 현상을 탐구할 때, 신비스럽고 영적인 존재를 통해 이해하고자 했다. 당시의 연금술사들은 불의 정령인 불도마뱀^{salamander}의 불꽃이 불순물을 태워서 물질을 정화한다고 보았다. 그러니 중세의 연금술사라면, 불도마뱀의 불꽃이 새로운 화합물을 만들어냈다는 식으로 이 실험을 설명했을 것이다.

하지만 오늘날의 화학자들은 불도마뱀을 끌어들이는 대신, 열에너지라는 개념을 통해 이 과정을 이해하게 되었다. "열에너지가 화합물의 운동에너지를 증가시켜 충돌 횟수가 증가하고…"이런 방식으로 현대에는 물리화학적인 개념을 도입하여 화학반응을 설명한다. 불행히도(?) 나름 인간적이고 흥미로운 설명을 해준 불도마뱀은 이제 실험실에서 설 자리를 잃었다.

현대의 약품에 대해서도 생각이 바뀌었다. 약물은 분자들로 이루어져 있고, 하나의 분자에는 여러 개의 원자들이 화학적 결합을 통해서 연결되어 있다는 것을 알게 되었다. 비록 약을 구성하는 화합물의 구조를 눈으로 직접 확인할 수는 없지만 말이다. 그래서 오늘날의 우리는 이 구조를 그림으로 표현하게 되었다.

화학구조가 약학을 바꾸다

이야기를 진행하기에 앞서 화학구조에 대해 짧게 설명해야겠다. 이제부터 화학구조가 몇 차례 등장할 것이기 때문이다. 약의 화학구조는 여러 선분들과 선분이 꺾이는 지점에 원소들로 이뤄져 있다. 이때 직선의 선분이 한 번씩 꺾이는 자리에 탄소원자가 있다고 생각하면 된다. 그 자리에 있는 것이 탄소원자가 아니라면 원소의 종류를 반드시 표시해준다.

지구상에 존재하는 원소의 종류는 100개가 넘지만, 약의 구조에서는 그렇게 많은 종류의 원소가 등장하지 않는다. 대부분의 경우 5종류의 원소로 이루어진다. 탄소C, 수소H, 산소O, 질소N 그리고 황S이다.

아스피린의 화학구조
위의 두 분자는 동일한 화합물이다. 왼쪽 화합물의 구조는 수소와 탄소를 포함한 모든 원자를 표시하여 그렸고, 오른쪽 구조는 수소와 탄소를 표시하지 않은 분자의 골격이다. 일반적으로 분자의 골격만을 그리는 오른쪽의 방식을 사용한다. 오른쪽 그림이 훨씬 한눈에 파악하기 쉽지 않은가?

탄소, 산소, 질소, 황은 약을 구성하는 분자 구조의 주요 뼈대를 만든다. 그리고 수소는 그 뼈대 표면에 붙어 있는 살이다. 표면의 살은 주요 환경인 산성도에 따라 조금씩 붙었다 떨어지는데, 일반적으로 화합물의 수소는 그려 넣지 않는다. 수소원자가 들어가게 되면 그리기도 귀찮을뿐더러, 화합물의 크기가 커질수록 구조를 한눈에 알아보기가 힘들어지기 때문이다. 주요 골격으로만 그려진 화학구조는 약의 구조에 관한 일종의 핵심 요점인 셈이다. 이렇게 요약된 화합물의 구조에 다시 살을 붙이면 된다.

화학구조라는 개념은 유기물과 무기물을 구분하는 방식에 있어 획기적인 변화를 일으켰다. 19세기까지 유기물과 무기물의 구분은 분자 구조나 분자의 구조를 이루고 있는 화학원소의 종류들을 기반으로 정의되지 않았다. 유기물은 인간을 비롯한 생명체에서 발견되는 분자들이었고, 무기물은 단순히 그밖의 물질들이었다. 하지만 현대에 들어와서 이들의 정의는 바뀌었다. 분자가 주요하게 탄소, 산소, 질소, 수소로 이루어져 있으면 유기화합물로 분류하는 것이 유기화합물의 현대적 정의다. 화합물이 발견되는 곳이 생명체인지 아니면 무생물체인지는 더이상 중요하지 않다.

이러한 구분의 변화는 화학과 약학에 있어 커다란 전환점이었다. 사람들은 화학구조에 대한 이해를 바탕으로 유기화학의 합성을 통해 '인공적'으로 약을 만들 수 있게 되었기 때문이다. 그

프리드리히 뵐러의 초상화

독일의 화학자 프리드리히 뵐러는 요소를 합성해 생기
론을 무너뜨렸다. 그는 제자 알버트 니만과 함께 코카
인 추출에 성공하기까지 한다. 한마디로, 그는 당대 최
고의 화학자였다.

이전까지는 약을 식물이나 동물에서 추출하여 쓰는 것이 전부였지만, 유기합성을 통하여 약의 성분인 화합물을 대량으로 합성하기도 하였고, 심지어 자연계에서 발견되지 않은 구조를 다른 구조로 변형시켜 훨씬 뛰어난 효능의 약을 개발하기 시작한 것이다.

1828년 독일의 화학자 프리드리히 뵐러Friedrich Wöhler는 체내에서만 합성된다고 여겨지던 요소urea를 실험실에서 인공적인 화학반응으로 합성하는 데 성공했다. 그는 무기화합물인 시안화칼륨과 황산암모늄을 혼합시켜 유기화합물인 요소를 만들었는데, 이 발견은 당시 화학 분야에 있어 커다란 인식의 변화를 만들어냈다. 그의 발견을 통해 그때까지 동식물에서만 있는 생명작용으로 생성된다고 믿었던 유기화합물을 화학자들이 실험실에서 인공적으로 합성하기 시작했기 때문이다.

연금술사가 특별한 초자연적인 힘, 특히 정령에 기대어 자연현상을 설명했던 것을 돌이켜 보자. 이런 특정한 존재를 가정하여 유기분자들의 특성을 주장한 이론을 생기론vitalism이라고 한다. 사실 이런 설명은 19세기 초반까지만 해도 설득력이 있었다. 당시 화학자들은 유기물과 무기물 사이에 확연한 차이점들이 존재한다고 생각했다. 생명체에서 발견되는 화합물은 무생물에서 발견되는 분자들보다 크기가 훨씬 큰 경우들이 많았고, 분자들이 쉽게 분해되어 화학적 분석이 용이하지 않았기 때문이다. 생기론자들은 이러한 현상을 설명하기 위해 무기화합물과 유기화합물의 분자 구조를 이루는 원소 간의 결합에 서로 다른 종류의 힘을 도입했다. 즉 분자의 크기가 클수록 원자들이 결합되는 힘이 약했는데, 이런 힘에는 생명체 고유의 정령이 매개하는 것으로 설명했다. 그리고 이런 약한 결합력으로 인하여 유기물질은 분해가 빨리 이루어진다고 생각했다.

하지만 뷜러의 요소 합성 실험 덕분으로, 연금술의 마지막 환상은 생기론의 종말과 함께 막을 내렸다. 이제 살아있는 생명체에서 생합성되는 모든 화합물은 인간의 인공적인 유기합성에 의하여 동일한 화학구조로 합성할 수가 있다. 합성은 이제 더 이상 신의 영역이 아니었다. 더욱이 인공적으로 합성된 화합물질이라도, 분자 구조만 동일하다면 자연계에서 추출한 화합물과 생리적인 활성에 있어 아무런 차이가 없다. 이제 연금술이라는 학문은 현대적인 화학으로, 불로불사의 묘약을 시도하였던 연금술사들은 의약화학자로 탈바꿈하였다. 그리고 현대적인 화학 기술을 기반으로 한 제약회사들이 출현하게 되었다.

산업혁명과 제약회사들의 출현

오늘날 우리가 흔히 보는 거대 제약회사, 일명 '빅파마Big Pharma' 의 기원은 크게 두 가지로 나눌 수 있다. 하나는 약국, 또 하나는 염료를 생산하던 화학공장이다. 약국을 먼저 살펴보자. 19세기 중반부터는 유효화합물을 추출하여 약을 제조하는 방식이 널리 알려져 있었다. 이런 유효화합물에는 아편에서 추출한 모르핀, 키나나무의 퀴닌 등이 있었다. 하지만 이러한 약품들의 수요가 급격히 증가하면서, 대량 생산의 필요성이 대두되었다. 그래서 몇몇 약국은 대량의 약초를 구입해 유효화합물을 대량으로 추출하기 시작했다. 곧이어 이들은 대량 제조한 약을 다른 소규모 약국에 도매로 판매하는 것으로 사업 전략을 바꿨다. 이렇게 도매 생산 방식을 도입하여 거대 제약회사가 된 기업 중에는 독일의 머크[Merk]와 쉐링[Shering], 스위스의 로슈[Hoffmann-La Roche], 미국의 글락소스미스클라인[GlaxoSmithKline, GSK], 일라이 릴리[Eli Lilly]가 있다.

화학공장 출신의 제약회사들도 있다. 독일의 바이엘[Bayer], 스위스의 산도스[Sandoz], 미국의 화이자[Pfizer] 등이 대표적이다. 이들의 대부분은 염료를 대량으로 생산하던 공장이었는데, 어떻게 제약회사가 되었을까?

사연을 정리하면 이렇다. 산업혁명에 이르러 석탄의 수요가 늘어났고, 석탄의 부산물인 콜타르도 많이 생산되었다. 그런데 그저 찌꺼기였던 콜타르에서 아닐린[anilin]을 분리할 수 있게 되었고, 아닐린은 페놀[phenol]로 변형할 수 있게 되자 콜타르는 비로소 쓸모 있는 물질이 된다. 아닐린과 페놀은 다양한 염료뿐만 아니라, 유기화합물의 형태인 약물을 대량 합성하는 데 주요한 '시작 물질 precursor'이었기 때문이었다. 그래서 이러한 산업적 기반을 가지고 있던 염료공장이 제약업도 겸할 수 있게 된 것이다.

20세기 초에 이르러, 독일의 화학공장들은 염료 생산으로 거대한 자본을 축적하였고, 이 자본으로 새로운 화학공업 기술을 개발했다. 새로운 화합물을 대량으로 반응시키거나, 새롭게 합성된 주요 화합물을 다른 불순물들로부터 분리하는 기술이 개발되었다. 이렇게 개발된 화학공업 기술은 약물을 대량 합성하는 제약회사로 나아가는 토대가 되었다. 이 토대 위에서 탄생한 약이 바로 세상에서 가장 많이 팔렸다는 약, 바이엘의 아스피린이다.

아스피린이 어느 정도로 많이 팔리냐 하면, 아스피린의 연간 생산량은 5만 톤으로 1회 복용량인 500mg 기준으로 100억 알에 해당된다. 연간 생산되는 아스피린을 1m마다 한 알씩 일직선으로 늘어놓으면 지구에서 달까지 한 번 반을 왕복할 수 있을 정도다. 이렇게 수요가 많은 약이니 생산 공정의 규모도 어마어마해야 했을 것이다. 만약 자연계 식물로부터 수요를 감당할 만큼의 유효화합물을 추출했다면 그 식물의 씨는 진작에 말랐을 것이다.

아스피린이 개발되기 전, 사람들은 버드나무와 메도우스위트meadowsweet에서 살리신salicin과 살리실산salicylic acid을 추출해서 진통제로 이용해왔다. 당연히 자연적인 추출에만 의존해서는 생산량이

턱없이 부족했다. 결국 1859년, 약초에서만 추출되었던 살리실산의 화학적 합성법이 허만 콜베^{Hermann Kolbe}에 의해 밝혀졌다. 콜베는 나트륨을 이용해 강한 염기성 조건에서 페놀을 이산화탄소와 반응시켰다. 이를 통해 살리실산 합성에 필요한 방대한 양의 페놀을 석탄 찌꺼기에서 얻어낼 수 있게 되었다. 이 화학반응은 고온과 고압에서 이루어졌는데, 이후에 슈미트가 최적인 압력과 온도의 조건을 찾아낸다. 그래서 이 반응은 두 사람의 이름을 따서, 콜베-슈미트^{Kolbe-Schmitt} 반응으로 불리게 되었다.

1874년에는 공장에서 살리실산을 대량 합성하는 것이 가능해졌다. 합성 살리실산의 가격은 버드나무에서 추출한 살리실산 가격의 10% 수준에 불과했다. 대량 생산이 가능해지자, 살리실산은 보급하기 쉬운 의약품이 되었다. 하지만, 살리실산에는 의약품으로서 치명적인 단점이 있었다. 경구를 통해 복용할 경우 극심한 위통과 구역질을 일으켰고, 약의 쓴 맛이 너무 강했던 것이다. 이때 안전하면서도 저렴하게 부작용을 극복하는 방법이 있다. 완전히 새로운 화합물을 찾는 것이 아니라, 부작용이 심한 기존의 약물이 가지고 있는 화학구조를 조금 변형시키는 것이다.

마침내 독일 제약회사 바이엘의 펠릭스 호프만^{Felix Hoffmann}이 아스피린이라는 새로운 화합물을 만드는 데 성공한다. 그는 살리실산의 강한 산성이 위통의 원인이라 판단하였고, 살리실산의 산도에 영향을 줄 수 있는 기능기^{functional group}의 화학적 구조를 변형시켜 새로운 화합물들을 탐색하기 시작했다. 호프만은 살리실산의 하이드록실기^{hydroxyl group}를 반응물질인 초산의 카르복실기^{carboxyl group}와 반응시켜, 아세틸기^{acetyl group}로 변화시켰다. 1897년의 일이었다. 새롭게 탄생한 아세틸살리실산^{acetylsalicylic acid}은 소염진통 작용을 유지하면서도, 부작용은 줄일 수가 있었다. 바이엘은 1899년에 아스피린^{Aspirin}을 시장에 내놓았다. 아스피린은 식초를 뜻하는 아세틸의 A-와 메도우스위트의 옛 학명인 '스피레아 울마리아^{Spirea ulmaria}'의 Spir를 합친 이름이었다.

약학의 역사에 있어, 아스피린은 부작용을 줄인 진통제라는 점에서도 의미가 있지만 더 중요한 의의가 있다. 아스피린은 인류

아스피린을 얻는 과정

살리실산을 식초(아세트산)를 넣고 끓이면, 아스피린을 얻을 수 있다. 살리실산은 문명의 시작과 함께 인류가 버드나무 껍데기 등에서 얻은 진통제이며, 아스피린은 인류 최초의 자연계에 없는 화학구조를 가진 합성약이다.

약국에 없는
약이야기

최초의 합성약이다. 이전에는 자연계에서 발견되는 화합물의 구조 이외에 다른 구조를 가진 화합물을 약으로 사용할 수 없었다. 아스피린 합성에 성공한 호프만은 곧이어 아세틸기를 첨가하는 반응을 통해, 천연 화합물인 아편의 모르핀보다 중독성이 8배나 강한 헤로인을 합성해냈다.* 헤로인은 아스피린처럼 최초의 합성 마약이다. 이제 '약국에 없는 약' 이야기에 중요한 연결고리가 하나 생겼다. 1890년대 이후부터는, 신경을 자극하는 쾌감과 중독성이 천연 화합물에서 유래되는 마약보다 훨씬 강한 마약을 인공적인 화학반응을 통하여 만들 수 있게 된 것이다. 이때부터 묘약을 합성할 수 있는 새로운 길이 열렸지만, 동시에 합성 마약의 길도 새롭게 열리게 되었다.

파라켈수스가 이 과정을 지켜 보았다면 어땠을지 궁금하다. 연금술사의 후예인 이들이 대견해서 박수를 쳐주었을까, 아님 불도마뱀과 정령을 추방한 게 못마땅해 혀를 끌끌 찼을까?

빅파마와 신약 개발

약이란 무엇일까? 다시 새롭게 답해보겠다. 약이란 질병을 치료하기 위해 먹는 물질로, 질병의 치료가 이루어지면 질병으로 인

● 호프만이 베이어에서 일할 당시, 아세틸화 반응은 약의 부작용을 줄이기 위해서 화학자들이 자주 시도해보는 화학반응이었다. 모르핀의 경우 중독성이라는 커다란 부작용이 있었고, 이를 줄이기 위해서 아세틸화가 시도되었다.

한 고통이 완화되고 생명이 연장된다. 이러한 약의 정의는 고대, 중세, 근대 그리고 현대에 이르기까지 보편적으로 받아들여졌다. 물론 치료와 처방에 사용되었던 약의 형태는 시대마다 다양하고 달랐지만, 인간이 약을 통해 이루고자 하는 가장 궁극적인 욕망은 불로불사가 아닐까. 하지만 오늘날 많은 사람들, 그리고 제약회사도 불로불사는 허무맹랑한 꿈임을 잘 알고 있다. 그렇다면 지금의 제약회사에서는 어떤 약을 개발하고 있을까?

현대의 빅파마는 불로불사라는 허무맹랑한 환상을 이뤄줄 약 대신, 삶의 질을 개선해주는 약을 선택했다. 이런 약은 목숨이 위태로운 환자의 건강을 회복시켜주는 약과는 다르다. 이 약을 복용하는 환자들은 약을 통해 편하고 윤택한 삶을 누리기 위해 약을 구매한다. 항불안제, 항우울증제, 수면제, 발기부전 치료제, 속쓰림을 줄여 주는 제산제, 진통제가 그런 약이다. 발기부전 치료제를 예를 들어 보자. 대다수의 경우 발기부전 치료제는 발기부전을 치료하기 위한 목적이 아닌, 성관계시 음경의 강직도를 높이고 발기를 좀 더 오래 지속하기 위해 사용된다.

빅파마가 삶의 질을 개선해주는 약물에 눈독을 들이는 이유는 뭘까? 그야 당연히 돈벌이가 쏠쏠하기 때문이다. 삶을 개선하는 약을 찾는 고객층은 부유한 사람들인데, 이들은 주로 비싼 약을 지속적으로 장기간 구매할 수 있는 사람이다. 새로운 신약의 연구는 이런 고객층들을 대상으로 이루어진다. 약을 구매할 수 없는 희귀 질환 치료를 위한 신약 연구는 사실 잘 이루어지 않는다. 2003년, 빅파마인 BMS, 애보트, 일라이 릴리는 새로운 항생제와 관련된 모든 연구를 중단했다. 좋은 항생제일수록 단기간의 복용을 통해 완치가 이루어져, 장기적인 이윤 창출에 적합하지 않기 때문이다. 오늘날의 신약 개발은 거의 일생동안 약을 복용해야 하는 만성질환 위주로 이루어진다.

개발되고 있는 신약들은 정말로 안전하고 우수할까? 대다수 신약의 경우, 기존 약들의 약효와 비교하여 별다른 이점이 없는 경우가 꽤나 있었기 때문에 신약의 효능에 대해 의심쩍어 하는 사람이 많다. 기존의 약들과 비교하여 효능이 월등히 좋은 약을 혁신신약[First-in-class]이라 부르는데, 이 혁신신약은 개발되는 신약 중에 14% 정도에 불과하다. 나머지 86%는 이른바 '미투 드러그[me too drug]'로 기존 약들과 비교하여 효능과 안정성에 있어 별다른 차이가 없는 약들이었다.[●]

약효가 그다지 뛰어나지 못한 이런 약물들이 어떻게 신약으로 세상에 출시될 수 있을까? 신약은 가짜 약과 비교하여 약효가

[●] 수치는 1998년에서 2002년 FDA에서 승인 받은 415종의 약을 기준으로 바탕으로 한 자료이다. 14%는 혁신신약이었으며, 나머지 86%(=100%-14%)는 전부 미투 드러그였다. 여기서 좀 더 엄격하게 9%(=86%-77%)는 기존의 약들에 비해 개선된 약들이었고, 나머지 77%(=86%-9%)는 기존의 약의 효능과 안정성에 비교했을 때 별다른 차이가 없는 약들이었다.

있다는 것만 입증해내면, 허가를 받을 수가 있기 때문이다. 신약이라고 해서 기존의 약과 비교했을 때 반드시 더 우수할 필요는 없는 것이다.

심지어 약간의 속임수까지 쓴다. 기존 약들보다 약효와 부작용 측면에서 우수하게 보이도록 신약의 임상 실험을 설계하는 것도 가능하다. 모든 약에는 적정 유효 용량이 있다. 기존의 좋은 약이라 할지라도 약물을 적게 투여하면 약효가 적게 나타나고, 너무 많이 투여하면 부작용이 반드시 따른다. 그런데 임상 실험에서 기존 약들과 비교할 때, 신약은 적정 유효 용량을 투여하되 비교 대상인 기존 약은 비정상으로 적은 용량 혹은 고용량을 투여하는가 속임수가 쓰인다. 부작용이 너무 심한, 형편없는 기존 약과 비교하기까지도 한다.

신약 개발에는 막대한 비용이 든다. 그럼에도 불구하고 거대 제약회사에서 신약을 개발하는 이유가 있다. 바로 신약의 특허권이다. 약의 특허권을 가지고 있는 경우 약을 비싸게 팔 수 있기 때문이다. 그리고 환자들은 신약에 대한 막연한 환상을 가지고 있기 때문에, 의사들이 권유하는 신약을 좀 더 쉽게 받아들인다. 즉 마케팅만 잘 이루어진다면, 신약은 좋지 못한 약효에도 불구하고 잘 팔릴 수 있다. 말 그대로 신약은 세상에 나온 지 오래되지 않았기 때문에, 환자 그리고 심지어 의사조차도 신약에 대해서 아는 바가

별로 없다. 특히 장기적으로 복용했을 때의 위험성에 대해서도 잘 알지 못한다. 불행히도 우리가 신약에 대해 아는 건 전부 제약회사가 선별하여 제공하는 정보가 고작이다. 대다수의 경우 약의 위험성은 공개되지 않는다.

현대에 이르러, 제약회사들은 커다란 문제에 직면하였다. 앞으로 정복해야 할 질병들은 과거처럼 많지 않을 뿐더러, 아스피린처럼 크게 대박을 터트릴 만한 혁신신약의 가능성도 줄어들었다. 그래서 제약회사들은 질병의 정의를 좀 더 포괄적으로 확대시켰고, 정신의학 분야에서 이러한 전략을 펼쳤다. 정신장애^{psychiatric disorder}의 정의는 애매모호하며 조작하기 쉽기 때문이다. 더욱이 정신장애에서는 완벽한 치료제란 없는지라, 장기간의 약물 판매가 가능하다. 한마디로 정신의학분야는 제약회사의 엘도라도인 셈이다. 물론 이 과정에서 발생한 큰 사건도 있었다. 이에 대해선 책의 마지막 부분에 다시 다루도록 하겠다.

아스피린이 출시된 지 120년이 지났다. 한 세기가 넘는 이 기간 동안 의약품의 발전과 혁신이 이루어졌다. 하지만 오늘날의 빅 파마는 획기적인 화합물 개발에 나서기보다 '이전의 특허를 피해서' 기존의 화합물을 적당히 변형하고 있는 상황이다. 물론 엉터리 약에 의존하던 우리가 제대로 된 약을 안심하고 먹을 수 있게 된 것은 제약회사의 공도 크지만 말이다.

이제 우린 다시 '약국에 없는 약' 이야기로 돌아간다. 영 이상한 약들이지만, 우리 인간의 욕망만큼은 적나라하게 보여주는, 그런 약 이야기 말이다.

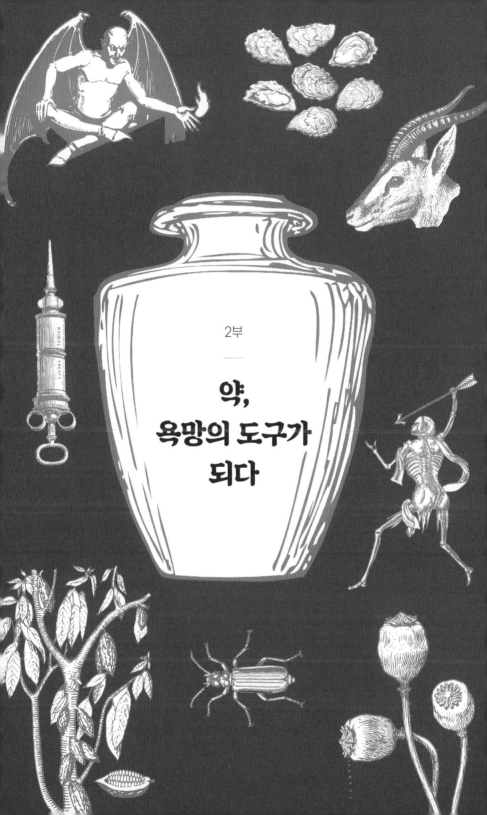

2부

—

약,
욕망의 도구가
되다

우리는 약을 '먹는다'. 음식과 달리 맛있기 때문에 먹는 것도 아니다. 약은 맛있을 필요가 없다. 맛이 없어도 내가 원하는 것을 이뤄주니까 먹는 것이다. 우리는 약이 잘 듣기를 바라며 서슴지 않고 약을 먹는다. 코감기가 낫고 싶다는 일상적인 바람, 혹은 끔찍한 불치병이 낫기를 바라면서 말이다. 그런데도 우리는 지금 먹는 약이 무슨 성분으로 이루어져 있는지, 어떻게 작용을 하는지는 잘 모른다. 그저 우리는 약을 먹으면서 나의 욕망이 이뤄지길 바랄 뿐이다.

고전 애니메이션 〈백설 공주와 일곱 난쟁이〉를 떠올려 보자. 가장 유명한 장면 중 하나는 공주의 계모가 독이 든 사과를 백설 공주에게 건네는 장면일 것이다. 대부분의 사람들은 이 장면에서 공주를 처치해 영원한 아름다움을 얻고자 하는 계모의 사악한 욕망을 생각할 것이다. 하지만 다시 생각해보자. 그렇다면 공주는 왜 사과를 깨물었을까? 공주가 수상한 사과를 깨문 것은 계모의 속임수였지만, 그 속임수는 '공주의 욕망'을 정확히 짚었다. 계모는 이렇게 유혹한다.

"당신에게 비밀 하나를 알려드릴게요. 이건 평범한 사과가 아니랍니다. 소원을 이뤄주는 신비한 사과죠. 한 입만 베어 물면 당신의 모든 꿈들은 이뤄지게 된답니다. 소원을 비세요, 그리고 한 입 베어 무세요."

공주는 그렇게 자신의 욕망을 떠올리며 노인의 꼬임에 넘어간다. '왕자가 찾아와 영원히 행복하게 살 수 있기를' 희망하며 사과를 한 입 베어 문다. 공주가 수상한 사과를 베어 문 것은 그 사과가 단지 먹음직스러운 과일이어서가 아니었다. 과즙보다 더 달콤한 욕망을 약속하는 묘약이었기 때문이었다. 하지만 사실 그 묘약은 함께 충족될 수 없는 또 다른 욕망, 계모의 욕망을 충족시키는 '독약'이었다. 어쨌든 독이 든 사과가 누군가의 욕망을 충족시켜 준 셈이다. 결국 좋은 약이건, 나쁜 약이건, 약이 욕망의 도구라는 점은 분명하다. 2부의 3장에선 이처럼 욕망에 이끌린 수많은 사람이 복용했던, 오랜 세월 동안 약이었지만 이제는 약이 아닌 약들을 다루고자 한다.

오랜 이야기 속의 명약 대부분이 더 이상 약이 아니게 된 이유는 간단하다. 플라시보 효과를 제외하곤 실제 효험이 없다는 것이 밝혀졌기 때문이다. 오히려 부작용으로 사람 목숨을 여럿 앗아간 약도 있다. 앞에서도 잠깐 살펴보았지만, 이런 약들의 재료는 정말 다양하고도 기상천외했다. 이유도 가지각색이었다. 특이한 성질을 갖고 있어 묘약의 재료가 되는가 하면, 오히려 흔하기 때문에 약의 재료가 되기도 한다. 비싸고 희귀한 재료가 들어 있으면 사람들은 더 쉽게 홀렸다.

약이 약속한 수많은 욕망 중 즐거움을 빼놓을 순 없을 것이다. 더 많은 즐거움을 누릴 수 있게 신체의 기능, 특히 성기능을 강화하고 오래 유지하고자 하는 사람들의 욕망은 어느 세월 어느 곳에 가도 존재했다. 그리고 지금으로부터 멀지 않은 시기에, 이런 욕망을 충족해주는 약이 등장했으니, 바로 비아그라다.

예전엔 의약품이 아니더라도 몸과 마음을 편안하게 해주는 것들은 약의 대열에 쉽게 합류할 수 있었다. '약주'로도 불리는 술 이야기는 여기서 굳이 할 필요는 없겠지만, 오늘날엔 약의 정반대의 포지션에 위치한 '기호품' 담배는 빼놓을 수 없다.

현대에 와서는 기존의 그 어떤 약도 제공할 수 없는 경험을 전달하는 약이 탄생했다. 신경계를 바로 건드리는 약물, 향정신성 약물이 새로운 스타로 등장했기 때문이다. 물론 현대 이전에 향정신성 약물이 없었던 것은 아니나, 시대적 아이콘이 된 것은 20세기의 일이다. 우울했던 감정을 바꾸거나, 평소엔 닿지 못한 기분의 고도에 이르게 하고, 나아가 새로운 감각과 환상을 약속하는 약물들이 수없이 등장했다. 우리나라를 포함해 대부분의 나라는 이 위험하고 정신없는 약의 대부분을 마약으로 분류했다. 마약은 절대 손대선 안 되는 악이 되었다. 이 약들은 약이긴 하지만 구할 수도 없고 약으로 여겼다가는 혼나는, 나쁜 약이 되었다. 그런데 어쩐 일인지, 마약의 '쓸모'를 탐색하는 사람들도 늘어나고 있다.

약의 역사는 묘하다. 전혀 효과가 없었음에도 오랜 시간 약의 지위를 잃지 않았던 약이 있는 한편, 복용하는 이들이 바라는 그 욕망을 이뤄주는 약임에도 유해하다는 이유로 약의 지위를 박탈당한 약이 있으니 말이다. 그런데 '무해하고 이로운 것'만 약이라 할 수 있을까? 좋은 약과 나쁜 약을 가르는 우리들의 막연하면서도 딱딱한 기준은 문제가 없는걸까? 우리는 무엇으로 약을 규정하고 있는걸까? 2부의 글이 이러한 궁금증을 해결해주지는 못할지도 모른다. 다만 생생하고 발칙한 물음표가 더 많이 생긴다면 좋겠다.

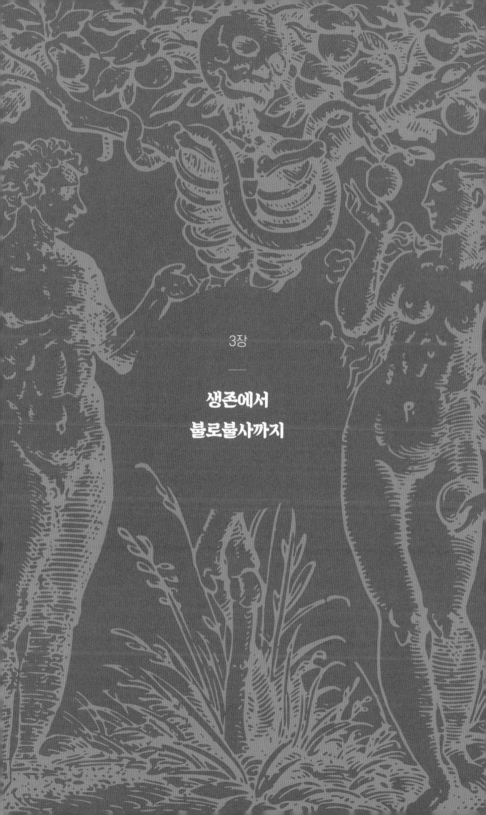

3장

—

생존에서
불로불사까지

만병통치약
오디세이

나이가 좀 있는 독자라면 약장수의 구성진 목소리를 들어본 적이 있을 것이다. 영 믿기 힘든 말을 하는 사람에게 "어디서 약을 팔아!"라고 꾸짖는 것도 약장수 때문이지 않았을까. 효능이 하나라도 있을까 싶은 약을 약장수들은 대단한 묘약인양 팔았다. 사람들의 지갑을 열기 위해선 모쪼록 쓸모가 많은 약이어야 한다는 것을 약장수들은 잘 알고 있었다. 귀한 재료로 만든 것이기 때문에 여기에 바르면 여기가 낫고, 저기에 바르면 저기가 낫는다고 하는 그들의 말은 당연히 믿을 게 못된다. 하지만 약장수는 인류가 수천 년간 믿어 온 '어떤 물건'을 넌지시 말하고 있던 것이다. 여러 질병을 모두 치료할 수 있는 약, 만병통치약 말이다.

만병통치약은 인류의 오래된 염원이었지만, 그동안의 모든 만병통치약은 가짜로 밝혀졌다. 그래서 오늘날 만병통치약을 믿는 사람이 드물다. 하지만 만병통치약은 인류의 거의 모든 문화권에 등장했고 수많은 사람들을 유혹했다. 그 이유가 무엇일까?

만병통치약은 약과 질병에 대한 인류 공통의 관념에서 처음 시작되었을 것이다. 질병의 증상은 여러 가지라도 질병을 구성하는 궁극적인 원인은 단 하나일 것이라고 사람들은 믿었고, 그렇기에 그 궁극적인 원인을 제거할 수 있는 약도 존재한다고 믿었을 것이다. 고대인들은 질병을 악령의 침투로 이해하였으며, 이후 이성적 치료를 표방한 히포크라테스마저 4가지 체액의 불균형으로 질병의 원인을 단순하게 받아들였다.

하지만 오늘날 우리는 질병이 복합적인 원인으로 인해 발생하는 것으로 이해한다. 그리고 모든 질병에 단 하나의 궁극적인 원인이 존재하지 않는다는 것도 알고 있다. 하나의 질병에 수많은 생화학 신호체계가 관여하며, 질병의 종류는 셀 수 없을 만큼 많고 그에 대한 치료제도 각각 다르다는 것을 경험적인 과학의 방법으로 발견하게 되었기 때문이다. 만병통치약, 즉 모든 질병을 치유하는 단 하나의 약이 존재할 수 없다는 것을 당연한 이치로 받아들이게 된 것이다. 하지만 역사의 큰 줄기로 보면, 인류는 만병통치약의 가능성을 계속 탐구해왔다.

부풀려서 전승되는 이야기가 만들어 낸 권위는 만병통치약에 대한 믿음을 강화했을 것이다. 서양의 히포크라테스나 우리나라의 허준은 명의로서 절대적인 입지를 다져왔고, 그들이 남긴 말이나 약의 효과는 '당연히 참이어야 한다는' 일종의 성서적 권위를 오랫동안 가져왔다. 더욱이, 많이 늙고 아픈 사람이라면 "상당히 많은 사람들이 오랫동안 효험을 봤다"는 이야기에 어찌 혹하지 않을 수가 있을까?

역사 속에 등장했던 이른바 만병통치약들은 오늘날 보기엔 참 어설프고 우습다. 하지만 간절한 욕망은 우리를 자유롭게 하진 못하지만, 욕망을 추구하는 과정에 놓인 모든 걸 지연스럽게 만든다. 오늘날엔 전혀 자연스럽지 않은 것들이 약의 재료가 되었던 것도 그 당시엔 굉장히 자연스럽게 받아들여졌을 것이다.

테라 시길라타, 흙도 약이 될 수 있을까?

우리는 오늘날 다양한 모양의 알약을 만나고 있다. 분명 같은 성분으로 만든 약인데, 알약의 모양과 색깔은 참 다양하다. 사실 알약의 생김새와 색깔에는 비밀스러운 플라시보 효과가 숨어있다. 일단 알약의 색깔은 다음과 같은 방식으로 심리적 효과를 불어넣는다. 노란색 알약은 우울증에 좋고, 녹색 알약은 긴장 해소에, 붉은 색 알약은 환자의 정신을 각성하고 힘을 불어넣어 주는

데 효과가 있다. 그리고 흰색 알약은 소화장애를 해결하는 데 효과가 있다고 한다. 알약의 생김새에도 효과가 있다. 작은 크기의 알약보다 커다란 알약이 플라시보 효과가 더 크며, 알약 표면에 상품명이나 로고가 찍혀있을 때도 플라시보 효과가 커진다.

고대의 사람들이 플라시보 효과에 대해 알았을 리는 없지만, 이들 역시 색과 모양이 약에 효능을 더한다는 것을 최소한 경험적으로는 확인한 듯하다. 고대 그리스와 로마에서는 알약의 모양과 색깔을 이용하여, 별 다를 것 없는 흙을 만병통치약으로 만들었다. 이 알약의 이름은 바로 '테라 시길라타$^{terra\ sigillata}$'이다(라틴어 terra는 흙을, sigilla는 문양^{logo}을 의미한다). 그리스에는 셀 수 없이 많은 섬들이 있는데, 그중 렘노스^{Lemnos} 섬과 사모스^{Samos} 섬은 독특한 색상의 흙으로 많은 의사들의 관심을 받아왔다.

로마의 의사였던 갈레노스는 렘노스에서 나온 흙을 좋아했고, 이 흙을 만병통치약으로 여겼다. 뱀에 물렸을 때에는 해독제로, 눈에 염증이 생겼을 때에는 안약으로 효과가 있다고 주장했다. 식초와 같이 먹으면, 메스꺼움과 출혈이 멈춘다고도 했다. 그뿐만이 아니었다. 생리로 인한 출혈이 너무 심할 때도, 산모의 무통 분만에도 유용하다고 기록해 놓았다. 어쩐지 '약 파는 소리'로 들리지 않는가? 흙을 좋아한 의사는 갈레노스 외에도 많았다. 히포크라테스는 사모스의 흙이 가진 약효를 기록하였고, 『약물지』

의 저자 디오스코리데스[Dioscorides] 역시 사모스와 렘노스의 흙은 해독제와 설사약으로 사용할 수 있다고 했다.

렘노스의 흙은 어떤 이유로 만병통치약이 되었을까? 그리스 신화가 이곳의 흙을 특별히 여겼기 때문이다. 렘노스는 대장장이와 불의 신, 헤파이스토스[Hephaistus]에 의해 신성시되는 섬이다. 신화 속에서 그의 아버지는 제우스였고, 어머니는 헤라였다. 어느 날 헤라는 제우스의 바람기 때문에 화가 나서 제우스와 말다툼을 벌였는데, 헤파이스토스는 이때 헤라의 편을 들었다. 이에 화가 난 제우스는 헤파이스토스를 발로 걷어찼고, 헤파이스토스는 렘노스 섬으로 추락했다. 이때 헤파이스토스의 다리가 골절되었는데 렘노스 섬의 땅에 닿음으로써 치유가 되었다고 한다. 그래서인지 렘

테라 시길레타의 독특한 색깔
성분은 고작 흙이었을 뿐이지만, 테라 시길레타는 당대의 히트 상품이었다. 정성스레 새긴 문양과 화려하고도 독특한 색깔이 이 약의 (실제론 광인) 효험을 뽐내고 있다. 현대 의약품을 비롯해 마약도 재미있는 이름과 색깔로 현혹하는 걸 보면, 이런 교묘한 상술은 크게 변하지 않은 듯하다.

노스 섬은 성스러운 땅이 되어 종교 의식도 행해졌는데, 염소를 신에게 제물로 바치고, 염소의 피를 땅에 뿌렸다. 렘노스의 테라 시길라타는 알약 표면에 염소 모양의 문양이 그려져 있다.

사모스의 흙에는 어떤 사연이 있었을까? 고대 그리스의 스토아 철학자들은 흙은 살아있는 생명체라고 생각했다. 그래서 암석이 붉은 흙으로 부서지는 것은 암석이 죽어서 피를 흘리는 것과 같았다. 그런데 마침 사모스의 흙은 붉은 색을 띠는 것으로 유명했다. 사모스의 붉은 흙을 먹는다는 것은 대지의 생명력을 보충한다는 뜻이었다.

선사시대 사람들도 비슷한 생각을 했다. 이들은 죽은 이를 다시 살리기 위한 약으로 붉은 흙을 사용했는데, 죽은 사람을 부활시키기 위해서 시신에다 붉은 흙을 피처럼 뿌렸다고 한다. 이렇게 붉은 흙과 인간의 피를 동일시하는 것은 다른 문화권에서도 흔히 보인다. 이 둘은 붉은 색이라는 공통점도 있지만, 그 맛과 냄새도 유사하다. 실제로 몇몇 붉은 흙에서는 사람의 피처럼 비릿한 냄새와 맛이 느껴진다. 사실 붉은 흙과 혈액 속에는 헤모글로빈 내의 철분이 함유되어 있어 둘 다 붉은 색을 띠며 비릿한 맛이 나니, 아주 이상한 추정은 아니었던 셈이다.

극히 드문 사례이지만, 테라 시길라타가 해독제로 효과가 있었던 적이 있긴 하다. 1581년 독일의 한 사형수는 판사와 흥정을 했다. 사형수가 제안한 것은 바로 처벌 방식에 대한 것이었다. 몇 차례의 절도 때문에 사형을 선고 받게 되자, 그 죄수는 교수형을 받는 대신에 독약을 마시겠다고 제안했다. 겨우 절도로 중형의 사형 선고를 선고 받았으니, 흥정에 여지는 충분히 있었을 것이다. 독약으로는 승홍(제2염화수은)을 사용하되, 테라 시길라타를 같이 복용할 수 있도록 요구했다. 집행이 이루어지던 날 사형수는 치사량의 2배에 해당하는 6,000mg의 승홍을 먹었고, 같은 양의 테라 시길라타를 포도주에 타서 먹었다. 기록에 따르면, 그는 극심한 고통을 겪어야만 했다고 한다. 하지만 놀랍게도 테라 시길라타의 효능은 독을 이겨냈고, 사형수는 살아남았다. 마침내 그는 자유의 몸이 되어 고향으로 돌아갔고, 심지어 테라 시길라타를 해독제로 팔고 다니면서 생계를 유지하기까지 했다고 한다. 해독 작용을 통해 실제로 목숨을 건진 장본인이 파는 약이라면 당연히 불티나게 팔렸을 것이다.

테라 시길라타가 대체 무슨 작용을 한 걸까? 독약으로 쓰인 승홍은 신체에서 Hg^{2+}의 양이온으로 해리^{dissociation}된다. 그런데 어떤 흙들은 양이온의 금속을 흡착하여 신체 밖으로 배출할 수 있는 흡착제$^{chelating\ agents}$를 포함하고 있다. 벤토나이트^{bentonite}라고 알려진 점토가 이에 해당하며, 벤토나이트는 양이온으로 해리될 수 있는 납$_{Pb}$, 카드뮴$_{Cd}$, 아연$_{Zn}$에 대해서도 같은 역할을 수행할 수 있다.

만약 승홍을 먹은 죄수가 테라 시길라타 덕분에 목숨을 부지할 수 있었다면, 벤토나이트의 흡착 원리와 동일한 효과였을 가능성이 높다. 하지만 이런 경우가 아니고서야, 흙이 약이 되기는 힘들다. 심지어 경우에 따라 건강에 해로울 수 있다. 흙에는 기생충과 세균 그리고 중금속이 포함되어 있는 경우가 많기 때문이다.

생명력이 농축된 치료제, 인간의 혈액과 지방

이제 로마 시대로 돌아가 보자. 거대한 원형 경기장을 관중의 환호성이 메우고 있다. 여기는 그야말로 흥분의 도가니다. 노예와 죄수로 이루어진 검투사 시합이 시작되었기 때문이다. 관중들의 환호성만큼이나 검투사들이 내쉬는 숨도 뜨겁다. 거친 호흡과 경련이 검투사들의 몸을 휘감고 있다. 아차 하는 순간에 생사가 갈린다는 것을 알기 때문이다. 수많은 관중들은 검투사들의 모습에 매료되어 있다. 몇몇 사람들은 그들의 다부진 몸과 용맹에 감탄하고 있는데 왠지 모르게 탐을 내는 듯한 눈빛이다. 시합의 결과는 뻔했다. 하나가 살아남으면 하나는 죽었을 것이다. 그렇다면 죽음을 맞이한 가련한 검투사는 양지 바른 곳에 고이 묻혔을까? 불행히도 그렇지 못했다. 검투사의 시신은 간질을 앓고 있는 환자들의 치료제로 쓰여졌다. 검투사의 시신에 무슨 특별한 점이 있다고, 죽어서도 이런 불행을 맞이해야 했을까?

로마 검투사의 시합

인간이 인간에게 이토록 잔인하던 시절이 있었다. 살아
남은 자는 생존의 기쁨을 만끽했겠지만, 패배자에겐 평
화롭게 죽음을 맞이할 권리조차 없었다. 패배한 검투사
의 시체는 약으로 팔려나갔다. 살아있을 때에도, 죽은
후에도 그는 상품이었다.

어느 시대에나 사람들은 '유사성의 원리'를 바탕으로 치료제를 찾았는데, 이 당시의 사람들은 죽음을 앞둔 검투사의 모습에서 간질 환자의 증세를 찾아냈던 것이다. 극한 상태에서 몸싸움을 벌이며 죽기 직전의 검투사들이 내쉬는 거친 호흡과 신체적인 경련은 간질 환자들이 발작을 일으킬 때의 모습과 많이 유사하게 보였다. 특히 검투사의 간은 인기가 많았는데, 간은 피가 많이 저장되어 있는 장기일 뿐 아니라, 용기의 상징으로 여겨졌다. 검투사의 간에는 '용맹스러움'이 일반 사람들의 간보다 훨씬 많이 들어 있다고 생각한 것이다.

원래 사람들은 인간의 시신과 피를 치료제로 쓰길 좋아했다. 인간의 피는 생명을 연장시켜 줄 것 같은 묘한 환상을 불러 일으켰다. 오죽했으면 소설 『드라큘라』의 드라큘라 백작은 자신이 혐오하는 십자가와 성수의 위험을 무릅쓰고서라도, '피 마시기'를 포기하지 못했을까? 피를 인간의 혼과 생명력^{vital force}을 가지고 있는 영험한 체액으로 본 것이다. 피를 섭취한다는 것 자체는 그렇게 괴이한 습성은 아니다. 우리도 돼지나 소의 피로 만든 선지를 먹지 않는가? 하지만 인간의 피라고 해서 특별한 영양분이 함유되어 있는 것은 아니다. 인간이나 동물이나 혈액의 기능은 동일하다. 피는 체내를 순환하면서 산소와 영양분을 공급해주는 붉은 색의 체액이다. 그뿐이다.

인간의 피와 간만이 치료제로 쓰인 것은 아니었다. 인간의 지방도 치료제로 활용되었다. 16세기 유럽의 약전pharmacopoeia에는 인간의 지방을 치료제로 사용했던 기록이 있는데, 사람들은 인간의 지방을 피부에 바를 때 쓰는 연고로 주로 사용했다. 19세기에 이르러서도 인간 지방의 쓰임새는 더 커졌다. 상처 완화를 위해서 쓰는 피부의 연고에서부터, 통풍 치료, 류머티즘의 통증 완화까지 광범위한 약으로 사용되었다. 검투사 시합의 전통이 사라진 시대에는 인간의 지방을 어떤 방식으로 얻었을까? 주로 사형수의 시체에서 얻었다. 사형 집행인들은 시체의 살가죽을 벗겨내고 지방을 추출하여 약제로 판매하였다.

사형 집행인들에게 사형수의 지방은 쏠쏠한 돈벌이 수단이었다. 이들은 일종의 공무원으로 관청에서 보수를 받는데다가, 부업으로 지방을 비싼 값에 팔 수도 있었다. 마차와 시중들을 들일 정도로 풍요로운 삶을 누린 사형 집행인들도 꽤 있었다. 다만 험한 부업인 만큼, 사형 집행인의 사회적 지위는 아주 낮았다.

인간의 지방이라고 다 같은 지방이 아니었다. 일종의 '브랜드'가 있었다. 사형 집행인들은 자신만의 상표를 붙여 판매했다고 한다. 게다가 구매자들마다 선호하는 상품들이 따로 있었다고 한다. 하지만 다행히도 인간의 몸이 사고파는 약품이었던 시대는 이제 끝이 났다.

인간 지방을 보관하던 항아리

인간의 지방은 18세기까지만 해도 흔히 구할 수 있었고, 19세기에도 치료제로 사용되었다. 너무나 비인간적인 재료조차도 다른 인간의 욕망을 위해서라면 기꺼이 사용되었다.

머미아, 미라 가루

아스팔트라고도 불리는 역청^{bitumen}은 도로를 포장하는 공사현장에서 흔히 볼 수 있는 시커멓고 끈끈한 물질이다. 역청은 석유를 굳혀서 만드는데, 이슬람 문명권에서는 역청을 만병통치약으로 사용하였다. 페르시아의 의사이자 철학자인 이븐 시나^{Abu Ali Sina}는 역청이 종기, 발기부전, 골절, 마비, 현기증, 위장장애, 소화장애, 간질, 그리고 해독에 쓰일 수 있다고 했다. 하지만 역청이라고 해서 다 같은 역청이 아니었다. 치료제로 쓸 수 있는 등급이 제각각이었다. 역청 중에서 최상품은 사해의 지층에서 뿜어져 나와서 해수 표면에 떠다니는 역청이었다.

여기까지 보면 역청도 꽤 괜찮은 만병통치약으로 중세 유럽에 유행했을 법한데, 그렇지 않았다. 중세 유럽에서는 아랍의 만병통치약이라고 하면 역청이 아니라 미라 가루를 떠올렸다. 어떻게 해서 미라 가루가 만병통치약이 되었을까? 여기에는 오역의 역사가 있다.

이집트에서는 시체를 방부 처리하여 미라를 만드는 데 역청을 사용해왔다. 미라는 썩지 않게 건조시킨 시체를 말하는데, 미라를 만들기 위해서는 역청을 신체 내장에 주입하여 장내의 미생물을 소독하였다. 소독약으로 쓰는 역청은 '머미아^{mummiya}'라고 불렸고, 방부처리 된 미라는 '머미아^{mumia}'라는 단어로 불렸다. 역청과 미라를 지칭하는 단어가 비슷한 '음'을 가지고 있다 보니, 몇몇 학자들이 이 둘을 혼동하기 시작한 것이다. 12세기 아랍에서는 유럽의 의학을 받아들여 라틴어로 된 유럽의 의학 서적들을 번역하였는데, 이때 만병통치약으로서 역청을 뜻하는 '머미야'를 미라의 '머미아'로 바꿔 쓰기 시작한 것이다. 새로운 생명으로 부활하기를 기원하는 미라의 제작 이유를 생각해보면 꽤 그럴듯하고 매력적인 오역이 된 셈이다.

오역이 담긴 아랍 서적이 중세 유럽으로 역수출되자, 유럽에서는 중동과 이집트의 미라를 만병통치약으로 여기게 되었다. 하지만 연금술사를 비롯한 전문가들은 미라 가루의 효험에 대한 그럴듯한 근거를 제시해야 했다. 연금술사들은 미라 가루를 '고농축 약제'라고 주장했다. 전통적으로 연금술사들은 동식물의 중요 성분들을 증류를 통해 고형분으로 농축하여 보관했다. 그러니 미라 가루는 시체의 체액이 증발되어 영혼과 생명력이 상당히 많이 농축되어 있는 물질이었던 셈이다. 파라켈수스는 여기에 독특한 기준을 제시하였다. 그는 갑작스럽고 잔인하게 죽은 시체일수록, 영혼과 생명력의 농축이 잘 일어나 치료제로서의 가치도 크다고 보았다. 갑작스럽게 죽은 시신에게는 생명력이 빠져나갈 시간이 적고, 잔인하게 죽은 시신일수록 생전에 그가 가졌던 강인한 기질이 많이 남아 있기 때문이라는 것이다. 반대로, 오랫동안 질병을 겪어

미라 가루를 보관하던 항아리

18세기 약국에서도 구입할 수 있었던 미라 가루. 18세기의 런던 약전에 따르면, 미라 가루의 맛은 맵고 쓴 맛이 강했다고 한다. 당대 사람들은 쓴 약이 몸에 좋다고 생각하며 먹었을지도 모른다.

쇠약해진 상태에서 죽음을 맞이하였던 시체는 치료제로서의 가치가 떨어진다고 보았다.

17세기의 영국에서 미라 가루는 신비적인 효능보다 일상적인 약으로 팔렸다. 이때쯤 유럽은 계몽주의가 시작되며 이성적 사고를 중시하기 시작했을 텐데, 이런 비이성적인 의약품을 어떻게 생각했을까? 17세기의 대표적인 영국 철학자, 프란시스 베이컨[Francis Bacon]은 "미라 가루는 찹쌀처럼 점성이 높은 물질들과 섞어서 연고로 사용하면, 지혈에 효과가 매우 탁월하다"라고 했다. 동시대 인물인 물리학자 로버트 보일[Robert Boyle]은 "찰과상으로 멍이 들었을 때, 의사들이 추천해야 하는 약"이라고 평가했다. 계몽주의의 시대에도 미라 가루는 꽤나 유명세를 떨친 묘약이었던 셈이다.

오역 때문에 약으로 쓰이게 된 미라 가루는 16세기에서 18세기에 이르기까지 유럽에선 없어서 못 살 정도였고, 동물의 시체로 만든 가짜 미라 가루가 만연하기도 했었다. 급속도로 늘어난 수요의 양을 채우기 위해서, 사막을 여행하다 길을 잃어 죽은 시신들과 해부 실습용 시체로 미라 가루를 만들기도 했다. 18세기에는 유럽의 거의 모든 약국에서 미라 가루를 팔았다. 미라 가루의 인기는 유럽뿐 아니라 중국과 일본으로도 퍼져나갔다고 한다. 미라 가루는 1900년대 초반까지 전 세계인들이 즐겨 찾는 약이었다. 독일의 제약회사 머크[Merk]는 1924년까지 미라 가루를 판매하기도 했다.

최근에는 독일 하이델베르크 박물관에 소장되어 있는 미라 가루의 성분에 대한 연구가 분석화학장비를 통해 이루어졌다. 분석 결과에 따르면, 미라 가루를 이루고 있는 성분들은 실제로 오랜 시간 동안 산화된 시체의 피부 조직, 미라 시신을 감은 붕대의 일부로 추정되는 셀룰로스 기반의 섬유, 시신의 방부제로 사용한 밀랍 등으로 이루어져 있었다. 과거에 쓰이던 미라 가루 중 일부는 실제로 방부처리에 사용된 화학용품과 시체로 만들어진 약품이었다. 적어도 진짜 미라로 만든 약이긴 한 것이다. 당연히 실제 약효는 없었지만 말이다.

지금까지 이야기한 만병통치약의 재료들은 어쩌면 대체로 무해한 편이다. 실제 약효는 없었어도 큰 문제를 일으킬 정도로 유해하진 않았기 때문이다. 오히려 어떤 효과도 없었기에 이 약들이 오랫동안 히트 상품이 되었다니, 아이러니하지 않은가?

만능해독제,
내 몸안의 독을 빼자

독한 왕, 미트리다테스

좋은 것은 몸안으로 들이고, 나쁜 것은 몸 밖으로 뺀다. 인류라면 모두가 공유하고 있을 원시심성이 아닐까. 좋은 건 약이고, 나쁜 건 독이다. 좋을 것을 취할 때, '약이 된다'고 표현하고, 나쁜 것에 대해선 '독이 된다'고 표현하니 말이다. 약과 독은 그렇게 서로 다른 반대말로 통한다.

하지만 독과 약은 정말 서로 다른 존재일까? 아니다. 파라켈수스가 지적했듯이 독과 약의 양면성은 동일한 하나의 실체에서 비롯되며, 신체에 투여된 용량이 독이 될지 혹은 약이 될지를 결정한다. 그렇다면 한 사람을 죽이지 못할 만큼의 적은 양의 독을

110

오랫동안 점차 늘려 복용한다면 어떨까? 독에 대한 신체의 내성이 생겨 해독제의 역할을 할 수 있을까? 이 질문의 해답을 얻기 위해 자신의 목숨을 건 한 나라의 왕이 있었다.

그 '독한 남자'의 이름은 오늘날의 터키 지역에 해당하는 폰투스^Pontus^를 다스렸던 미트리다테스 6세^Mithridates VI^다. 그는 독에 대한 호기심이 많아 독에 대한 지식을 다방면으로 쌓아가기 시작했다. 게다가 실험을 통해 독을 연구하기까지 했다. 그의 궁전에는 독초 정원이 있었는데, 이곳에는 다양한 독초들뿐만 아니라 독버섯과 전갈을 기르고 있었다. 그는 희귀한 형태의 독극물들을 수집하기도 하였다. 아름다운 색상을 지녔지만 극소량으로도 치명적인 광물질들, 가오리의 꼬리에 달린 독가시 등은 그가 애지중지하던 소장품이었다.

독을 실험하는 대상은 주로 왕이 소유한 노예와 죄수들이었다. 그런데 미트리다테스 대왕은 거기서 멈추지 않았다. 매일매일 적은 양의 독을 자신에게 투여하기까지 한 것이다. 투여량을 점진적으로 높여 독에 대한 면역을 기르기 위해서였다. 그가 이토록 독에 집착했던 이유는 독살에 대한 두려움 때문이었다. 선왕이었던 아버지는 정적에 의해 독살당했다. 그래서 언제든지 자신을 독살할 수 있는 정적, 그리고 자신이 독살해야 할 정적이 주변에 많았다. 미트리다테스 대왕에겐 여러 명의 부인과 첩 그리고 자식들

미트리타테스 6세의 석상

니체의 유명한 격언이 있다. "당신을 죽이지 못하게 만
드는 것은 당신을 더 강하게 만든다(What doesn't kill
you makes you stronger)." 미트리다테스 6세는 그야
말로 니체의 격언을 몸소 실천했던 사람이다. 결국 너
무 강해져서 문제였지만 말이다.

이 있었는데, 이 식구들을 포함한 정적을 제거할 때면 독극물을 주로 사용하였다.

모든 정적을 제거하여, 절대 왕권을 계속 유지할 것만 같았던 미트리다테스는 그의 아들인 파르나케스^{Pharnaces}가 일으킨 반란으로 패배하고 만다. 미트리다테스 대왕은 파르나케스의 새로운 정권이 들어서자 감옥에 갇혔고, 처형을 앞두게 되었다. 절망에 빠진 그는 음독 자살을 시도하였지만, 결국 실패하고 만다. 미트리다테스 대왕이 평소에 많은 독을 너무 많이 섭취해온 덕분에, 독에 대한 내성이 형성되었기 때문이다. 그는 심지어 독이 잘 흡수되게 하기 위해, 몸을 빨리 움직이며 걷기까지 했다고 한다.

미트리다테스 대왕은 독의 내성을 통해 자신이 꿈꾸던 '불멸의 사나이'가 되었다. 하지만 자신이 죽고 싶을 때 죽지 못한다면, 그 또한 비참한 상황일 것이다. 이제 그는 모든 독약에 대한 내성을 만든 자신을 원망해야 했다. 게다가 독약보다 더 위험한 독인 '자신의 정적들'을 완전히 제거하지 못한 과거도 후회하게 되었다. 그는 자신을 감시하는 병사에게 차라리 자신을 칼로 찔러 죽여 달라고 애원하였다. 다행히(?) 병사의 도움으로 미트리다테스 대왕은 죽음을 맞이하는 데 성공하였다. 비록 그의 신체는 모든 독약에 대한 면역이 형성되었지만, 날카로운 칼날은 다행히도 그를 죽음으로 인도해주었다.

미트리다테스 대왕이 내성을 기르기 위해 평소 먹던 독은 어느덧 만능해독제로 알려지게 되었고, 후대 사람들은 왕의 이름을 따 그 약에 미트리다티움^Mithridatium^이라는 이름을 지어주었다. 원래의 미트리다티움에는 많은 종류의 생약이 첨가되었는데, 후대 의사들은 자신들의 기호에 맞추어 생약 성분을 조금씩 변형하여 자신만의 만능해독제를 만들었다. 불과 100여 년 전만 하더라도 해독제란 모든 사람들의 일상에서 없어서는 안될 유용한 상비약이었다. 최고의 권위를 가진 왕들은 언제 당할지 모를 음독에 대비해 해독약을 소지하고 다녔다. 하위계급인 군인들이나 농부들도 예외가 아니었다. 이들은 야생에서 많은 일을 하였는데, 독사와 들개 그리고 독거미 같은 동물들의 공격에 항상 노출되어 있었기 때문이다.

미트리다티움은 정말 탁월한 해독제였을까? 물론 아니다. 그냥 단순한 진통제였을 것이다. 그리고 그 도움을 준 재료는 무통효과에 탁월한 아편이었다. 뛰어난 진통제인 아편은 미트리다티움을 만능해독제에서 만병통치약으로 다시 탄생시켜 주었다. 하지만 한낱 진통제에 불과한 약이 어떻게 만병통치약이 될 수 있었을까? 앞서도 살펴 보았듯이, 질병의 통증이 없어지면, 질병이 어느 정도 치유되었다고 생각하기 쉽기 때문이다. 그리고 오랫동안 많은 사람들이 애용한 약이라면, 실제적인 약의 효능과 무관하게 치료의 효과가 커진다. 사실, 만능해독제는 의약학이 발달한 현대에도 만들지 못한 약이다. 오늘날에도 제2차 세계대전에 사용된 독가스 같은 몇몇 특수한 독에 대한 해독제가 있을 뿐이다.

그럼 미트리다테스 대왕처럼 독약에 대한 면역을 길러 '불사의 사나이'가 되는 것은 가능할까? 일부 약물에 대해서는 면역이 가능하다. 중독성이 높은 아편, 헤로인, 코카인 등이 좋은 예다. 약물 중독자들은 약물의 용량을 계속해서 늘리는데, 이렇게 늘어난 용량은 처음 복용하는 사람들에게는 치사량이다. 오랫동안 약물을 복용한 사람들은 뇌 안의 수용체의 숫자가 늘어나, 처음 용량을 사용했을 때만큼의 쾌감을 느끼지 못하게 되지만, 생명에 위험한 반응(뇌간의 정상적인 활동을 방해하여 일어나는 호흡 중지)도 일어나지 않는다. 약물의 내성과 면역이 동시에 발생하는 것이다.

적게 먹는다면, 독은 약이 될 수 있을까? 아니다. 모든 약은 과량으로 복용했을 때 독이 되지만, 역으로 독은 대개의 경우 적게 복용한다고 약이 되지는 않는다. 치사량이 되지 않게 독을 희석시킨다면, 먹고 바로 죽지야 않겠지만 건강에는 몹시 해롭다. 물론 동종요법처럼 맹물 수준의 무효량으로 복용할 경우에는 해롭지도 이롭지도 않겠지만 말이다. 장기적으로 복용한다면 확실히 해롭다. 수은 중독의 예처럼 말이다. 역사 속 실제 인물이지만, 얼마나 많은 독을 복용하고 내성을 가졌는지 면밀히 확인할 길이 없는 미트리다테스 대왕이 그 많은 독을 오랫동안 복용해왔다면 그리 건강하지는 못했을 것이다.

묘약의 필수 재료, 아편

미트리다테스 대왕이 죽은 후, 많은 의사들이 자신들만의 제조법으로 만능해독제를 만들었다. 돈이 되기도 했지만, 약을 통해 자신의 찬란한 명성을 후대 사람들에게 남길 수 있었기 때문이다. 안드로마쿠스^{Andromachus}는 네로 황제의 주치의였는데, 그는 자신의 만능해독제에 테리아카^{theriaca}라는 이름을 붙였다. 새로운 개념의 해독제는 아니었고, 단순히 100여 년 전 미트리다테스 대왕의 약을 적당히 변형시킨 약이었다. 미트리다테스 대왕의 만능해독제와 크게 다른 점이 있다면, 안드로마쿠스는 독사의 머리를 해독제에 첨가하고, 이전에 쓰이던 아편의 양을 훨씬 늘렸다는 것이다.

또 다시 100여 년이 흘렀다. 이번엔 만능해독제로는 부족했는지 만병통치약을 겸비한 최고의 묘약이 등장했다. 고대 그리스의 저명한 의사인 갈레노스가 만든 테리아카다. 테리아카는 해독뿐만 아니라 현기증, 우울증, 간질, 천식, 황달을 포함한 스무 가지가 넘는 질병, 심지어는 나병에도 효과가 있었다고 한다. 물론 갈레노스 본인의 주장이다.

갈레노스가 처방한 테리아카에는 60여 가지의 생약들이 들어간다. 갈레노스 역시 이전 시대의 안드로마쿠스의 약을 바탕으로 변형시켰는데, 다음과 같은 생약 재료들을 배합하였다. 얼마나 허무맹랑한 생약들이 사용되었는지 살펴보자. 일단 그의 처방에는 레몬그라스, 라벤더, 사프란, 장미와 같이 냄새가 좋은 식물이 들어간다. 이것들은 허브차를 끓이기에나 좋은 식물이다. 그냥 그뿐이다. 다음으로, 향료인 후추와 생강을 첨가한다. 해독제의 맛은 밋밋하지 않았을 것이다. 이제 이 약을 해독제로 위장하기 위해서는, 사람들의 환상을 자극할 생약이 필요할 것 같다. 갈레노스는 곰곰이 생각했을 것이다. 독사의 이빨이 내뿜는 독이 사람을 죽인다면, 이빨이 달려있는 머리는 치료에 도움이 되지 않을까? 그래서 독사의 머리도 넣었다. 유사성의 원리였다. 혈액과 마찬가지로 붉은 색을 띠고 있는 흙을 먹으면 생명력이 보충되지 않을까? 그래서 앞서 이야기한 테라 시길라타도 넣었다. 그럴듯해 보이는 생약을 이렇게도 많이 넣었는데, 아무런 효과가 없으면 말짱 꽝이었을 것이다. 갈레노스는 무통효과를 위해 아편도 첨가했다. 이 모든 약재들을 혼합한 뒤 꿀에 담가서 적게는 40일에서 많게는 12년 동안 숙성시켰다. 꿀에 담갔으니 맛은 꽤나 달콤했을 것이다.

아편이 첨가된 이른바 만능해독제는 극심한 진통을 빠르게 억제하는 효과가 있기 때문에, 고통을 수반하는 모든 질병에 통하는 묘약인양 광범위하게 사용되었다. 이 터무니없는 테리아카는

테리아카를 담은 항아리

1780년대에 테리아카는 만능해독제로 유명했다. 테리
아카를 담고 있는 병엔 주요 생약 성분의 재료가 되는
뱀이 그려져 있다. 통증이 없어지면 질병이 완치되었다
고 생각하는 경우가 많았으므로, 진통효과가 탁월했던
아편이 테리아카를 비롯한 만능해독제에 첨가되었다.

유럽의 모든 지역에서 만병통치약으로 18세기까지 애용되었다. 집집마다 한 병씩 구비해놓았을 정도로 테리아카는 대표적인 가정 상비약으로 자리 잡았다. 좀 더 싸게 테리아카를 만드는 방법도 생겨나게 되었다. 비싼 꿀 대신에 값싼 설탕 시럽을 넣어 만든 테리아카도 있었다.

중세가 지나서까지도 갈레노스의 테리아카의 효능에는 별다른 이견을 제기하기가 어려웠다. 갈레노스 역시 히포크라테스만큼이나 절대적인 권위를 가진 존재였기 때문이다. 갈레노스는 당대의 의학을 집대성하여 방대한 의약학 체계를 만들었고 해부학에도 능했다. 게다가 약의 투여량에 따른 환자의 반응마저 세심히 관찰하여 책으로 남겼으니, 이후 서양의 의사들은 갈레노스의 영향을 받지 않을 수 없었다. 이러니 그가 만든 약이 엉터리라고 할 후배들이 얼마나 있었겠는가?

또 다른 이유가 하나 더 있었는데, 테리아카는 60여 가지의 생약으로 이루진 다중생약poly-pharmacy이라는 것이었다. 이렇게 수많은 약제들이 사용되었는데, 병이 치료되지 않는다면 그게 더 이상했을 것이라고 당시 사람들은 생각했다. 하지만 당대의 의사 입장에서 만병통치약은 조금 골치 아픈 존재였다. 만병통치약이라는 개념은 서양의 전통적인 의약학과 충돌하는 지점이 존재했었기 때문이다.

전통적으로 치료의 기본 원리는 히포크라테스 의학, 즉 4가지 체액에 상응하는 4가지 성질(열, 냉, 건, 습)의 균형에 바탕을 두었다. 치료제의 역할은 이 4가지 성질 중 결핍된 체액의 보충을 통해서 균형을 맞추는 것이었다. 질병의 종류와 환자의 개별적인 체질에 따라 균형에 필요한 4가지 성질은 서로 다르고, 치료제 역시 각각의 상황에 바탕을 두어야 했다. 그런데 모든 상황을 포괄할 수 있는 만병통치약의 존재 가능성은 합리적으로 설명하기 어려웠다. 다시 말해, 질병의 상태는 특정 체액이 결핍되거나 과다해서 나타나는, 유한하고 개별적인 신체의 상태인 반면 만병통치약은 무한한 개수의 신체 상태의 불균형을 보충해주는 약이므로 논리적인 모순이 따른다. 그래서 절충이 필요했다. 이븐 시나는 다중생약제는 개별적인 생약제의 일차적인 성질과는 전혀 새로운 '특수한 형상specific form'을 지닐 수 있고, 따라서 만병통치약에 가깝게 다양한 효능을 가질 수 있다고 주장했다.

만병통치약이나 만능해독제에 아편이 들어간 것은 꽤나 중요했다. 특히 중세 연금술사들에게도 아편은 영적으로 신비한 존재였다. 연금술사에게 아편은 현대인들이 생각하는 여러 기본 원소들이 조합된 단순한 물질이 아니었다. 당시의 연금술사들 역시 오늘날의 과학자처럼 추출을 했지만, 그 이유는 완전히 달랐다. 오늘날의 과학자는 약초에서 유효물질을 뽑아내기 위해서 추출하지만, 과거의 연금술사들이 추출한 것은 '유효물질'이 아닌 '그 식물의 영혼'이었다. 진통 작용이 탁월한 양귀비는 그 자체로 신성시되었고 그 양귀비의 영혼이 농축된 아편은 말할 필요도 없을 것이다. 게다가 다른 신비한 생약들이 배합된다면, 그야말로 초월적인 묘약으로 보였을 것이다.

연금술사 파라켈수스 역시 다중생약제로 '신비의 묘약'을 만들려고 했다. 그는 아편의 약효에 대해서 비범한 확신을 품고 있었고, 아편을 불멸의 돌$^{immortal\ stone}$이라 부르기까지 했다. 그는 아편을 다른 해독제들과 배합하였고, 이렇게 만들어진 '신비의 묘약'에 로더넘^{laudanum}이라 이름을 붙였다. 로더넘이라는 이름은 '찬양받아야$^{laude-}$ 하는 것$^{-num}$'이라는 뜻이었다. 파라켈수스는 종교적으로도 로더넘을 숭상하고 있었다. 그에게 있어 로더넘은 약제 이상의 존재, 아편의 일차적인 성질을 극복하고 특수한 형상으로 새롭게 탄생한 '현자의 돌'이었기 때문이다.

로더넘은 알약으로 만들어졌는데, 아편이 로더넘을 만드는 재료의 1/4을 차지했다. 나머지 성분으로 당시에 만능해독제라 생각되는 생약들을 배합하였다. 미라 가루, 우황, 진주와 산호초의 석회가루, 사향, 레몬과 오렌지 즙, 육두구 기름, 개구리의 정액, 수사슴의 심장에 붙은 뼈, 계피, 사리풀 즙, 그리고 에센셜 오일 등이 첨가되었다. 당연히 희귀한 재료들이 들어간 만큼 그 효험도 대단하다고 여겨졌다. 그런데 재료 중 이상한 것 하나가 있다. 현실에 있을 법하지 않은 '수사슴의 심장에 붙은 뼈'는 도대체 무엇일까? 이것은 노화 과정으로 심장 부근의 혈관에 침전된 노폐물이 뼈처럼 단단히 굳어져 생긴 것이다.* 단지 그뿐이다.

로더넘은 파라켈수스 이후에도 새로운 버전으로 계속 만들어졌다. 17세기의 토마스 시든햄^{Thomas Sydenham}은 아편을 알코올에 녹여 아편 팅크^{opium tincture}를 만들어 새로운 로더넘을 선보였다. 아편을 알코올에 녹일 경우, 아편 성분의 체내 흡수가 상당히 빨라져 약의 효과가 증폭된다. 통증을 빠른 시간 내에 억제시켜 주지만, 동시에 중독성도 강해진다. 시든햄은 여기에 향료와 와인을 첨가하여 향과 맛을 증진시켰다. 시든햄의 로더넘은 여러 질병에 광범위하게 사용되었다. 장티푸스와 흑사병, 히스테리에 쓰이고, 수술 후 진통제로도 쓰였다.

시던햄의 로더넘은 실제로 효과가 있었을까? 1665년 런던에서 흑사병이 발생하자, 시던햄은 그곳을 떴다. 로더넘은 흑사병으로 인한 탈수증상을 완화시킬 수는 있어도 질병을 치료할 수는 없었기 때문이다.** 로더넘을 만들었던 시던햄 본인도 이 약에 탁

● 　혈관(arteries)이 굳어서 뼈처럼 변화하는 현상을 ossification이라고 부른다. 이렇게 심장 근처에서 혈관이 굳어 생긴 뼈를 os cordis bone이라고도 부르는데, 이 뼈는 평평하고 길쭉한 형태를 가지고 있다고 한다.

월한 효과가 없음을 잘 알고 있었던 것이다. 시던햄은 로더넘 덕분이 아니라, 런던을 떠난 덕분에 그 이후 20년을 더 살 수 있었다. 당시 런던 인구 25%에 달하는 1만 명 이상의 사상자를 낸 흑사병은 런던 대역병^{Great Plague of London}이라는 악명으로 역사에 남았다.

우황청심원은 신비의 명약일까?

테리아카의 경우처럼 만능해독제가 만병통치약의 역할까지 겸하는 경우는 많았다. 우리나라에도 그런 신비의 명약(?)이 있다. 생각보다 흔해서 요즘엔 귀한 약으로 보진 않는다. 요즘 이 약은 주로 대학 입시 시험이나 면접 등의 중요한 일이 다가올 때, 긴장을 완화시키기 위해서 찾는다고 한다. 고혈압 완화, 심지어 숙취 해소를 위해서 복용하는 경우도 있다. 무려 『동의보감』에도 등장하는 약, 바로 우황청심원이다.

우황청심원의 주요 생약재인 우황, 사향, 서각(犀角)은 서양에서도 귀한 약으로 오랫동안 쓰였다. 현재 이들 약재는 중국을 비롯한 아시아 문화권에서만 그 전통을 이어나가고 있다. 먼저 우황, 즉 위석^{gastronic bezoar}을 살펴보자. 위석은 동물이 섭취한 음식물

●● 아편 팅크는 현재에도 유용한 약으로 쓰이고 있다. 다만 과거에 비해 사용 범위가 제한적일 뿐이다. 주로 설사를 멈추기 위해서 쓰는데, 설사의 가장 큰 문제는 탈수이다. 아편 팅크는 장 조절 근육의 운동을 느리게 만들어서 다량의 수분을 포함하고 있는 대변이 쉽게 배출되지 못하도록 돕는다.

중 미처 소화되지 못하고 남아있는 물질이다. 소화기관 내부에서 음식물이 완전한 분해가 이루어지지 못하면, 딱딱한 덩어리로 오랜 기간 체내 어딘가에 남아있게 된다. 그래서 위석은 동물의 주요 소화기관인 위에서 발견이 되는 경우가 많다. 용연향도 고래의 위에서 만들어져 고래가 토해낸 위석이다. 하지만 소의 위석을 약제로 많이 쓰다보니 출처와 상관없이 동물의 위석을 통틀어 우황이라고 부르기도 한다.

9세기 페르시아의 의학자 알 라지^{Rhazes}는 그의 저서 『비밀의 책』에서 위석의 해독효과를 처음으로 언급하였다. 알라지는 미트리다티움이나 테리아카에 위석을 첨가하면, 약의 효능을 높일 수 있다고 하였다. 『비밀의 책』은 중세 유럽에 라틴어로 번역되어 주요한 의학서로 자리 잡게 되었다. 이렇게 역사적인 권위와 명성을 지닌 책이 약의 효능을 한 번 언급해주면, 그 약은 실제적인 효능의 여부를 떠나 탁월한 약이 될 수 있었다.

위석이 해독제의 재료가 되게 된 재미있는 사연이 전해진다. 이름 모를 누군가가 숫사슴이 독사를 잡아먹는 광경을 우연히 목격하게 되었다. 그런데 그는 깜짝 놀라고 만다. 숫사슴이 독사를 잡아먹고 나서도 멀쩡했던 것이다(초식동물인 사슴이 독사를 먹는 게 더 놀랍지 않나?). 숫사슴 체내에는 독사의 맹독을 해독할 수 있는 '무언가가 있다'고 그는 생각했다. 그는 숫사슴의 신체를 해부

했다. 아니나 다를까, 숫사슴의 위 안에서 돌덩이처럼 딱딱해 보이는 신기한 물질인 위석이 있었던 것이다. 무고한 숫사슴의 희생 덕분에, 숫사슴의 위석은 중동 지방에서 8세기부터 귀한 약제가 되었고, 특히 해독제로 쓰이기 시작했다.

숫사슴이 특별한 동물이어서 뱀의 맹독을 해독한 것은 아니었다. 사람도 숫사슴과 마찬가지로 독사를 먹을 수는 있다. 독사의 맹독은 단백질로 이루어져 있어서, 인간의 위에 들어가면 무독성인 아미노산으로 분해된다. 물론, 이것도 어디까지나 가능성 정도의 얘기다. 실제로 독사를 먹기 위해서는 맹독이 위에 도달하기 전까지 지나쳐야 하는 소화기관에 상처가 없어야 한다. 상처가 있으면, 위안에서 분해되기 전에 혈관으로 흡수되어 독성이 나타난다. 당연하지만 사람의 몸에서도 위석이 발견된다. 섭취한 음식이 체내에서 제대로 소화가 이루어지지 않았을 때에 생기는 것이니, 위석이 있는 사람은 보통 건강이 양호하지 않을테지만 말이다.

위석은 돌처럼 딱딱한 덩어리인지라, 이것을 사용하려면 가루로 으깨야 한다. 옛사람들은 독사나 전갈에 물렸을 때, 상처에 위석의 가루를 발라서 치유했다고 한다. 하지만 정말 효과가 있었을까? 종종 효과가 있었고, 효과가 없을 때도 많았다. 한마디로 아무런 효과가 없었다는 뜻이다. 더욱이 독사나 전갈의 독이 항상 위험한 것은 아니다. 이런 동물들은 독의 양을 항상 일정량으로 유지하지 못하기 때문이다. 계절의 변화나 영양 상태에 따라 독을 평소보다 적게 생성하기도 하는데, 이 상황에서 물렸을 때에는 치명적이지 않고 일정 시간이 지나면 자연적으로 치유가 되기 마련이다. 누군가 우황 가루를 발라서 해독에 효과를 보았다면, 아마도 적은 양의 독이 체내에 투여되었기 때문일 것이다. 18세기부터 동물의 위석은 모양을 잘 다듬어 마법의 돌로 쓰이기 시작했다. 한 번씩 더듬거나, 보는 것만으로도 치료의 효과가 있다는 식으로 말이다. 하지만 실제 효능이 거의 없어서인지 서양에서는 위석을 약재로 거의 쓰지 않게 되었다.

이번에는 우황청심원의 또 다른 주요 성분인 서각, 즉 뿔을 살펴보자. 동물의 뿔이 어쩌다 신비의 명약이 되었을까? 사실 동물의 뿔이라고 뭔가 대단한 게 있다고 보기는 힘들다. 동물의 뿔은 근처 피부조직이 뿔로 변형되어 자라난 것에 지나지 않기 때문이다. 동물에게 있어 뿔의 용도는 자신의 매력을 교미 대상에게 과시하는 장식물이자 싸울 때를 대비한 방어물로, 일종의 진화적 산물일 것이다. 동물에게 있어 뿔이란 그냥 그 정도의 생체 기관인 것이다. 하지만 사람들은 동서양을 막론하고 동물에 달린 뿔을 좋아한다. 인간에게는 없는 독특한 신체기관이기 때문이다. 그래서 동물의 뿔은 만능해독제에 사용되는 귀한 약재가 되었다.

서양의 경우 중세가 지나서도 동물의 뿔을 약으로 사용해왔는데, 이것은 신화 속 상상의 동물인 유니콘의 뿔^{Unicorn's horn}에 해독 능력이 있다는 이야기 때문에 생긴 일이었다. 유니콘은 어떤 동물이었을까? 고대 로마의 플리니우스^{Plinius}의 『박물지』에도 유니콘의 모습이 설명되어 있는데, 유니콘의 몸통은 말에 가깝지만 머리는 수사슴, 다리는 코끼리, 꼬리는 멧돼지의 것과 비슷하고, 뿔은 대략 1미터 정도라고 소개하였다. 유니콘의 뿔은 무한히 재생되며 적을 만나면 칼처럼 자유자재로 움직여서 갑옷이나 방패를 뚫어버릴 수도 있다고 한다. 기가 막히도록 말도 안 되는 상상 속 동물일 뿐이다. 이왕 기가 막혔으니, 여기에 하나만 덧붙여보자. 유니콘의 뿔에는 탁월한 정화능력이 있었다고 여겨졌다. 뿔을 오염된 물에 담그기만 해도, 바다나 호수 전체가 깨끗해졌다고 한다. 그러니 그 뿔을 탐내는 이들이 많았을 것이다. 유니콘이 세상에 존재하지 않는다는 게 문제지만 말이다.

꿩 대신 닭이라는 말은 신비의 명약을 만들 때에도 잘 통한다. 유니콘의 뿔을 찾을 수 없으니 코뿔소의 뿔이 약의 재료가 되었다. 왜냐하면 코뿔소 역시 뿔이 하나이기 때문이다. 단지 그뿐이다. 허준의 처방전에는 코뿔소의 뿔이 언급된다. 하지만 코뿔소가 멸종위기에 처한 야생동식물종의 국제거래에 관한 협약^{CITES}에 의해 국제 거래가 금지되자, 현대의 우황청심원에는 영양이나 소의 뿔을 사용하게 되었다. 탁월한 약이 되기 위해서는, 원래부터

유니콘과 코뿔소

유니콘의 뿔에는 더러운 물을 정화하는 신비한 능력이 있었다고 한다. 동물의 뿔에 해독능력이 있다는 이야기가 여기서 나왔다. 신비한 동물이란 이유로, 유니콘은 신성시되었고 실재하는 동물이라는 이유로, 코뿔소는 불쌍한 대체재가 되고 말았다.

뿔이 하나일 필요도, 누구의 뿔인가도 중요하지 않다는 이야기다.

동물의 뿔과 마찬가지로 사향도 오늘날엔 대체되었다. 사향은 노루의 성기 앞에 달려있는 사향샘의 분비물이다. 그냥 그뿐이다. 하지만 이 분비물은 '막힌 기혈을 뚫어준다'는 이유로 우황청심원에 없어서는 안 될 생약재가 되었다. 1996년 노루의 사향도 국제 거래 금지 대상이 되자, 일부 제약회사는 노루의 사향을 사향고양이의 영묘향으로 대체하였다.

우황청심원과 달리 서양의 '신비의 명약'들의 자취는 옛 문헌 속에서나 찾을 수 있다. 실제적인 효과가 입증되지 않은 약은 더 이상 쓸모 없는 약이기 때문이다. 아니, 애초에 약이 아니었던 셈이다. 테라 시길라타, 테리아카, 로더넘은 오늘날의 어떤 약국에서도 구할 수 없게 되었다.

불로불사의 욕망,
금속치료제

진시황의 갈망이 담긴 진사와 수은

진시황은 중국을 하나의 제국으로 통일한 최초의 황제였다. 그에게는 천하통일에 못지않은 거대한 꿈이 있었다. 불로불사의 꿈이었다. 어쩌면 진시황의 대단한 위업들은 자신의 불멸을 전제하고 있었기에 가능했던 것일지 모른다. 흉노의 침입을 막기 위하여 만리장성을 세우고 학자들을 생매장할 정도로 강압적인 통치를 했던 건, 불로불사의 꿈을 이룬 자신이 지배할 영원한 제국을 위해서가 아니었을까.

진시황은 불로불사를 위한 방안을 평생 강구했다. 크게 보면 세 가지 방법이 있었다. 먼저, 안전이었다. 암살자들이 그의 목숨을 노렸으나 진시황은 경비를 강화하며 자신의 목숨을 지켰다. 두 번째로, 명약인 불로초를 구하는 것이었다. 진시황이 불로초를 구하기 위해 서복이라는 신하를 동방에 보낸 것은 유명한 일화다. 제주도 서귀포와 금강산 심지어 일본까지 설화를 남겼던 서복은 결국 돌아오지 않았으니 이 방법은 실패했다. 마지막으로, 불로불사를 위해 약을 꾸준히 복용하는 것이었다. 진시황이 먹었던 약은 바로 진사와 수은이다.

진사와 수은은 왜 불로불사의 약이 되었을까? 고대 중국에서 진사와 수은은 신성한 물질이었다. 금속은 그 성질 때문에 영원불멸함을 상징했는데, 금속인 진사와 수은의 색에 특별한 것이 있다고 본 것이다. 진사는 붉은 색을 지녔다. 혈액과 같은 색이다 보니, 진사에는 영혼과 생명력이 농축되어 포함되어 있다고 여겨졌었다. 이렇게 신성한 붉은색을 가진 진사의 값어치가 높아서 금보다도 비쌌다고 한다.

수은의 색깔도 비범하긴 마찬가지다. 수은은 회색을 지니고 있는데, 고대 중국에서는 회색에도 생명력이 깃들어 있다고 생각했다. 생명의 씨앗인 정액과 색이 유사하다고 봤기 때문이다. 게다가 수은은 상온에서 액체로 존재하는 유일한 금속이기도 하다. 이러니 진시황부터 서양의 연금술사까지, 전 세계의 수많은 사람들이 반하지 않을 이유가 없었던 것이다.

사실 진사와 수은은 서로 무관한 금속이 아니다. 진사는 황화수은$_{HgS}$으로, 진사를 가열하면 수은이 분리되어 나온다. 이러한 과정에 대해 고대의 중국인들은 진사가 연소를 통해 죽음을 맞이하고, 수은으로 부활하는 것으로 보았다. 여기서 연소란 죽음을 상징한다. 금속을 연소시키면, 생물체나 일반 유기물을 연소시켰을 때와 크게 다른 점을 발견하게 된다. 살아 있는 모든 생명체들은 연소에 의하여 죽음을 맞이하게 된다. 생명체가 아니더라도, 많은 유기물질들은 연소에 의하여 이전의 모습과 기능을 상실한다. 나무와 흑연으로 만들어진 연필이나, 죽은 동물의 가죽이나 나일론$_{nylon}$으로 만들어진 의류들도 마찬가지이다. 고대 중국의 연금술사였던 갈홍(葛洪)은 금속의 연소와 다른 물질의 연소의 차이점을 설명하였다.

"초목은 약이 되지만 태우면 재만 남는다. 하지만 진사를 가열하면 수은이 형성된다. 그리고 수은은 다시 진사로 변형될 수 있다. 따라서 보통 식물과는 다른 진사로 인간을 죽지 않게 할 수 있음은 확실하다."

이제 갈홍의 설명이 어떤 뜻인지 현대 화학의 관점에서 살펴보자. 실제로 진사를 공기 중에서 불로 가열하면, 진사에서 황과

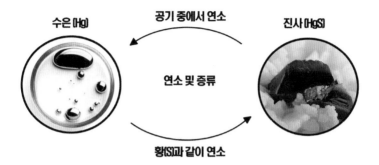

수은이 분리되어 나온다. 즉 진사에서 수은을 얻을 수 있다. 이렇게 얻어낸 수은을 황과 다시 고온에서 반응시키면, 황화수은을 얻게 된다. 수은과 진사는 연소를 통하여 서로의 모습으로 무한하게 재생하는, 즉 부활이 가능한 물질이 된다. 한마디로 영원불멸의 물질인 것이다. 그렇다면, 이런 물질을 먹으면 불로불사의 꿈을 이룰 수 있을까? 모두가 아는 결말이지만, 천하를 호령하던 진시황도 죽음은 피하지 못했다. 중국 최초의 황제는 49세의 나이에 생을 마감했다.

진시황은 비록 불로불사의 꿈을 이루지 못하였지만, 사후세계에서도 황제로 군림하길 원했다. 1974년에 진시황릉이 시안(西安)에서 발견되었는데, 이곳에서는 진시황과 그의 첩들의 무덤이 발굴되었고 수많은 병마용이 출토되었다. 흥미로운 점은, 진시황릉에 수은으로 이루어진 강이 존재했다는 주장이 있다는 것이다. 사마천의 『사기』에서도 진시황이 무덤을 축조할 때 수은이 흐르는 수많은 강과 바다를 만들었다는 기록이 있다. 진시황릉에 여러 수로의 흔적이 발굴되었다고도 하니, 그 안에 무엇이 흘렀는지는 연구가 계속 이루어지면 알 수 있지 않을까.

사실, 진시황의 죽음을 앞당긴 것은 오히려 그가 다량으로 복용하고 몸에 발랐던 불로불사의 약, 수은 때문이었을 것이다. 게다가 간접적으로 노출된 정도가 아니라 직접 섭취하기까지 했고, 그 양도 상당했다니 진시황은 분명 수은에 중독되었을 것이다. 불로불사를 꿈꾸던 진시황은 오히려 제 명을 스스로 깎아 먹었던 것이다. 인간의 허망한 욕망에 대해 다시 생각하게 된다.

수은 치료제와 중세 매독

진시황의 수명을 단축시켰던 수은은 서양에서도 사랑 받았다. 엘리자베스 1세의 초상화를 보자. 그녀의 새하얀 피부를 만든 것은 바로 수은과 납으로 만든 화장품이었다. 수은을 피부에 덕지

엘리자베스 1세의 초상화

세계 제국을 만든 군주의 얼굴이 꽤나 창백하다. 얼굴만 봐선 안 된다. 더 하얀 손을 보자. 수은을 이용한 화장품을 즐겨 쓰던 그녀에게 이런 창백한 피부는 부작용이 아니었다. 너무나 하얀 피부는 수은 화장품의 탁월한 미용 효과였다.

덕지 바른다니 지금은 기절초풍할 노릇이지만, 수은이 피부를 탱탱하게 하고 주름을 없애게 해주는 것은 사실이다. 수은은 피부에 잘 흡수되어 혈액의 공급을 일시적으로 방해하여 피부를 창백하고 탱탱하게 만들어준다. 눈에 보이는 효과가 이렇게 탁월하니, 엘리자베스 1세와 그 시대의 수많은 사람들이 수은을 애용했다. 그 부작용은 모른 채 말이다.

1부에서 짧게 언급했었지만, 중세 유럽에서는 수은을 매독 치료제로 썼다. 콜럼버스가 아메리카 대륙을 다녀온 후 매독이 전 유럽을 강타했다. 프랑스의 샤를 8세가 이탈리아를 침공하면서 수많은 군인과 용병 그리고 매춘부가 동원됐고 이들이 매독을 더욱 확산시켰다. 매독이 이렇게 유럽 각국으로 퍼지자, 사람들은 병의 원인과 치료법을 찾기 시작했다.

매독이 확산되기 시작할 때, 사람들은 이것이 전염되는 질병인지, 그 원인이 무엇인지 몰랐다. 원인에 대한 해석은 다양했다. 혹자는 혼외정사에 대한 신의 저주라고 주장하는 사람도 있었고, 혹자는 아메리카산 이구아나를 이유로 들기도 했다. 심지어 여성의 생리혈을 마셔서 병이 발생한다고 주장하는 이들도 있었다. 대학에선 매독의 원인을 나름 합리적(?)으로 설명하기도 했다. 이탈리아의 대학에서는 점성술을 근거로 천체의 움직임과 매독의 창궐이 관련이 있다고 주장했다. 1484년 11월 25일 오후 6시 4분에 이뤄진 토성과 목성의 회합이 매독의 창궐을 경고하는 징조라고 보았다.

매독을 퇴치하기 위해, 사혈이나 먹을 것을 토하게 하는 토제, 설사가 나게 하는 하제 등 체액설에 기반을 둔 치료가 활발하게 이루어졌다. 매독 치료제로 유창목 껍질을 시도하기도 했다. 유창목 껍질은 신대륙에서 수입이 되었는데, 질병과 약은 언제나 같은 곳에 존재해야 한다는 표식자의 원리에 따른 것이었다. 하지만, 전통적인 히포크라테스 의학은 별다른 도움이 되지 못했다. 마침내 수은이 매독 치료제로 급부상하였는데, 치료제 역할을 할 수 있었던 이유는 다름 아닌 수은의 독성 때문이었다.

수은은 훈증요법^{fumigation}을 통해 치료에 사용되었다. 훈증요법이란 아궁이에 진사가 담긴 조그만 그릇을 넣고 불을 지펴서 수은 증기를 환자의 몸에 찜질하는 것이다. 아궁이에서 불이 타오르면, 타원형의 나무 욕조 안에 담긴 수은 증기는 환자의 피부와 호흡기를 타고 감염 부위에 깊게 스며들어 매독균을 죽였다.[*] 수은 치료과정은 매독만큼이나 고통스럽고, 엄청난 후유증을 남겨주었다. 환자는 치료 도중 입안에서 1.5리터의 침을 쏟아내었는데, 이

● 일설에 따르면 타원형의 나무욕조 안에는 액체 수은이 담겨 있었다고 하는데, 신빙성이 낮다. 나무욕조를 채울 만한 양의 액체 수은이라면, 아궁이에 불을 붙였을 때 환자뿐 아니라 의사도 역시 상당량의 수은 증기를 들여 마셔야 하기 때문이다. 수은 증기 치료는 상당히 고통스럽고 후유증이 크기 때문에, 의사는 이 방법을 택하지 않았을 것이다.

수은 치료의 끔찍한 현장

1689년의 목판화. 아궁이엔 진사가 담긴 불이 활활 타
오르고, 환자는 수은 찜질을 받고 있다. 침대에 누워 있
는 환자는 수은 치료를 받은 후, 침을 엄청나게 쏟아내
고 있다. 고통스러운 치료였지만, 그보다 고통스러운
증상에서 벗어나기 위해 환자들은 수은 치료를 마지못
해 받아야 했다.

는 엄청난 탈수와 갈증을 일으켰다. 침의 분비를 조금이라도 줄이기 위해서, 머리 위에 뜨거운 다리미를 올려 놓기도 하였다. 더욱이, 치료기간 도중에는 입안에서 쇳내가 심하게 뿜어져 나왔고, 장기간의 치료로 인하여 잇몸이 문드러지고, 이와 머리카락이 빠지기도 했다. 이러한 신체적인 변화는 이들이 매독 환자임을 적나라하게 보여주었다. 당시 금욕을 중시하는 사회적인 분위기 속에서 매독에서 살아남은 이들은 불이익을 감수해야만 했다. 그 뿐만 아니라 수은 치료는 간과 신장에 영구적인 장애를 일으켰고, 환자들은 남은 인생 역시 고통스럽게 살아가야 했다. 이러한 부작용 때문에 수은 치료를 포기하는 환자들도 많았다고 한다.

당시에 매독 치료제로 수은만 사용된 것은 아니다. 감홍^{calomel}과 승홍^{sublimate}도 많이 쓰였다. 수은은 여러 종류의 원소들과 반응을 하는데, 그중 하나가 염소^{chlorine}이다. 회색의 수은을 염소와 결합시키면 검은색의 달콤한 맛을 지니고 있는 분말 가루를 얻을 수 있다.● 파라켈수스 역시 환자들에게서 기생충을 제거하기 위해 하제로 칼로멜, 즉 감홍을 사용하기도 하였다.

다른 치료제는 승홍인데, 승홍의 기본 구성 물질은 수은과 염소로 감홍과 같다. 다만 구성 비율, 즉 다른 산화수를 가지고 있는

● 감홍은 수은을 질산에 용해시킨 뒤, 소금물을 첨가하면 얻을 수 있다. 소금이 첨가되면 질산 용액 속에서 수은이 제1염화수은의 형태, 즉 감홍으로 침전된다.

데 제2염화수은$HgCl_2$으로 수은 원자 하나에 두 개의 염소가 붙어있다. 이 둘은 비슷할 것 같지만, 독성에서는 큰 차이를 보인다. 승홍이 감홍보다 30배 정도 독성이 강한데, 용해도가 높아서 바로 신체로 흡수되기 때문이다. 일단 흡수되면, 신체에서 Hg^{2+}의 양이온으로 해리되어, 신체 내의 단백질들과 결합하여 구조를 변형시켜 독성을 보인다. 문제는 단백질이 병원균과 인간 모두에게 생명을 유지하는 데 있어 중요한 유기분자라는 것이다. 승홍은 매독의 병원균뿐만 아니라 매독 환자의 피부조직까지 괴사시키는 부작용이 컸다.

금속치료제는 오늘날 어떻게 되었을까?

연금술사들이 품었던 순진무구한 환상과는 달리, 금속은 살아있지도, 더 완벽한 금속으로 성장하지도 않았다. 수은은 진시황과 엘리자베스 1세가 꿈꾸던 불로불사와 영원한 아름다움 대신 끔찍한 부작용을 선물했다. 금속치료제는 단지 유독하기만 할 뿐이었다. 파라켈수스는 연금술의 원리를 이용하여 금속의 독성을 제거한 묘약을 만들려고 했지만 끝끝내 실패하고 말았다.

하지만 1900년대 초반, 파라켈수스가 못다 이룬 꿈을 실현시킨 사람이 있다. 그는 바로 살바르산[Salvarsan]이라는 매독 치료제를 개발한 파울 에를리히[Paul Ehrlich]다. 살바르산은 수은보다 훨씬 유독한 비소를 함유하는 치료제로, 수은으로 만든 감홍이나 승홍보다는 선택적인 독성을 가지고 있어, 많은 매독 환자의 목숨을 구했다. 에를리히는 환자의 신체 조직이 아닌 병원균만을 선택적으로 공격하여 죽이는 마법의 탄환[magic bullet] 개념을 이용하여 매독 치료제의 새로운 길을 열었다.

에를리히는 결핵 환자의 조직을 염색하는 도중 이와 관련된 아이디어를 얻게 되었다. 결핵 진단을 위해 환자의 조직을 염색하였는데, 결핵균의 표면에만 염료가 결합하여 선택적으로 염색이 이루어진 것이었다. 그는 염료인 아톡실[atoxyl]의 구조를 변형하여, 인체 세포에는 결합하지 않고 세균에만 결합하는 탄환을 만들려고 했다. 아톡실은 비소 화합물로, 석탄 찌꺼기에서 추출된 아닐린의 유도체이다. 아톡실을 기반으로 매독 치료제를 만들 수 있다는 것은 아스피린처럼 대량 생산이 가능하다는 이야기였다.

하지만 마법의 탄환이라는 개념으로 개발된 살바르산은 독성이 상당히 강해 심각한 부작용을 일으켰고 이로 인해 많은 사상자를 낳았다. 매독 환자들은 살바르산의 부작용으로 귀가 멀거나, 괴저가 생겨 사지를 절단하는 경우도 있었다. 더욱이 당시 언론은 에를리히가 매춘부들을 상대로 약물의 효능을 실험했다는 사실에 근거하지 않은 기사들을 싣기도 하였다. 이러한 상황은 에를리히를 심각한 우울증으로 몰아갔다. 에를리히는 1915년 뇌졸중으로 사망하였는데, 심하게 앓던 우울증이 그의 죽음에 결정적인 역할을 했다고 한다.

현대에는 매독 치료제로 어떤 약을 사용할까? 페니실린을 사용한다. 살바르산은 1940년대부터 페니실린으로 대체되었다. 광범위한 항균치료에도 쓰이는 페니실린은 과거의 항생제보다 부작용이 많이 줄어들었다. 페니실린은 세균에만 상당히 선택적으로 독성을 지니는 마법의 탄환에 가깝기 때문이다. 세균은 세포벽을 가지고 있는데, 페니실린은 세균의 세포벽에만 선택적으로 작용한다. 세균은 세포벽을 계속 합성하여 자신을 외부의 환경으로부터 보호하는데, 페니실린은 세포벽 합성을 방해하여 세균을 죽게 만든다. 미생물이 세포벽 합성을 하지 못할 경우, 세포벽이 점차 약해져서 외부의 압력을 버티지 못해 미생물의 세포가 터져 죽게 된다.

페니실린과 관련한 구조적 특징 하나는 화합물의 구조 안에 아무런 금속원소가 포함되어 있지 않다는 것이다. 오늘날 금속원소가 포함된 약들은 상당히 제한적으로만 쓰이고 있다. 상대적으로 안정된 원소들인 금, 은, 백금 등은 순수 금속이 아닌 화합물의 원소로 일부는 치료제로 쓰이고 있고, 현재 활발히 연구가 진행 중인 약들도 있다. 금속원소는 유기분자와 공유결합을 형성하는 성질이 있는데, 새로운 형태의 분자를 형성함으로써 금속원소가 가지고 있는 물리화학적 성질 및 약리적 성질을 바꿀 수 있다. 그러니 경우에 따라 독성이 완화되어 약으로도 사용될 수 있는 것이다. 예를 들어, 연금술사들의 최종 목표였던 최고의 금속 금은 나노 입자의 형태로 항암치료제로서 현재 개발 중에 있다. 그리고 시오솔^{shiosol}과 오라노핀^{Auranofin} 등은 류머티즘 치료제로 쓰이고 있다.

연금술사들이 1,000년 넘게 미련을 버리지 못했던 수은은 어떨까? 정말로 불로불사나 만병통치약으로 개발할 가치가 있는 금속이었을까? 어쩌면 그랬을지도 모르겠다. 불과 20여 년 전까지 수은원소가 포함된 '빨간약' 머큐로크롬^{mercurochrome}을 모든 상처에 발랐으니 말이다. 빨간약은 전 세계적으로 사용되었지만, 1998년에 미국 FDA는 수은의 잠정적인 독성을 이유로 판매 중지를 결정했고, 그 뒤로 우리나라를 포함한 여러 나라에서 퇴출되었다(다행히 현재 우리가 쓰는 빨간약인 포비돈 요오드에는 수은이 들어있지 않다). 수은은 오랜 세월 불멸과 아름다움의 상징이었지만, 이제 더 이상 약재로는 만나기 힘들게 되었다.

활력과 정력을
약속하는 약

사드 후작과 물집청가리

우린 지금까지 약이 약속한 욕망 그리고 그 욕망이 만든 약들을 살펴 보았다. 아픈 곳이 나았으면 하는 욕망에서 아예 아프지 않았으면 하는 욕망, 더 건강하고 오래 살고자 하는 욕망에서 아예 죽음을 초월하고자 했던 욕망까지. 하지만 아직 이야기하지 않은 욕망이 있다. 꽤나 은밀하고도 유혹적인 구석이 있는 욕망, 바로 성욕과 성기능 향상이다.

성욕과 성기능을 향상시키는 약은 정말로 존재할까? 이런 약을 성증진제^{sexual enhancement}라고 부르는데, 성증진제는 만능해독제나 만병통치약만큼 인류의 오랜 염원이었을 것이다. 생각해 보면, 무병장수를 이뤘다고 해도 쾌락이 없다면 무슨 의미가 있겠는가? 성증진제가 이렇게 중요한 약이다 보니, 기능에 따라서 세 가지로 분류된다. 성적 쾌감을 증가시키는 약, 발기와 같은 성기능을 증가시키는 약, 그리고 이른바 성적 리비도^{sexual libido}라고 불리는 성욕을 증가시키는 최음제^{aphrodisiac}가 있다.

먼저 최음제를 이야기해 보자. 최음제의 오용에 있어, 아마도 물집청가리^{blister beetle}가 제일 악명 높은 약일 것이다. 물집청가리는 사람의 피부에 닿으면 물집을 일으키는 점액을 분비한다. 이렇게 위험한 물집청가리가 최음제로 쓰여왔던 이유가 있다. 이 점액을 입으로 먹고 신체에서 오줌으로 배출하면, 성기를 비롯한 비뇨기관이 붓고 가려워지기 때문이다. 이런 신체적 반응을 일으키는 유효화합물은 칸타리딘^{cantharidin}이라는 물질인데, 1810년에 프랑스에서 처음 분리되었다. 이전 시대에는 이 곤충을 말린 뒤 가루로 만들어 사용해왔다. 하지만 칸타리딘은 독성이 상당히 강한 화합물이다. 고용량으로 복용했을 때는 내장과 콩팥에 극심한 염증을 일으키고, 심지어는 혼수상태 및 사망에 이르게 한다.

물집청가리를 최음제로 쓰려다가 실패한 유명 작가가 있다. 사실 그는 유명하다기보다 악명이 높았는데, 그 이름은 바로 16세기 프랑스의 사드 후작^{Marquis de Sade}이다. 사건이 일어난 곳은 프랑스의 마르세유, 때는 바야흐로 1772년 6월 따뜻한 어느 날이었다.

물집청가리의 모습

물집청가리는 스페인 파리라고도 종종 불리는데 이름
과 달리 파리도 아니며, 스페인과도 관련이 크게 없다.
스페인 파리는 스페인을 비롯한 남유럽 국가에도 발견
될 뿐 아니라, 중동 지방 및 러시아에서도 발견되기 때
문이다.

사드의 충실한 하인이었던 라투르는 후작의 성욕을 채워주기 위해, 네 명의 매춘부를 초대했다. 사드 후작은 그중 한 명을 선택하였고, 이후에는 그의 악명에 걸맞은 장면들이 연출되었다. 사드 후작은 선택된 매춘부인 마리안 라베른을 채찍질하면서, 동시에 자신의 남자 하인도 겁탈하였다. 이후엔 라베른에게 물집청가리의 가루가 첨가된 봉봉사탕을 강제로 먹였다. 이 봉봉사탕에는 뱃속에 가스를 형성하는 물질이 들어있었는데, 그의 문학작품의 주요 소재로도 등장하는 항문성교를 하기 위한 것이었다.

하지만 매춘부에게 먹인 사탕에 들어있던 물집청가리에 문제가 생겼다. 양이 문제였다. 그녀는 치사량에 가까운 양을 먹고 며칠 동안 극심한 구토를 하였는데, 이것은 사드 후작의 독살 혐의를 입증하기에 충분했다. 당시 비정상적인 성행위로 간주되었던 동성간 성교와 항문성교도 죄목으로 추가되었다. 사드 후작의 목숨은 위태로워졌다. 항문성교는 종교를 모독하고, 정상적인 생식의 자연질서를 교란하는 중죄였고, 그 행위를 했다는 이유만으로도 화형에 처해지는 경우도 있었기 때문이다. 사드 후작은 고소를 면치 못했지만 이 사건의 핵심인 물집청가리 사탕의 위험성에 대해서는 모르쇠로 일관하였다. 사태가 심각해지자 사드 후작은 체포영장이 정식으로 발부되기 전에 이미 이탈리아로 줄행랑을 쳤고, 처형을 가까스로 피할 수 있었다.

사드 후작을 다룬 그림
악마들과 이상한 피조물들까지 잔뜩 달려들어 그의 초상화를 장식할 정도로, 사드는 당대의 문제아로 여겨졌다. 그의 사상과 문학에 대한 재평가가 근래에 이루어졌긴 하지만, 오늘날의 시선으로 봐도 정말 괴팍한 인간이라는 점은 변하지 않는다. 자신의 쾌락을 위해 남에게 못된 약물을 투여했던 그가 오늘날 태어났더라면 어땠을까? 생각만 해도 끔찍하다.

　　사드 후작의 엽기적인 행각은 이번 한 번만이 아니었다. 사드 후작은 이미 4년 전 물집청가리를 실험한 적이 있었다. 그것도 한 명도 아닌 여러 명에게 말이다. 후작은 무도회를 열어 많은 사람들을 초대했는데, 물집청가리 가루를 첨가한 초콜릿을 후식으로 내놓았다. 여기서도 문제는 조절하기 힘든 물집청가리의 양이었다. 초콜릿의 맛에 감탄한 나머지 무도회에 참석한 사람들이 초콜릿을 너무 많이 먹어버린 것이었다. 이곳에서는 광란의 열기로 인해 난교가 벌어졌다고 한다. 일부는 성욕과 무관하게 발기가 지속되는 음경강직증^{priapisme}으로 사망에 이르렀고, 죽지 않은 사람들은 후유증을 앓아야 했다고 전해진다. 후작의 괴상한 무도회는 실제 사건이긴 하지만, 사실 이 내용은 끊임없는 소문을 타고 과장된 것이다. 물집청가리는 비뇨기관을 붓고 가렵게 만들 뿐, 최음 효과를 유발하지는 않는다.

수많은 성증진제들, 어디까지가 진실일까?

역사 속에서 성욕과 성기능을 향상시킬 수 있는 약을 발견하려고 했던 이들은 사드 후작 말고도 수없이 많다. 그리고 여기엔 많은 종류의 약이 사용되어 왔다. 일단 사드 후작이 무도회에 참석한 사람들에게 물집청가리를 먹이기 위해 사용했던 초콜릿을 살펴보자.

초콜릿에 최음 효과가 있다는 것은 잘 알려진 대중적 속설이다. 초콜릿이 성증진제의 효과가 있다는 것은 초콜릿과 관련된 역사적인 이야기에서 비롯되었을 것이다. 이야기의 주인공은 바로 아즈텍의 황제 몬테수마 2세다. 그는 처첩들이 있는 곳을 방문하기 전, 정력을 강화시키기 위해 카카오 음료를 마셨다고 한다. 초콜릿의 주원료인 카카오 콩으로 만든 초콜릿을 아즈텍인들은 '신들의 보양 음식$^{nourishment\ of\ Gods}$'으로 불렀다. 초콜릿은 부족장이나 성직자처럼 높은 신분의 사람들만이 마실 수 있는 음료였다.

초콜릿에는 최음 효과를 유발하는 화합물들이 포함되어 있긴 하다. 페닐에틸아민^{phenylethylamine}이 대표적인 성분이다. 하지만 초콜릿에 최음 효과를 기대하기는 힘들다. 신체에 어떤 효과를 낼 것이라 기대하기에는 초콜릿에 든 양이 너무 적기 때문이다. 실제로 이탈리아의 한 연구팀에서 초콜릿이 여성들의 성증진에 효과가 있는지를 조사한 적이 있다. 연구진은 초콜릿을 먹은 여성이 성교 중 느낀 성적 각성^{sexual arousal}의 횟수와 강도, 즉 성적으로 얼마나 집중하고 만족하였는지를 평가하였지만 아무런 효과가 없는 것이 밝혀졌다.

이번에는 굴^{oyster}을 살펴보자. 굴이 성증진제로 사랑받은 데에는 그리스 신화의 역할이 컸다. 특히 사랑의 여신 아프로디테와 관련이 깊다(최음제를 의미하는 영단어 aphrodisiac는 그녀의 이름에서 유래되었다). 우라노스의 절단된 남근이 바다에 떨어지면서 생긴 거품에서 아프로디테가 태어났는데, 조개와 굴이 그 거품을 의미한다고 사람들은 생각했다. 사랑의 여신이 태어난 굴이니 성적으로도 효험이 있다고 본 것이다. 게다가 굴의 생김새는 여성의 생식기관과도 많이 닮았다.

정력에 좋은 음식이라면 사족을 못 쓰는 사람이 요즘도 많은데, 옛날이라고 오죽했을까? 당연히 성증진을 위해 굴을 즐겨 먹은 사람들이 있다. 바로 그 유명한 카사노바^{Giacomo Casanova}다. 그의 여

카사노바의 초상화

굴을 정력제로 애용했던 카사노바의 성기능이 실제로
어땠는지 지금에 와서는 알 수 없다. 하지만 초상화 속
카사노바는 영양만점인 굴을 꼬박꼬박 먹어서인지 혈
색은 꽤 좋아 보인다.

성 편력은 워낙 유명해서, 그 이름은 지금까지도 바람둥이과 호색한의 대명사로 여겨지고 있다. 카사노바는 그의 정력을 위해서 굴을 매일 아침마다 50개씩이나 먹었다고 한다. 그의 자서전인 『나의 삶 이야기』에는 어떻게 굴을 성적 유희에 사용했는지에 대한 묘사가 포함되어 있다.

굴은 성기능에 정말 직접적인 도움을 줄까? 굴에 다양한 영양소가 풍부하게 들어있기는 하다. 특히 굴에 풍부한 아연은 남성의 전립선에 좋으며, 남성호르몬인 테스토스테론과 정자의 생산을 돕는다. 아연이 결핍되면 발기부전의 문제가 발생할 수도 있다. 그럼 굴을 엄청나게 먹으면 성기능에도 엄청나게 도움이 되지 않을까? 그렇진 않다. 2015년 한국인 영양소 섭취기준에 따르면, 성인 남성은 하루에 약 10mg의 아연을 섭취하도록 권장되는데, 굴 하나에 아연이 8mg이나 있다. 카사노바처럼 하루에 50개씩 먹을 필요는 없다. 맛있고 영양이 풍부한 굴이니 몸에 좋기야 하겠지만, 정력제로서의 의미는 없다고 보면 된다.

앞서도 살펴보았던 코뿔소의 뿔은 만능해독제로 쓰이는 데에 그치지 않고 정력제로도 알려져 고초를 겪어야 했다. 그래서 코뿔소의 일부 종들은 무분별한 밀렵으로 인해 멸종위기에 처했다. 당연히 실제 효과는 없다. 그저 우뚝 솟은 뿔이 발기된 남성의 성기와 모습이 닮아 있다는 게 이유였다. 이 세상이 인간을 위해 만들어진 신의 약국이니, 뿔의 형상에 그 표식을 심어 두었다는 식으로 코뿔소의 뿔은 억울하게도 묘약의 재료가 되었다.

코뿔소의 뿔의 효험에 대한 진지한 연구가 있었다. 최근 일본의 한 연구팀에서 코뿔소의 뿔에 들어 있는 화합물들을 분석하였는데, 성기능을 증진시킬 만한 화합물질은 찾지 못하였다고 한다. 어쩌면 이러한 실험 결과는 너무나 당연한 것일지도 모르겠다. 이제 코뿔소의 뿔은 원래 주인인 코뿔소에게 돌려 주도록 하자.

이번엔 성기능 증진 효과가 어느 정도 있다고 실제로 밝혀진 천연화합물들을 살펴보자. 먼저 홍삼을 살펴보자. 남성이 홍삼을 먹으면 성적 욕구가 왕성해지고, 발기력이 좋아지며, 성교 중 성적 만족감이 커진다는 대중적 속설이 있다. 홍삼에는 사포닌 성분인 진세노사이드^{ginsenoside}라는 화합물들이 포함되어 있는데, 이 성분들이 고환에 작용해 남성호르몬의 분비를 촉진시키며, 음경으로 가는 혈류량을 증가시켜 발기력을 향상시킨다고 한다. 하지만 홍삼이 효과를 발휘하기 위해선 꾸준히 복용해야 하고, 수 주일의 시간이 걸린다.

이외에도 사람과 비슷한 형상을 지닌 식물 중에 만드레이크라는 것이 있는데, 중세 유럽에서는 최음제로 알려졌다. 만드레이크는 현실 지각능력을 떨어뜨리고 환각을 유발하는 성분을 갖고 있다. 하지만 성적 흥분을 일으키는 최음제는 아니다.

또 다른 하나는 바로 요힘빈^{yohimbine}이다. 요힘빈은 동물발정제로, 교미에 관심을 보이지 않는 가축의 짝짓기를 위해 사용한다. 돼지들에게 많이 사용하므로 돼지발정제로도 알려져 있다. 당연히 사람에게 쓰면 안 된다. 우리나라에서도 이슈가 된 약물이다. 몇 년 전 대선 후보가 자신의 친구가 돼지발정제를 여성에게 최음제로 사용하려고 했다는 내용을 자서전에서 밝혀 사회적인 물의를 빚었기 때문이다.

요힘빈은 요힘베 나무의 껍질에 함유되어 있는 화합물인데, 전통적으로 서아프리카 지역에서는 만족스러운 성생활을 위해 요힘베 나무껍질을 요긴하게 사용해왔다. 요힘빈은 비아그라가 세상에 등장하기 전까지는, 남성의 발기부전 치료제로 쓰였던 약물이다. 성기 부근의 혈류를 증가시켜, 성행위 시 남성이나 여성의 성적인 감각을 증가시키기 때문이다. 하지만 문제는 심각한 부작용이다. 불안, 불면, 식은땀, 어지럼증, 경련과 더불어 혈압과 심장 박동을 불안정하게 만든다. 요힘빈을 지나치게 많이 투여하면, 혼수상태를 넘어 사망에 이르기까지 한다. 그래서 우리나라의 식품의약품안전처는 요힘빈을 인체에 사용하는 것을 금지하는 '유해물질'로 지정했다.

물론 모든 최음제가 불법인 것은 아니다. 미국에서도 성욕 증진을 위한 약물들이 유통되고 있다. 애초에 최음제의 사전적인 정의는 성욕이 항진되게 하는 약물이다. 하지만 문제는 누가, 무슨 목적으로 사용하는가의 문제다. 최음제와 관련된 범죄 사건을 살펴보면 최음제를 상대방의 동의 없이 몰래 먹였다는 내용이 자주 등장한다. 타인을 인사불성으로 만드는 것 자체가 목적이기 때문에 지극히 못된 짓이다. 결국 최음제가 데이트 강간 약물^{date-rape drug}의 동의어로 여겨지는 것은 자신의 뒤틀린 욕망을 타인의 동의도 없이 억지로 실현하고자 한 못된 사람들의 탓인 것이다. 요힘빈의 뒤를 이어 이런 최음제들이 아직까지도 암암리에 유통되고 있으니 정말 심각한 문제다. 결론을 말하자면, 요힘빈을 비롯하여 지금까지 알려진 그 어떤 약물도 심리적인 변화를 극적으로 일으키지는 않는다.

지금까지 성증진제로 알려진 것들에 대해서 다양하게 다뤄봤다. 어쩌면 실망스러운(?) 내용에 시무룩한 독자도 있을지 모르겠다. 효능이 없거나 부작용이 심하거나, 문제가 많은 약물 이야기만 잔뜩 했으니 말이다. 하지만 이번에 다룰 약은 정말 괜찮은 약이다. 오늘날엔 익히 알려져서 이 약의 위대함(?)이 다소 퇴색된 듯도 하지만, 이 약을 통해 많은 사람들의 성생활 나아가 삶 자체가 바뀌었을 것이다. 어찌 보면 인류가 그토록 갈망하던 묘약 중 하나가 실제로 등장한 것이나 마찬가지였다. 바로, 비아그라에 대한 이야기다.

어쩌면 진짜 묘약, 비아그라

사실, 비아그라^{Viagra}라는 이름은 성분명이 아닌 상품명이다. 활력이라는 의미의 비거^{vigor}와 나이아가라^{Niagara} 폭포를 합친 합성어라는 이야기도 있고, 고환을 뜻하는 필리핀 토착어 비아그^{viag}에서 따왔다는 이야기도 있다. 재미있는 어원을 가진 이 약은 오늘날 발기부전 치료제의 대명사가 되었다.

비아그라는 임상시험을 거친 당당한 의약품이다. 오늘날 약을 평가하기 위해서는 보통 3상으로 이루어진 임상시험을 거친다. 임상시험의 시작 단계인 제1상에서는 신약 후보물질의 안정성을 검사한다. 이 단계에서 심각한 부작용이 발견될 경우 임상시험은 종결된다. 그리고 다음 단계인 제2상과 3상에서 약의 실제적인 유효성을 평가하는데, 이때 이중맹검과 위약대조의 방법을 사용한다. 비아그라도 이 과정을 거쳤다.

임상시험을 거칠 당시에는 구성하는 화합물의 이름인 실데나필^{sildenafil}으로 불렸다. 그런데 이 실데나필의 임상시험에는 상당히 특이한 점이 있었다. 실데나필은 원래 성증진제를 목적으로 개발된 약이 아니었기 때문이다. 실데나필은 원래 협심증을 치료하기 위한 약물로 임상시험을 시작했다. 협심증은 심장 근육에 혈액을 공급하는 혈관이 좁아져 생기는 질환이다. 그런데 장기적으로 심장 근육에 혈액이 제대로 공급되지 않으면, 심근경색으로까지 발전하기도 한다. 즉, 실데나필은 신체의 혈관 문제를 치료하는 약물로 개발된 것이다.

실데나필은 1991년에 제1상을 무사히 거쳐, 제2상에서 협심증 치료제로서의 효능을 실험했는데 아쉽게도 효과가 좋지 못했다. 약에 효과가 없으니 차후의 임상시험은 종결되었다. 그런데 이게 무슨 일일까? 실패한 임상 결과들을 분석해보니, 제1상에서 나름의 유익한 부작용unexpected benefits이 있었던 것이었다. 임상에 참여한 88%의 피실험자에게서 발기의 개선이 보고되었다. 약을 개발한 회사인 화이자는 발기부전 치료제를 목적으로 한 임상 2상을 다시 진행하였다. 이때가 1994년이었다. 1998년, 실데나필은 비아그라로 출시된다.

당시의 임상시험과 관련하여 한 가지 재미있는 이야기가 있다. 발기부전 개선의 효과가 좋은 나머지, 임상시험에 참여한 피실험자들이 약물의 반납을 거부했다는 것이다. 피실험자들은 못내 아쉬웠는지, 약물을 더 구하기 위해 연구소를 털었다고 한다. 물론 이것은 사실 여부가 확인되지 않은, 그냥 떠돌아다니는 소문이다. 진지하게 말하자면, 임상시험이 끝나면 반드시 남은 약은 회수되어야만 한다.

오랜만에 진짜 약물(?)을 만났으니 약물에 대한 조금 진지한 이야기를 하고 넘어가야겠다. 약물은 신체 안에서 유용한 역할을 수행하는 분자 물질이다. 투여된 약물은 신체 내의 생체 분자들과 결합하여 원하는 역할을 수행한다. 생화학 신호 전달 물질들은 주로 효소라고 불리는 단백질로 구성되어 있는데, 이들 효소의 신호체계는 일종의 회로처럼 서로 얽혀 있다. 하나의 효소가 활성화되어 다음 단계의 효소의 신호를 억제할지 증폭시킬지를 결정하면서 여러 단계의 신호체계를 형성한다. 약물은 생체 내의 신호체계에 개입하여 우리가 원하는 방향으로 신호전달 방식을 재구성할 수 있는데, 이 작용을 약리기전이라고 한다. 이제 실데나필의 약리기전이 어떻게 구성되는지, 즉 어떻게 발기부전을 치료하는지 구체적으로 살펴보자.

일단 발기시 음경의 변화에 대해서 살펴보자. 음경의 발기는 음경이 단단해진다는 뜻인데, 이때 음경 안에 위치해 있는 해면체corpus cavernosum가 음경의 골격 역할을 수행한다. 해면체 조직은 수많은 혈관으로 구성되어 있는데, 성적인 자극을 받게 되면 이 혈관 근육들이 스폰지처럼 이완을 일으킨다. 이렇게 혈관 근육이 이완되면, 물풍선처럼 해면체에 흘러 들어가는 혈액량이 증가하여 음경이 커진다. 흥미로운 점은, 해면체의 혈관이 단단해졌을 때가 아니라 이완되었을 때 음경의 혈액 흐름이 가장 활발해진다는 것이다. 발기가 성공적으로 이루어진 이후, 음경에서 다른 부위로 혈액을 흘려보내는 혈관이 봉쇄가 되면서 음경으로의 혈액 공급이 멈추게 된다. 발기가 원만하게 이루어지려면, 해면체 혈관이 이완되어야 한다는 것 하나만 기억하자.

그렇다면 성적인 자극에서부터 해면체 혈관의 이완까지 어떤 생화학 신호들이 관여하게 될까? 앞서 언급하였듯이, 생화학 신호체계에서는 수많은 생화학분자들이 연속적으로 여러 단계를 거쳐 신호를 전달한다. 첫 단계로, 성적인 흥분은 음경해면체에서 산화질소$^{\text{Nitric Oxide, NO}}$를 분비시킨다. 그 다음 단계로는, 분비된 산화질소는 세포 내 에너지 전달에 관여하는 구아노신 삼인산이 2차 신호전달자인 고리형 구아노신 일인산^{cGMP}으로 변환되는 것을 촉진하고, 이렇게 연속적인 단계들을 거쳐 해면체 혈관이라는 마지막 단계에 신호를 전달한다. 여러 단계 중에 하나의 신호의 강도가 약해지면, 마지막 단계인 해면체 혈관 이완이 저해된다. 예를 들어, 중간 단계에서 신호를 담당하고 있는 cGMP가 PDE5이라는 효소에 의해서 분해가 이루어지게 되면, 그 다음 단계의 신호 전달이 약해지게 된다. 결국 발기부전이 초래된다는 뜻이다. 하지만 비아그라를 복용하면 PDE5의 활동이 저해하게 되어 cGMP의 지속 시간을 늘리게 되고, 해면체 혈관을 이완시켜 발기를 유지하게 만든다.

이렇게 약물의 기전 혹은 그 기전을 조절할 수 있는 약물의 구조가 잘 밝혀지면, 다른 제약회사들은 이 정보들을 바탕으로 자

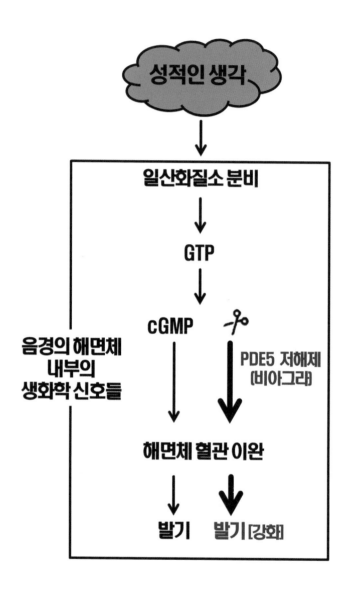

비아그라의 작용

남성들의 말 못할 고통을 해방시킨 비아그라의 작용을
그림으로 표현하면 다음과 같다.

기네 버전의 약물을 개발해낸다. 1998년 비아그라가 출시된 후, 2003년에 일라이 릴리는 씨알리스^{Cialis}를, 2005년에 바이엘은 비아그라의 분자 구조를 약간 변형하여 레비트라^{Levitra}를 출시했다. 분자 구조를 약간 변형하면, 같은 약리기전을 가지더라도 새로운 신약으로 특허를 받을 수가 있다. 씨알리스의 경우, 분자 구조가 비아그라와 많이 다르지만 같은 약리기전을 바탕으로 한 약물이다. 이런 신약들을 주로 '미투 드러그'라고 한다. 우리나라에서 개발되지 않았음에도 불구하고 한미약품을 포함한 우리나라의 여러 제약회사들도 비아그라와 동일한 화합물을 약품으로 출시하기 시작했다. 화이자의 비아그라는 멀쩡히 팔리고 있는데 어떻게 이런 약들이 출시될 수 있었을까? 2017년 비아그라의 특허에 대한 화이자의 독점 판매권이 종료되었기 때문이다. 독점권이 풀리기 전에는 비아그라의 가격이 너무 비싸 사람들은 애처롭게도 100mg를 처방 받아, 성관계 전에 적정 용량의 복용을 위해 알약을 반으로 쪼개서 반씩 사용했다고 한다.

하지만 미투 드러그가 아무리 나와도, 비아그라가 성생활에 큰 변화를 일으킨 최초의 '제대로 된 약'이라는 사실은 영원히 기억될 것이다. 비아그라를 두고 '성문화의 혁명'이라고도 하는데, 꽤나 거창하지만 틀린 표현도 아니다. 묘약을 진짜 묘약으로 만드는 것은 구하기 힘든 희귀한 재료가 들어있어서도, 명의가 만든 비싼 약이기 때문도 아니다. 우린 이미 묘약에 대한 잘못된 환상에 빠져 속아 온 역사를 살펴보지 않았던가. 묘약은 인류가 오랫동안 염원한 공통의 욕망을 '실제 약효'로 실현해주는 약이어야 할 것이다. 그렇다면, 고개 숙인 남성을 구원한 비아그라야말로 묘약이라는 칭호에 가장 근접한 약이 아닐까.

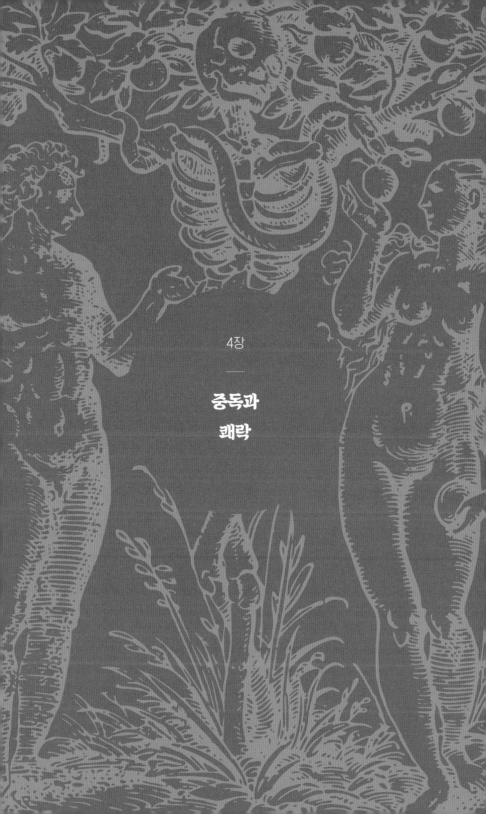

4장
—

**중독과
쾌락**

담배,
중독의 대명사

담배와 흡연문화

담배는 몸에 좋지 않다, 피우면 좋을 게 하나도 없다고 한다. 비흡연자들의 목소리가 높아졌고, 흡연자들은 조심스러워하는 추세다. 흡연율도 꾸준히 감소하는 중이다. 물론 아직도 길거리에서 담배 연기를 뿜어대는 흡연자가 있곤 하지만 말이다.

오늘날 변화하는 흡연 문화는 '흡연은 악취미'라는 암묵적인 인식을 잘 보여주고 있다. 헌법재판소는 '혐연권'이 '흡연권'보다 우선한다고 판단했고, 정부도 금연 캠페인에 공을 들이고 있다. 어쩌면 공중보건이라는 측면에서 봤을 땐 바람직한 변화라 할 수 있을 것이다.

이렇게 미움 받는 담배도 역사를 거슬러 올라가면 우호적인 기록이 꽤 많이 누적되어 있다. 『연경, 담배의 모든 것』이라는 책에 나오는 다음의 담배 예찬론을 살펴보자.

"(중략) 가슴에 막힌 것이 저절로 사라졌고, 연기의 진기가 폐를 적셔서 밤잠을 편히 이룰 수 있었다. 정사의 잘잘못을 고민할 때 복잡하게 뒤엉킨 생각을 시원하게 비춰보고 요점을 잡아낸 것도 그 힘이고, 글의 가부를 수정하고자 깎고 자르는 고민을 할 때 고르게 저울질하여 내어놓게 만든 것도 그 힘이다."

이토록 고상하고 우아한 문장으로 담배를 예찬한 사람은 바로 조선의 정조였다. 그 자신도 애연가였고, 백성들에게도 대대적으로 흡연을 장려하고자 했다. 위의 문장은 정조가 주최한 과거 시험 문제의 일부로, 어떻게 하면 많은 백성들이 담배를 피우게 할 수 있을지에 대해 논하라는 내용이었다. 국가 지도자가 장려하는 흡연이라, 오늘날 사람들이 보기엔 참 낯설다. 하지만 담배의 효능에 대한 정조의 긍정적인 인식은 그 기원을 살펴보았을 때 크게 이상할 것도 없다. 담배는 처음엔 약이었기 때문이다.

1492년, 신대륙을 탐사하던 콜럼버스가 지금의 아이티와 쿠바에 방문했을 때의 일이다. 원주민들이 갈색의 식물 부스러기를 건조한 옥수수 잎에 말아 연기를 들이마시는 기이한 모습이 그의 눈에 띄었다. 당시 아메리카 원주민들은 종교 의식에 필요한 영신제^{entheogen}와 질병의 치료제로 담배를 사용했다. 그들에게 담배는 정령들이 살고 있는 신성한 식물이었다. 그렇기에 사악한 악령이 침투하여 질병이 생겼다는 원시 신앙의 믿음에 따라 약으로 사용할 수 있었다. 의사의 역할을 겸하는 주술사는 담뱃잎을 침으로 적셔 반죽을 만든 뒤, 환자의 환부와 가까운 피부에 발라주었다. 근육통이 있다면 마사지도 병행했다. 그리고 복통이 심할 때에는 담뱃잎의 즙을 환자에게 먹였고, 치통이 있을 때엔 즙으로 입안을 헹구기도 하였다. 아픈 산모의 다리 사이에 담배 연기를 뿜기까지 했다. 게다가 담뱃잎이 가지고 있는 환각 효과는 종교적 주술에 이용되기도 했다. 약간 의아한 대목이다. 흡연자들은 잘 알겠지만, 지금 피우는 담배에는 환각 효과나 통증에 대한 효과는 없지 않는가?

사실 당시 아메리카 원주민이 사용했던 담배의 품종은 현대의 담뱃잎에 쓰이는 담배식물과 종^{species}이 다르다. 아메리카 원주민들이 당시에 사용하던 담배는 니코티아나 루스티카$^{Nicotiana\ rustica}$로, 현대의 담배 생산에 쓰이는 식물인 니코티아나 타바쿰$^{Nicotiana\ tabacum}$과는 다른 종이다. 비록 둘 다 같은 속^{genus}으로 묶여 있지만, 종이 다르기에 유전적으로 차이가 있고, 안에 포함되어 있는 알칼로이

아메리카 원주민의 흡연 치료

담배 연기를 산모의 다리 사이에 불어넣는 그림. 아메
리카 원주민들은 담뱃잎과 담배 연기를 치료제로 사용
하였다. 담배 연기는 혈관 및 자궁을 수축하는 성질이
있어, 분만을 돕는 데에도 사용되었다.

드^{alkaloid}의 종류와 양에도 차이가 있다. 아메리카 원주민의 담배에는 니코틴도 오늘날의 담배보다 훨씬 많이 들어있었으며, 오늘날의 담배에는 들어있지 않은 환각성 알칼로이드도 포함되어 있었다. 하지만 오늘날의 담배는 작물로서의 자생력이 커서 여러 지역에 넓게 분포해있고, 경작하기가 쉽다는 이점이 있다.

콜럼버스는 원주민의 흡연 문화와 담배 경작법을 유럽으로 가져왔다. 흡연 문화가 유럽에 정착하는 데에는 많은 시간이 필요하지 않았다. 물론 반발도 만만찮았다. 당시 스페인 교회에서는 담뱃잎을 악마의 풀로 규정하여, 흡연을 저지하려고 했으나 상황은 이미 늦어버렸다. 16세기 말에 담배 소비는 전 유럽에 이미 퍼져 있었다. 장 니코^{Jean Nicot}는 담배의 씨앗과 말린 잎, 그리고 담배의 효능을 설명하는 글을 프랑스 왕실에 보냈다. 그 영향으로 담배는 프랑스 왕실과 귀족들을 중심으로 곧바로 유행하기 시작했다. 왕족을 선망하는 프랑스 사교계에서도 담배는 그 인기를 계속 이어갔다. 덕분에 니코는 유명인사가 되었고, 니코틴^{nicotine}이라는 알칼로이드의 이름을 통해 영원한 유명세를 얻게 된다.

최고의 응급처치는 담배 연기로 관장하기?

담배 때문에 죽은 사람들의 사연은 많이 들어봤겠지만 담배 때문에 살아난 사연은 흔하지 않다. 1650년 겨울, 영국 옥스퍼드에서 벌어진 일이었다. 하녀로 일하던 안네 그린$^{Anne\ Greene}$은 교수형을 선고받았다. 그 이유인즉, 안네는 그녀가 일하던 집주인으로부터 강간을 당하고 임신을 하게 되었는데, 배 속의 아이가 유산이 되자 살인죄의 명목으로 교수형이 결정된 것이다. 그녀의 시신은 교수형이 집행된 다음날 옥스퍼드 의과대학의 카데바로 해부학 실험에 사용될 운명이었다.

처형이 집행된 후 안네의 몸은 실습생들의 칼에 의해 해부될 운명에 놓여있었다. 바로 이때 그녀의 몸에 희미한 맥박과 숨이 아직 남아있는 것을 누군가 알아차렸다. 의사들은 그녀의 입에 알코올로 만든 해독제^{cordial}를 부어 넣었고, 그녀의 항문에 튜브를 꽂아 담배 연기를 불어 넣었다. 그것도 의사들의 입으로 말이다. 기록에 따르면, 담배 연기와 해독제 덕분에 하룻밤 사이 그녀는 따뜻한 체온을 되찾았고 완전히 회복되었다고 한다. 다시 살아난 그녀는 자유의 몸이 되었고, 신의 가호로 다시 살아난 사형수로 이름을 알리게 되었다.

그런데 그녀를 살리기 위해 행해진 응급처치는 정말 실효가 있었을까? 당시의 해독제는 연금술사들이 알코올에 잡다한 약초와 향신료를 넣어 만든, 믿는 자에게만 효험이 있을 법한 약이었다. 이 당시 영국에서는 담배 연기 치료법이 그저 실험단계에 있었지만, 점점 인기를 누리게 되었다. 얼마만큼의 의학적 효과가

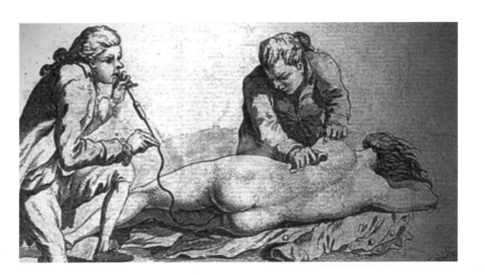

18세기의 연기-관장 키트

누군가 정신을 잃은 채 쓰러져 있다면 오늘날에는 구강
대 구강법으로 인공호흡을 먼저 시도하겠지만, 18세기
의 런던이었다면 달랐을 것이다. 이 황당한 응급처치는
하는 사람과, 받는(?) 사람 그리고 보는 사람까지도 고
역이었지만 사람을 살리기 위해선 어쩔 수 없었다.

있었는지는 확실하지 않으나, 응급상황에서 구강 대 구강법보다 더 우선하여 사용되었다고 한다. 18세기 런던을 관통하는 템스 강에서는 익사 사고가 잦았는데, 사고가 잦은 지역에는 연기-관장 키트smoke enema kit가 구비되어 있었다. 실신한 사람을 물에서 건져 올린 후 그의 바지를 내려 튜브를 항문에 꽂고 담배 연기를 주입했다. 당시 영국의 일반 가정집에서도 혹시 모를 응급상황을 대비하여 키트를 하나씩 구비했었다고 한다.

연기-관장 키트를 사용할 때는 주의사항이 있었다. 담배 연기를 항문에 불어넣을 때, 다시 들여 마시면 안 된다는 것이다. 당시 유럽에는 콜레라가 창궐했다. 콜레라는 세균성 질환으로 전염성이 강하며, 과도한 설사로 환자를 사망에 이르게 한다. 연기를 다시 들여 마시면 환자의 대변이 체내로 흡입되기 때문에, 전염의 위험이 컸다. 실제로 의사들은 연기를 주입하는 도중 거꾸로 들여 마시지 않으려고 극도의 주의를 기울였다.

기호품으로서의 담배, 그리고 중독

19세기에 들어와서 담배는 질병도 예방할 수 있는 약이자 기호품으로 여겨졌다. 19세기는 알칼로이드 화합물들이 식물로부터 분리되고, 그 약리적 성질들이 발견되던 시대였다. 1828년, 니코틴이 최초로 분리되었다. 이후 니코틴을 의학적으로 이용하려는 연구가 진행되었지만, 니코틴이 건강에 이로운지 아니면 해로운지는 오랫동안 논쟁의 영역이었다. 하지만 니코틴에 대한 연구가 축적되면서, 담배의 문제점이 드러나게 되었다. 담배의 중독성과 유해성이 꽤 심각했기 때문이다.

흡연자들은 잘 알 것이다. 담배의 효능보다 중독성 때문에 담배를 자꾸 피우게 된다는 것을. 담배 회사들은 그 사실을 누구보다도 잘 알았다. 담배는 일단 피우기 시작하면 쉽게 끊을 수 없기에, 장기적인 수익성을 보장해주는 효자상품이기 때문이다.

또 다른 문제는 담배의 유해성이었다. 담배 회사들은 담배가 해롭지 않다는 이미지를 널리 퍼뜨려야 했다. 당시 의사들은 담배를 광고하기에 좋은 모델이었다. 건강과 관련해서, 사람들은 의사를 상당히 신뢰하기 때문이다. 이런 광고 전략을 펼친 회사는 R. J. 레이놀즈 담배 회사다. 하지만 담배 회사가 만든 광고 속의 의사는 어떤 특정한 사람이 아닌, 허구의 인물이었다. 당시에는 의사가 상업적인 광고를 찍게 되면, 의사 면허가 정지될 수도 있었다. 하지만 레이놀즈 담배 회사는 기막힌 아이디어를 냈다. 실제 의사들에게는 공짜 담배를 선물로 주고, 이 의사들을 표본으로 선호하는 담배 브랜드 집계를 발표한 것이었다. 당연히 레이놀즈 담배회사의 제품은 건강을 중시하는 의사들도 좋아하는 브랜드로 알려지게 되었다.

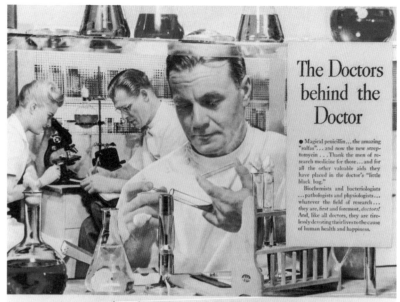

The Doctors behind the Doctor

● Magical penicillin... the amazing "sulfas"... and now the new streptomycin... Thank the men of research medicine for those... and for all the other valuable aids they have placed in the doctor's "little black bag."

Biochemists and bacteriologists ...pathologists and physiologists... whatever the field of research... they are, first and foremost, *doctors!* And, like all doctors, they are tirelessly devoting their lives to the cause of human health and happiness.

According to a recent Nationwide survey:

MORE DOCTORS SMOKE CAMELS THAN ANY OTHER CIGARETTE

● What cigarette do you smoke, Doctor?...that was the question put to 113,597 doctors from the Atlantic to the Pacific, from the Gulf of Mexico to the Canadian border. Three independent research organizations did the asking ...covered doctors in every branch of medicine.

The brand named most was Camel!

Like the rest of us, doctors smoke for pleasure. Their taste recognizes and appreciates the rich, full flavor and cool mildness of Camel's costlier tobaccos just as yours does.

YOUR "T-ZONE" WILL TELL YOU...

T for Taste...
T for Throat...
that's your proving ground for any cigarette. See if Camels don't suit your "T-Zone" to a "T."

CAMELS *Costlier Tobaccos*

CAMEL — TURKISH & DOMESTIC BLEND CIGARETTES — CHOICE QUALITY

레이놀즈 담배 회사의 제품 카멜의 광고

"최근 집계에 따르면, 의사들은 그 어떤 담배도 아닌 카멜을 피운다고 합니다." 광고 하단에 있는 여성의 모습에 주목하자. 여성의 입과 목에 대문자 T가 그려져 있다. 이것을 T-zone이라고 부르며, 기존 담배의 단점인 맛(Taste)을 살리고 목(Throat)의 불편한 느낌을 줄였다고 선전했다. 게다가 담배를 피우면서도 하얀 이(Teeth)까지 유지할 수 있다. 물론 이 담배의 맛을 만들기 위해 여러 첨가제들을 이용했다.

담배를 처음 시작하는 사람들은 담배의 쓴 맛과 목구멍에 느껴지는 따가움이 꽤 불쾌하게 느껴졌을 것이다. 담배 연기는 정말 자극적이다. 하지만 일단 중독되면, 자극적인 불쾌함도 잘 적응하게 된다. 레이놀즈 담배 회사의 제품 카멜^{Camel}은 이러한 불쾌감을 여러 첨가제들을 이용하여 줄였다는 내용을 광고에 담았다. 그런데 이 광고의 내용이 무척 흥미롭다. 광고 속 여성의 입 위에 T자 모양의 상자가 그려져 있다. T자는 하얗게 드러난 이^{Teeth}와 비슷한 음을 가지고 있으며, 맛^{Taste}과 목^{Throat}을 가리키는 T-zone을 의미한다. 즉, 맛있고 목 넘김도 좋으면서 이도 하얗게 빛날 수 있는 담배로 홍보한 것이다. 물론 오늘날엔 이런 광고는 상상할 수 없다. 담배 광고는 사회적인 규제의 대상이 되었고, 담배 광고보다 금연 광고가 더 자주 눈에 보인다.

사실 담배에 있는 니코틴은 사회적으로 규제할 필요성이 있는 물질이다. 니코틴은 독성 물질의 대명사인 청산가리만큼이나 독성이 강하기 때문이다. 과다 투여된 니코틴은 자율신경에 작용하여 인체를 흥분시키고 마비시키기까지 한다. 급성 중독 증상으로 현기증과 두통 그리고 경련과 구토, 호흡곤란 등이 일어나 사망에 이르기까지 한다. 몇 년 전, 니코틴 원액을 이용한 독살 사건이 발생해 니코틴 원액의 해외 구매에 제한이 생기기도 했다. 모든 독극물이 그렇듯이, 니코틴도 투여되는 경로에 따라 독성, 즉 치사량이 바뀌게 된다. 체중이 70kg인 성인 남성이라면 니코틴을 주사로 투여하거나 흡입할 경우 치사량이 0.5~1.0mg, 즉 한두 방울 정도인 것에 비해, 구강으로 직접 섭취한다면 40~70mg 정도의 니코틴이 치사량이다. 구강으로 섭취할 때 위험도가 제일 적은 이유는 약물이 소화관을 지나면서 간에서 해독 작용이 일어나기 때문이다.

하지만 흡연을 통한 니코틴 섭취는 다른 경로로 섭취하는 것에 비해선 위험하지 않다. 말린 담배 속에 있는 대부분의 니코틴 화합물은 담뱃잎이 연소되는 과정에서 열에 의하여 분해가 일어나기 때문이다. 담배 한 개비에 대략 10~20mg의 니코틴이 들어 있으며, 이 중 1~2mg 정도만 신체에 흡수된다. 나머지는 열에 의하여 소실된다. 즉, 흡연 방식 자체로는 독성을 띠는 수준까지 니코틴에 노출되는 일은 없다. 더욱이 니코틴은 체내에서 빠르게 분해되는데, 2시간 정도의 반감기가 있다. 때문에 독성을 띠고 있는 니코틴은 체내에 축적되지 않고, 하룻밤을 자고 나면 니코틴이 빠져나가게 된다. 결국 흡연의 가장 큰 문제는 중독성에 있다.

니코틴은 원래부터가 중독성이 강한 물질이지만, 흡연이라는 섭취 방식이 니코틴의 중독성을 훨씬 강하게 만든다. 구강으로 복용하는 것보다 폐나 코로 흡입하면 많은 양의 중독성 약물이 뇌로 바로 도착하여 중독성이 늘어난다. 담뱃잎을 직접 말아서 피우는 경우가 이 정도라면, 시중에 판매되는 담배는 첨가제를 이용해 중독성이 더 심하다. 첨가제를 이용하면, 같은 경로를 통해 약물이 흡수되더라도 약물의 중독성을 극대화시킬 수 있다. 불행히도 담배에 들어가는 거의 모든 첨가제는 발암성분이다. 첨가제 중에 폐암과 관련하여 처음 문제가 제기되었던 물질은 타르다. 레이놀즈 담배 회사의 어처구니 없는 조사 결과가 발표된 지 얼마 지나지 않아, 에른스트 윈더^{Ernst Wynder}는 담배 속 타르가 발암물질인 것을 입증해냈다. 그와 비슷한 시기에, 리차드 돌^{Richard Doll}은 흡연자들이 비흡연자들보다 폐암 발병률이 20배나 높다는 결과를 발표했다. 하지만 담배 회사 역시 이런 난처한 상황에 헤쳐나갈 대응책을 마련하기 시작했다.

담배 회사는 담배의 위해성에 관한 연구 결과들이 틀렸다고 주장하지 않았다. 이들의 연구 결과는 흡연과 암 발병률의 상관관계를 너무나도 명백히 입증해 반박할 수 없었기 때문이다. 대신, 상관관계가 암의 발생여부에 관한 인과관계를 의미하지 않는다는 것을 교묘히 주장했다. 상관관계를 통해서 인과관계를 규명한다는 것에는 어려움이 따른다. 정신분열증 성향이 강한 사람들은 정상적인 사람들보다 불안과 긴장을 조절하는 데 어려움을 갖고 있으며, 대마와 같은 약물들에 좀 더 의존한다. 폐암에 훨씬 잘 걸리는 신체적 기질을 가진 사람들이 담배를 훨씬 더 선호하는 성향을 가졌다면, 폐암 발병률이 20배나 훨씬 높다는 상관관계를 어떻게 받아들여야 할까? 더욱이 당시에 암은 정확한 질병기전이 밝혀지지 않은 질병이었고, 암의 발생 원인에는 담배 외에도 복합적인 요인이 많다고 생각되었기에 이런 교묘한 논증이 가능했다.

하지만 이제 우리 모두는 알고 있다. 담배 회사가 애써 감춘, 담배가 몸에 좋지 않다는 사실을 말이다. 담배가 유익한 약이 아닌 것도 알게 되었다. 하지만 여전히 누군가는 담배를 피운다. 담배를 피우는 자신을 원망하고, 언젠간 끊어야지 하면서 말이다. 결국 문제는 중독이다.

아편,
인류 최초의 진통제

알칼로이드의 발견

중독성이 강한 약물은 자연계에서 발견되는 화합물부터 인공적으로 합성한 화합물까지 그 종류가 다양하다. 화합물들의 이름들을 나열하다 보면 대부분 익숙한(?) 이름이다. 모르핀^{morphine}, 헤로인^{heroine}, 코카인^{cocaine}, 대마의 카나비노이드^{cannabinoid}, 필로폰이라 불리는 메스암페타민^{meth-amphetamine} 등이 있다. 우리가 일상 속에서 마주치게 되는 친근한 화합물들도 있는데, 커피의 카페인^{caffeine}, 담배의 니코틴^{nicotine} 등이다.

중독성을 가진 화합물들은 다양한 형태를 가지고 있지만, 화학적으로는 공통점 하나를 갖고 있다. 대부분의 경우 알칼로이드

alkaloid로 분류된다는 것이다.● 알칼로이드는 질소 원자를 하나 이상 가지고 있는, 자연계에서 발견되는 화합물을 지칭한다. 질소 원자는 화합물의 구조 내에서 방향족 그룹에 위치해 있는 경우가 많이 있다. 질소 원자를 바탕으로 한 분류 기준은 상당히 단순하지만, 화합물의 약리학적 성격을 이해하는 데 큰 도움을 준다.

알칼로이드는 인류의 역사에서 쓰임새가 상당히 많았다. 사람의 신경계에 영향을 주기 때문이다. 평상시에는 정신과 육체의 고통을 덜어주는 약으로 사용했으며, 전쟁터에서는 군인에게 용기와 힘을 주는 약으로, 일부 종교에서는 예지몽을 꾸기 위한 약으로 사용되었다. 약리적 활성을 갖는 물질이 바로 화합물이라는 지식이 없던 과거에도 알칼로이드를 약으로 사용했었다. 약초와 소위 엑기스**extract**라고 부르는 추출물을 통해서였다.

인류가 유효화합물만을 추출하여 약으로 사용하기 시작한 것은 기껏 250여 년이 되지 않는다. 알칼로이드는 1800년대 초반부터 식물에서 발견되기 시작했다. 1805년에 모르핀이, 1821년에

● 알칼로이드라는 용어가 처음으로 도입된 것은 1819년, 독일 약제사인 마이스너에 의해서였다. 알칼로이드(alkaloid)는 염기성을 의미하는 '알칼리(alkali)'와 '~와 비슷한 부류(-like)'를 의미하는 '-oid'의 합성어로, 염기성을 띠고 있는 화합물들을 총칭한다. 도입 당시 알칼로이드의 의미는 현재보다 상당히 제한적이었다. 화합물의 염기성을 띠어야 한다는 조건과, 화합물이 발견된 생물자원의 기원은 반드시 식물체이어야 한다는 조건이 따랐다. 하지만 현대에 들어서 과거에 알칼로이드를 정의하던 제약 조건들은 모두 폐기되었다. 화합물의 구조 안에 질소 원자를 하나 이상 포함하고, 동시에 식물, 동물, 미생물을 포함한 자연계에서 발견되면, 알칼로이드로 불린다. 자연계에서 발견된 화합물의 구조를 변형시킨 경우 '알칼로이드 유도체(alkaloid derivatives)'라고 부른다. 예를 들어, 아편에서 바로 추출되는 모르핀은 알칼로이드이지만, 모르핀의 구조를 조금 변형시킨 헤로인은 알칼로이드 유도체로 분류된다.

니코틴, 모르핀, 코카인, 카나비노이드의 분자 구조
니코틴에는 질소 원자 N가 두 개 있고, 모르핀과 코카인에도 각각 하나씩 들어있다. 알칼로이드다. 하지만 카나비노이드엔 질소 원자가 없다. 그래서 알칼로이드가 아니다.

카페인, 1828년에 니코틴 그리고 1860년에 코카인이 발견되었다. 이들 물질을 약초나 엑기스의 형태로 투여할 경우에는 포함되어 있는 화합물의 양이 일정하지 않아, 상당한 부작용을 일으킨다. 그렇다고 적게 쓸 수도 없었다. 너무 적게 쓰면 약효가 떨어지기 때문이다. 알칼로이드 화합물의 추출은 바로 이런 문제들을 해결할 수 있었다. 대표적인 것이 바로 양귀비의 아편이었다.

아편에서 모르핀, 그리고 헤로인

양귀비는 진통제로 사용되던 유용한 약초였다. 아름다운 꽃인 양귀비의 이름은 중국 당나라 시대의 미녀인 양귀비의 이름에서 따왔다. 양귀비의 학명은 파파버 솜니페룸$^{Papaver\ somniferum}$인데, 여기에는 '깊은 잠을 불러 일으킨다'는 의미가 포함되어 있다. 종명의 앞부분은 로마 신화에서 잠의 신으로 등장하는 솜누스^{somnus}를 따왔고, 뒷부분은 불러일으키다^{ferre}에서 유래되었다.

사람들은 양귀비의 추출물을 아편^{opium}이라 불리는 엑기스^{extract}로 농축하여 사용해왔다. 아편은 양귀비의 씨앗 주머니$^{seed\ pot}$에서 얻을 수 있는데, 씨앗 주머니를 면도날 등으로 긁기만 하면 진액이 나온다. 양귀비에서 아편을 얻는 과정이 이렇게 단순하다 보니, 아편은 약물의 역사에서도 가장 이른 시기에 등장하게 된다.

인류가 아편을 쓰기 시작한 것은 선사시대부터였다. 아편의 역사는 술보다도 오래되었는데, 알코올 제조에 필요한 발효 기술을 요구하지 않기 때문이다. 고대 수메르인은 아편에 훌길$^{hul\ gil}$이라는 이름을 붙였는데, 여기에는 기쁨을 주는 식물이라는 뜻이 담겨 있었다. 기쁨이 가득한 곳은 모든 사람이 누리고 싶은 일종의 '낙원'일 것이다. 이런 맥락으로, 사람들은 아편에 '낙원의 문을 여는 열쇠$^{key\ to\ paradise}$', '낙원의 젖$^{milk\ of\ paradise}$', '근심의 파괴자$^{destroyer\ of\ grief}$'라는 거창한 칭호를 붙이기도 했다.

아편의 복용 효과 중 가장 크게 두드러지는 것은 신체적 고통이 줄고, 깊은 잠에 빠져드는 진정효과일 것이다. 하지만 이보다 훨씬 복합적인 측면이 있는데, 아편을 복용하면 술을 마실 때

양귀비(위)와 그 씨앗 주머니(오른쪽)

씨앗 주머니는 양귀비의 꽃이 진 자리에 생
겨난다. 이곳을 면도날로 긁어내면 우윳빛
액체가 흘러나오는데, 이 액체를 말려서 굳
히면 껌처럼 찐득찐득하고 검은 색상을 띠
는 고형물이 된다. 다시 말해서, 아편은 양귀
비 열매의 과즙을 굳혀서 만든 고형물이다.
즙의 색깔 때문인지 아편의 별명 중 하나가
'낙원의 젖'이다.

처럼, 복용한 직후에는 행복감과 흥분이 솟아오른다. 아편은 또한 뚜렷한 형상의 꿈을 꾸게 만들어 주는데, 사제들은 미래를 점치기 위한 예지몽을 꾸기 위해서 아편을 사용하였다. 또한 앞에서도 살펴보았듯이 만병통치약, 사실상 엉터리 약의 주재료가 되어 주기도 했었다.

아편이 이렇게 다양한 약리적인 성질을 갖게 해주는 화합물이 바로 모르핀인데, 아편으로부터 모르핀을 분리하는 작업은 1805년 독일 화학자 프리드리히 제르튀너^{Friedrich Sertuner}가 최초로 성공했다. 제르튀너는 수면 및 무통효과와 관련된 약리적인 활성을 가진 물질이 아편 안에 존재한다고 추측했다. 같은 양의 아편일지라도 표본마다 약리적인 효과가 각각 다르다는 것을 알게 되었다. 그 말인즉슨 아편 안에 어떤 유효물질이 존재할 가능성이 높다는 것이었다.

제르튀너는 유효화합물의 추출에 이어, 유효화합물의 약리적 활성을 실험했다. 우선 실험실 주변을 배회하는 쥐와 개에게 투여했다. 다음 차례는 자신과 세 명의 친구였다. 그가 추출한 유효화합물은 아편보다 약리적 활성이 훨씬 강했다. 추출물을 투여한 개는 죽었으며, 모르핀이 투여된 한 친구는 혼수 상태에 빠져버리기도 했다. 결국 제르튀너는 구토유발제를 동원해 친구의 몸에서 약물을 배출시켜야만 했다.

제르튀너는 아편에서 추출한 유효화합물에 morphology라는 이름을 붙였지만, 이후 영국 약전의 기록에 실수가 생겨 morphina로 이름이 변경되었다. 그리고 다시 한 차례 기록된 이름이 변경이 되어, 꿈의 신 모르페우스[Morpheus]가 되어 버렸다.

세르튀너가 존재를 밝혀낸 모르핀은 아편의 주요 물질이라 불릴 만했다. 모르핀 발견 이후, 아편 안에는 대략 40여 가지의 알칼로이드가 포함되어 있는 것이 밝혀졌는데, 모르핀의 함량이 그중 가장 높았다. 말린 양귀비의 경우 모르핀이 4~20%를 차지하고 있었다.

모르핀의 추출은 근대 약학에서 중요한 발견이었다. 아편의 무통효과는 양귀비 안에 농축된 생명력과 영혼의 발현이 아니라, 모르핀이라는 유효화합물의 약리활성이라는 것을 이 추출을 통해 알게 되었다. 파라켈수스조차 '불멸의 돌'로 신성시한 아편이 유효화합물 추출을 할 수 있는 대상이란 사실은, 약을 바라보는 관점을 크게 바꾸어 놓았다. 모르핀의 발견은 유기 합성으로 인해 생기론[vitalism]이 사라진 것만큼, 근대 약학이 신비주의를 탈피하는 데 중요한 역할을 하였다. 그뿐만이 아니었다. 이제부터는 추출된 모르핀의 무게를 정확히 측정하여, 환자에게 필요한 양만큼을 투여할 수 있게 되었다. 유효성분의 양은 식물의 자라난 환경에 따라 바뀌기 때문에, 필요한 양만큼만 모르핀을 투여하는 것이 불가능했었다. 필요한 양을 초과하여 투여하는 경우가 많았고, 이때마다 환자는 아편의 독성으로 상당한 부작용을 겪었다. 모르핀 추출로 어느 상황에서나 안심하고 사용할 수 있는 진통제가 드디어 탄생하게 된 것이었다.

모르핀 추출에는 나쁜 점도 있었다. 헤로인이 탄생한 계기가 되었기 때문이다. 헤로인은 인공적으로 합성하여 만드는데, 추출한 모르핀만 있다면 초산에 넣고 끓여서 쉽게 합성할 수 있었다. 이렇게 초산에 넣고 끓이는 반응을 아세틸화 반응이라고 부른다. 이 반응을 이용하여 헤로인을 개발한 사람은 펠릭스 호프만으로,

모르핀   헤로인

모르핀과 헤로인의 분자 구조

헤로인은 2개의 아세틸기 **CH3CO-** 가 모르핀에 붙어있고, 나머지 화합물의 구조는 같다. 이 화학적 구조의 차이로 인하여 모르핀보다 약리적인 효능과 중독성이 크다. 헤로인은 체내에서 모르핀으로 바뀌어서, 약리활성을 나타낸다.

그는 아세틸화 반응으로 아스피린을 개발하기도 하였다.

모르핀을 초산에 넣고 끓이면 화학구조가 어떻게 변형될까? 모르핀에 없는 2개의 아세틸기가 더 붙게 된다. 이 작은 화학적 구조의 차이로, 헤로인은 모르핀보다 약리적인 효능이 8배 이상 커진다. 첨가된 2개의 아세틸기가 헤로인의 지방성을 높이는데, 모르핀보다 뇌혈관 장벽을 쉽게 통과하기 때문이다. 일단 뇌 안으로 도착하게 되면, 효소의 작용으로 첨가된 아세틸기가 제거되어 모르핀으로 변형된다. 결과적으로, 헤로인은 모르핀보다 훨씬 빠르게 뇌에 흡수되어 큰 약리적인 효과와 함께 치명적인 중독성을 갖게 되었다.

중독자와 전쟁을 만든 흡연과 주사

아편은 진통제와 해독제의 주요 성분으로 오랫동안 사용되어 왔다. 하지만 아편이 중독 문제로 악명을 떨치게 된 것은 아편 사용의 긴 역사에 비추어 봤을 땐, 비교적 최근의 일이다. 아편을 재배하고 사용한 지 수천 년이 지난 후에야 아편 중독자가 대규모로 발생했고, 그로 인해 거대한 제국을 쓰러트린 아편전쟁이 발발했다. 무슨 일이 있었던 것일까?

결정적으로 아편의 중독성이 문제를 일으키게 된 것은 아편 자체보다 아편을 투여하는 방식이 변화했기 때문이다. 선사시대

청나라의 아편굴
원래 아편은 사치품에 해당할 정도로 고급 마약이었다.
하지만 점차 대중에게도 아편이 퍼져나갔고, 중독자는
늘어났다. 결국 아편을 금지하는 법도 생겼지만, 아편
은 어둡고 침침한 곳으로 내려와 여전히 사람들을 취하
게 했다. 축 늘어진 폐인들이 즐비한 아편굴의 모습은
아편의 효과를 잘 보여준다.

에서부터 인류는 아편을 구강을 통해 별다른 문제없이 복용했다. 하지만 피하 주사기와 흡연이라는 아편 투여 방식이 등장하자, 아편이 마약의 대명사로 이름을 떨치게 되었다.

가장 추악한 전쟁으로도 불리는 아편전쟁의 대표적인 이미지인 퇴폐적인 아편굴opium den을 살펴보자. 좁고 어두운 공간 속에 나른한 표정으로 침대 위에 비스듬히 기대어 있는 사람들이 있고, 하나같이 긴 담뱃대를 들고 있다. 중독의 문제가 국가적 재난으로 이어진 아편 중독은 바로 이 담뱃대에서 시작되었던 것이다. 중국에서 아편을 대중적으로 사용한 것은 16세기 중반이었다. 그런데 18세기 초, 중국의 대중들 사이에선 담배에 허브나 아편을 섞어 흡연하는 방식이 유행하게 되었다. 이 흡연 방식은 아편의 효과를 강력하게 만들었고, 니코틴과 결합하여 더 강한 중독성을 가지게 되었다. 결국 영국이 수출한 대량의 아편은 수많은 아편 중독자를 만들었고, 청나라가 국내외로 붕괴하는 계기가 되었다. 담뱃대가 이 거대한 역사적 사건에 빌미를 제공한 셈인 것이다.

주사로 투여하는 방식도 문제였다. 1850년대 의학자들은 모르핀을 주사로 투여한다면 중독 문제를 피할 수 있을 것이라 생각했다. 음식을 입으로 먹으면서 식욕에 탐닉하게 되듯이, 약의 중독성 역시 약물을 구강으로 복용했을 때 발생한다고 생각했다. 약물을 구강으로 섭취하는 방법을 피한다면 중독 문제가 없을 것이라고 믿었던 것이다. 그렇게 피하 주사로 모르핀을 투여하는 방법은 개발된 지 2년도 지나지 않아, 유럽과 미국의 일상 속으로 스며들게 되었다. 하지만 피하 주사를 이용한 약물의 투여는 더 심각한 중독을 야기했다. 약물의 흡수 속도를 빠르게 증가시키기 때문이다. 이러한 원리는 약물을 흡연했을 때에 폐가 흡수하는 방식에도 적용된다.

물론 담뱃대와 주사만의 잘못은 아니었다. 결국 문제는 사람이 일으킨 전쟁이었다. 크게 다친 군인들을 고통에서 잠시라도 해방시키기 위해 모르핀의 수요는 늘어만 갔다. 게다가 미국의 남북전쟁과 20세기에 벌어진 두 차례의 세계대전 등 대규모 전쟁들은 수많은 사상자와 모르핀 중독자를 양산했다. 전쟁터에서 살아남은 군인들은 모르핀이 선사한 무통의 시간을 잊지 못했고, 전쟁이 남긴 상처를 모르핀을 비롯한 마약으로 달래려고 했다.

미국에서의 아편 흡연은 1848년에 금을 채굴하기 위한, 소위 골드러시gold rush를 위해 캘리포니아로 이주한 중국인들에 의해 처음 시작되었다. 중국인 이주 노동자들은 아편 흡연 문화와 아편굴을 미국에 가져왔다. 하지만 당시 중국인에 대한 인종적인 혐오는 아편굴과 결합하여 근거 없는 추문을 만들어 내었고, 언론은 이를 확산시켰다. 백인 여성들이 아편에 취해, 아편굴에서 난교를 벌인다는 식이었다. 실제 아편의 효과는 이와 다르다. 아편은 진정제로 성적 흥분을 감소시키며, 성적 불능을 일으키기도 한다. 1870년대가 되자, 미국은 이주한 중국인을 대상으로 아편을 비롯한 약물에 대한 규제를 마련했다. 이것이 미국의 첫 번째 약물 규제였다. 약물 규제는 대마를 다루면서 좀 더 이야기하도록 하자.

코카인,
묘약에서 마약으로

'코카 나뭇잎'에서 '코카인'으로

남미 안데스 지방의 원주민들에겐 약처럼 쓰이는 나뭇잎이
있었다. 그들은 이 나뭇잎을 수천 년간 사용해왔다. 원주민들은
이 나뭇잎을 생으로 씹어 먹거나, 끓여서 차로 마셨다. 이 나뭇잎
안에 포함되어 있는 성분은 그들의 피로를 해소하고 활력을 되찾
게 해줬다. 게다가 이 나뭇잎에는 비타민과 미네랄이 풍부하게 함
유되어 있어 유용한 식량이기까지 했다. 이 나뭇잎의 출처는 코카
나무, 그리고 그 나무의 잎에 들어 있는 것은 코카인이었다.

100년 가까이 남미 지역에서만 사용되던 코카잎의 유용한 약
리학적 성질은 1800년대 중반이 되어서야, 유럽과 미국에도 알려

지게 된다. 바로 의사이면서 민속식물학자^{ethnobontanist}이기도 했던 파올로 만테가차^{Paolo Mantegazza}에 의해서였다. 민속식물학자? 대부분 처음 들어보는 직업일 것이다. 이들이 하는 일을 잠깐 살펴보자. 민속식물학자들이란 다음과 같은 일을 한다. 세계의 여러 지역을 여행하면서, 전통적으로 사용되는 생물자원, 특히 약초와 민간요법을 조사한다. 이들은 연구 지역에 장기간 거주하면서, 원주민들이 어떤 생물자원을 어떤 방식으로 사용하는지를 관찰한다. 그리고 신약으로 활용할 수 있는 생물자원들을 확보하기도 한다. 역사적 문헌을 통해 검증 과정을 거쳐 신약이 될 수 있는 생물자원의 범위를 줄여 나가는 식이다. 만테가차는 이런 과정을 통해 코카잎을 발견하게 된 것이다.

페루 여행을 마친 후 밀라노로 돌아온 만테가차는 1859년 한 편의 논문을 발표한다. 논문의 제목은 「코카인의 약리적 활성, 그리고 코카인이 일으키는 정신적 활력에 관하여」였다. 남미에서만 쓰이던 코카잎의 운명은 이 논문을 통해 서구권으로 그 존재가 알려져, 커다란 전환점을 맞이하게 된다.

이 논문에 묘사된 코카잎의 약리적 효능은 서구권의 많은 사람들의 흥미를 자아내기에 충분했다. 아마 150년이 지난 오늘날의 독자들도 마찬가지일 것이다. 그의 글은 코카인를 연구한 논문인 동시에 생생한 코카인 체험기이기 때문이다. 일단 만테가차가 묘사한 코카잎의 효능을 살펴보자. 만테가차의 글에는 그가 코카잎을 복용한 후 경험한 심리적 변화들이 묘사되어 있다. 그는 우선 코카나무 잎사귀의 반(무게로 12g에 해당)을 복용하고, 논문을 집필하기 시작했다. 집필하는 와중엔 복용량을 4배로 올렸다. 코카잎을 씹으며 글을 썼으니, 그의 정신적인 흥분감과 기쁨 그리고 솟아오르는 자신감이 글 곳곳에 묻어나오는 건 너무나 당연했다.

"코카나무의 두 잎사귀를 씹어서 먹었는데, 문득 이런 생각이 떠올랐다. 인간이란 존재는 죽을 때까지 우울하고 힘든 순간들을 맞이하고 버티고 살아야만 하는 불행한 운명을 타고났다고. 코카잎을 먹기 전까진 이런 비관적인 생각이 들었지만, 먹고 나서는 마음에 활력이 생겼고 어느 때보다 기분이 좋아졌다. 코카잎 덕분에, 난 77,438개의 **세상**들로 구성된 거시적인 **정신세계** 속을 날아 다녔다. 코카잎을 먹고 한 시간이 지난 지금, 마음은 차분해졌고 떠올렸던 생각들을 글로 쓸 수 있었다. 신이란 정말 인간의 운명을 불행하게 만들어 놓은 듯하다. 어떻게 인간은 주어진 삶의 모든 순간에 코카잎이 주는 활력으로 정신적인 도움을 받지 못하는 것일까? '코카잎 없이 견뎌야 하는 1000000…세기centuries의 삶'과 '코카잎의 활력으로 살 수 있는 10년의 삶'이 나에게 주어진다면, 난 후자를 선택할 것이다."

그의 문장 속에서 눈여겨 봐야 할 부분을 필자가 굵은 글씨로 표시했다. 코카잎을 잔뜩 씹은 만테가차의 글에는 틀리고 과장된 표현이 넘쳐난다. '77,438개의 **단어**'로 써야 할 것을 '77,438개의 **세상**'으로 적은 것이다.● 만테가차는 코카인의 흥분효과에 너무 도취된 나머지 단어를 잘못 선택하는 실수를 저질렀던 것이다. 77,438개의 단어들로 이루어진 생각들이 머릿속을 떠돌아다니니 그럴 만도 하다. 그의 고조된 흥분은 이제 과장된 표현으로 나타난다. 바로 '**10000000…세기**'로 적어 놓았는데, 숫자 '0'을 글의 한 줄의 길이로 표현함에도 모자라, 여기에 100년 단위인 세기 century를 덧붙여 놓기까지 했다.

만테가차의 논문이 발표되고 1년 후, 코카잎에서 유효화합물인 코카인을 분리하는 실험이 성공한다. 독일의 화학자 알버트 니만Albert Niemann은 이 실험 결과를 박사논문으로 발표하였다. 독일 특유의 어둡고 추운 겨울을 견디며, 괴팅겐대학교에서 코카잎으로

● 만테가차의 1859년 논문은 영문으로 번역되어 있는데, 다음과 같다. 좀 더 정확한 의미 전달을 위해 인용한 원문을 아래에 실어 놓았다.

"The strongest dose of coca I ever chewed in on day was 18 drachms (54g), (…) I sneered at all the poor mortals condemned to live in this valley of tears while I, carried on the wings of two leaves of coca, went flying through the spaces of **77,438 worlds**, each more splendid than the one before. An hour later, I was sufficiently calm to write these words in a steady hand: God is unjust because he made man incapable of sustaining the effect of coca all life long. I would rather have a life span of ten years with coca than one of **10000000…** (and here I had inserted a line of zeros) **centuries** without coca."

문헌들마다 번역된 영어표현이 조금씩 다른 관계로, 하나의 문헌이 아닌 다음 두 개의 문헌에서 발췌하였다. Streatfeild, D. (2003). Cocaine: An Unauthorized Biography, Picador. Chapter 3. From Coca to Cocaine, Steven B. Karch (2005). A Brief History of Cocaine, CRC Press. Chapter 7. Death by Misadventure.

파올로 만테가차(왼쪽)와 알버트 니만(오른쪽)

파올로는 남미에서만 사용되던 코카잎을 처음으로 유
럽에 알렸고, 알버트는 코카잎의 유효성분인 코카인을
처음으로 합성했다. 코카인은 근대 유럽이라는 공간과
근대 약학이라는 학문을 통해 다시 태어났다고 해도 과
언이 아니다.

박사과정의 연구를 진행하던 니만의 논문 제목은 「코카잎에서 새로운 알칼로이드의 발견에 관하여」였다.

니만이 사용한 코카인 추출 방법은 대략 다음과 같다. 강산성인 황산을 첨가한 알코올에 코카잎을 하룻밤 동안 재워둔다. 그러면 화합물들이 코카잎에서 빠져나와 알코올에 용해된다. 그 후 알코올 용액을 증류시켜 용해된 화합물을 농축시킨다. 알코올은 휘발성이 강해 증류가 되기 쉽고, 증류되고 남은 용액에 베이킹 소다$^{baking soda}$라고도 알려진 탄산수소나트륨$_{NaHCO3}$을 조금씩 첨가한다. 그러면 용액이 염기성으로 점차 바뀌는데, 이때 등전점$^{isoelectric point}$이 낮은 유기화합물부터 침전된다. 니만은 이때 화합물이 염기성 용액에서 침전되는 것을 확인하였고, 코카잎의 유효성분인 코카인도 알칼로이드임을 알 수 있게 되었다.[*] 니만은 분리된 코카인을 살짝 손가락으로 찍어 맛보았는데, 혀의 감각이 무뎌졌다고 한다. 코카인은 국소마취의 기능이 있어, 혀의 감각을 일시적으로 마비시킨다. 영화나 드라마 속에서도 코카인을 살짝 찍어 맛을 보는 장면이 등장하는데, 니만이 확인한 것과 같은 원리이다.

코카인은 추출 방법이 간단하지만 다른 알칼로이드들에 비해 늦게 발견된 편이다. 모르핀을 포함한 대부분의 알칼로이드들은

● 당시에 이 방법을 썼을 때, 고순도의 코카인이 분리되었는데, 코카인은 모르핀과 달리 밀가루 형태의 하얀 분말이 아닌 맑고 투명한 수정체(crystal)의 형상을 갖고 있었다. 수정체 형상의 예로, 소금 덩어리의 모습을 떠올리면 될 것이다.

이보다 40년 앞서 발견되었다. 코카인을 비롯한 잎에 들어 있는 화합물들은 페루에서 가져오는 동안 쉽게 부패하여, 분해되어 버렸기 때문이다. 그렇다고 종자를 가지고 와 재배하기엔 유럽의 기후와 맞지 않았다.

하지만 니만은 능력이 좋은 교수의 지도 아래에서 일을 하고 있었다. 그의 지도교수의 이름은 프레드리히 뵐러로, 1부에서도 등장한 이름이다. 뵐러는 요소를 최초로 합성해 생기론을 반박했던 화학자이다. 그의 발견 덕분에 생명체에서만 합성되던 화합물을 인공적으로 합성하기 시작했으며, 그때부터 유기화학이라는 분야가 새롭게 생겨났다. 그는 우레아 합성 이외에도, 당시 신소재라 할 수 있는 알루미늄과 베릴륨을 발견하기도 했다. 당대 최고의 과학자였던 만큼, 뵐러는 신약을 발견할 식물 재료를 세계 곳곳에서 획득할 인맥이 많았다. 뵐러는 인맥을 동원하여, 2년 6개월이나 소요되는 페루까지의 항해에서 15kg의 코카잎을 선박에 안전히 실어 보내줄 것을 부탁할 수 있었다. 뵐러는 이렇게 실험에 쓰일 재료를 확보해 니만의 실험이 성공하는 데 결정적인 기여를 하게 된다.

획기적인 발견으로 연구자로서의 미래가 촉망되던 니만의 운명은 불행하게 끝이 났다. 그는 자신의 지도교수와는 정반대의 길을 걷게 되었다. 힘든 박사과정을 끝마친 후 니만은 전쟁에 쓰인 화학무기인 겨자 가스$^{sulfur\ mustard}$를 합성하는 실험에 참가하지만 실험실에서의 사고로 생을 마감하게 되었다. 이때가 박사학위를 마친 1년 뒤로, 그의 나이 겨우 26세가 되던 해였다.

프로이트와 코카인의 기막힌 사연

코카인이 발견된 때는 마침 약국 출신의 제약회사들이 출현하기 시작한 시기였다. 1800년대 중반부터 약국 출신의 제약회사들은 약초에서 유효화합물을 대량으로 추출하여 지역 약국들에게 도매 판매를 하였는데 이런 유효화합물 중엔 코카인도 끼어있었다. 독일 다름슈타트^{Darmstadt}에 위치해 있던 머크^{Merk}는 1862년부터, 그리고 미국 디트로이트^{Detroit}에 있던 파케데이비스$^{Parke,\ Davis\ \&\ Co.}$는 1870년대부터 코카인을 추출하기 시작했다.●

코카잎의 효능과 유효화합물인 코카인의 추출 방법이 알려지고, 이후 50년 동안 코카인의 대중적인 수요는 늘어났다. 특히 예술가나 작가 혹은 의사 같은 지식인 계층에서는 창조적인 일의 생산성을 향상시키기 위해서 코카인을 많이 사용하였다. 그중엔 프로이트도 있었다. 정신분석학의 창시자로 잘 알려져 있는 프로이트는 신경생리학자이기도 했다. 프로이트는 신경증을 앓고 있

● 1860년대 미국 미시간의 디트로이트에서 시작된 제약회사, 파케데이비스는 오늘날 존재하지 않는다. 1970년에 미국의 제약회사 Warner-Lambert에서 인수하였고, 그 뒤 2000년에 화이자에 인수되었다.

젊은 시절의 프로이트(왼쪽)와 동료이자 친구였던 프라이슐(오른쪽)

코카인의 열렬한 옹호자였던 프로이트는 프라이슐의 모르핀 중독 문제를 해결하기 위해 진심을 다해 노력했다. 하지만 프로이트는 친구에게 또 다른 중독 증상을 안겨주고 말았다. 그가 치료제로 건넨 것은 코카인이었기 때문이었다.

는 환자들에게 코카인을 처방하였고, 획기적인 신약으로서의 가능성도 함께 연구하였다.

프로이트가 코카인을 처음 접하게 된 것은 1884년, 그가 28세가 되었을 때였다. 당시 그는 의과대학을 3년 전 졸업하고, 비엔나 종합병원에서 일하고 있었다. 그는 제약회사 머크에서 만든 1g의 코카인을 구입하였고, 코카인의 약리활성을 확인해보기 위해 50mg를 자기 자신에게 시험했다. 사실 프로이트는 코카인의 효능에 관한 논문을 오래 전부터 준비하고 있었는데, 특히 코카인의 두 가지 효능에 관심을 가졌다. 정신적 활력을 북돋아주는 우울증 치료제로, 그리고 허기를 잊게 해주는 소화마취제로도 쓰일 수 있는지를 확인하고 싶었던 것이다.

같은 해에 마침내 프로이트는 코카인의 의학적 효능에 관한 논문을 『코카인에 관하여』라는 제목으로 출판하게 된다. 여기서 그는 국소마취 효과를 지녔으면서도 모르핀 중독을 치료할 수 있는 약으로 코카인의 약리학적 적용 범위를 묘사하였다. 코카인으로 정말 모르핀 중독을 치료할 수 있을까? 프로이트는 코카인이 중독을 치료할 수 있을 것이라 확신했지만, 사실 그는 논문이 출판될 당시에도 코카인의 쓸모에 대해선 잘 알지 못했다. 게다가 여기에는 끔찍한 진실이 존재한다. 코카인은 그의 절친한 친구인 프라이슐Ernst von Fleischl-Marxow을 잃게 한 원인이었다.

프로이트는 의과대학을 졸업하기 6년 전부터, 그의 지도교수인 에른스트 브뤼케Ernst Bruke의 실험실에서 연구를 진행하였는데, 프라이슐도 같은 실험실의 연구원이었기에 둘은 친구가 될 수 있었다. 프라이슐은 실험실에서 실수로 세균에 감염되었고, 엄지 손가락을 절단해야만 했다. 절단한 부위에서는 종양이 발생했는데, 이 종양은 신경섬유를 무절제하게 계속 자라나게 만들었다. 이것은 신경종neuroma으로 알려져 있는데, 신경종이 진행되고 있는 부위의 신경섬유를 절단하여도 통증은 멈추질 않는다. 절단되고 남은 부위의 신경조직에서 뇌에 지속적으로 감각신호를 보내는데, 뇌에서는 이 신호를 통증으로 받아들이기 때문이다. 신경종으로 끊임없는 통증을 느껴야 했던 프라이슐에게 모르핀은 탁월한 진통제가 되어주었다. 프로이트가 프라이슐을 알게 되었을 당시, 프라이슐은 모르핀에 이미 중독되어 있었다.

모르핀에 중독된 프라이슐에게 프로이트는 코카인으로 중독을 치료해 볼 것을 권유했다. 하지만 프로이트의 기대와는 달리, 프라이슐은 모르핀과 코카인 둘 다에 중독되었다. 프라이슐은 코카인 중독 증상을 겪어야만 했는데, 특히 코크 버그coke bugs라고 알려진 끔찍한 환각에 시달리게 되었다. 이름처럼 몸을 파고드는 수많은 벌레들이 몸안에 들끓는 듯한 환각이다. 프라이슐은 파고드는 벌레들을 몸에서 빼내려고 몸부림을 쳐야만 했다.

약국에 없는
약이야기

사실 코카인과 모르핀처럼 서로 상반된 성격을 가진 약물의 병행은 서로의 중독효과를 증폭시킨다. 코카인으로 인한 지나친 각성과 불안감은 모르핀으로 진정시키고, 그 역으로 모르핀으로 인한 지나친 진정 상태는 코카인으로 다시 활력을 불어 넣어주는 방식으로 정신 상태의 균형을 맞출 수 있기 때문이다. 이와 비슷한 원리로, 커피와 수면제(진정제)가 있다. 몽롱한 정신으로 아침에 일어나게 되면, 으레 커피를 마셔 정신을 깨운다. 저녁이 되어도 수면에 들지 못한다면, 수면제를 복용하게 된다. 이런 생활 습관을 지속하다 보면 어느덧 이전보다 많은 양의 커피를 마셔야 각성 상태에 이르고, 커피로 인한 불안감 때문에 낮에는 진정제를, 저녁에는 수면제를 찾게 된다. 정도의 차이가 있지만, 커피와 수면제(진정제) 모두 중독성이 있다. 결국 프로이트의 선의가 오히려 프라이슐의 상태를 더 악화시켰던 것이다.

그럼에도 프로이트는 왜 코카인이 모르핀 중독을 치료할 수 있다고 확신했을까? 코카인이 모르핀 중독을 치료한다는 생각은 그 이전인 1870년대부터 있어 왔다. 프로이트가 『코카인에 관하여』를 쓰기 이전부터, 미국의 몇몇 의사들은 카페인이나 코카인 같은 각성제가 진정효과가 지나치게 큰 모르핀이나 알코올의 중독을 치료할 수 있을 것이라고 논문을 발표해왔다. 프로이트는 이러한 논문을 읽었고, 자신도 놀라운 효능을 체험한 후 치료제로서

의 코카인에 확신을 하게 된 것이다. 이것이 프로이트의 커다란 실수였다.[●]

제약회사들이 자신들의 구미에 맞춰 신약의 효능을 과대 평가한 논문을 출판하는 것은 지금도 예외가 아니지만, 프로이트가 살던 시대에도 있었던 일이다. 프로이트가 당시 중요하게 참고한 7개의 논문들은 전부 『Therapeutic Gazzette』란 이름의 저널을 통하여 발표된 것들이었다. 일반적으로 논문을 실어주는 출판사에는 편집자가 논문의 출판 여부를 결정한다. 그런데 『Therapeutic Gazzette』의 편집자는 제약회사 파케데이비스의 소유주였던 조지 데이비스[George Davis]였다.[●●] 파케데이비스는 코카인을 원료로 한 모르핀 중독 치료제를 출시하고자 했으니, 코카인에 대한 긍정적인 논문들을 출판한 것이다. 불행히도 그 당시에는 지금과 달리 연구 논문들을 찾기도 힘들 뿐 아니라, 더욱이 출판된 논문의 결과들이 얼마만큼의 검증을 거쳤는지 알 수 있는 방법이

[●] 『코카인에 관하여』를 출판할 당시까지, 프로이트는 의학적인 수련이 부족했다. 이 역시 프로이트의 섣부른 확신의 원인이었다. 프로이트는 의사면허를 취득하기 전까지, 환자들을 직접 돌본 경험이 거의 전무하였다. 프로이트는 그의 지도교수인 브뤼케의 실험실에서 동물의 신경해부학과 관련된 순수의학 연구만을 수행하였다. 이렇게 순수연구만으로 의사면허를 취득하는 것은, 물론 현대에는 불가능하지만, 1870년대에도 흔치 않은 경우였다. 게다가 그의 논문이 출판된 당시는 그가 면허를 취득하고 임상경험을 쌓기 시작한 지 1년도 채 되지 않은 시기였다.

[●●] 당시에 편집자였던 데이비스는 화학에 관한 지식이 거의 전무한 그냥 자본이 많은 사업가였다. 공동 창업주였던 파케 역시 그러했다. 이들은 자신들의 의학저널 『Therapeutic Gazzette』를 통해 코카인의 효능을 홍보하였고, 파케데이비스는 1875년에 흑자를 기록하였고 이후 기업을 확장시켰다. 물론 코카인만이 주요 수입원은 아니었다. 코카인 외의 다양한 식물 추출물들을 같이 팔기도 했다.

거의 없었다.

결국 프라이슐의 죽음은 프로이트의 마음에 커다란 상처를 안겨 주었다. 프라이슐이 죽은 후, 프로이트의 책상 앞에는 프라이슐의 사진이 항상 놓여 있었다고 한다. 프라이슐이 죽고 난 뒤에도, 프로이트는 코카인을 꾸준히 사용하였다. 프로이트의 정신분석학과 코카인에 대한 논란은 여기서 시작된다. 프로이트는 평소 기분이 우울할 때에도, 혼자서 외롭게 시간을 보낼 때에도 코카인을 계속 사용했다. 앞서 만테가차의 체험기에서 언급했듯이, 코카인은 기분의 활력과 자신감을 높여주는 작용만 하는 것이 아니다. 용량을 늘리는 경우, 엄청나게 새롭고도 많은 생각들이 떠오르기도 하고, '날아다니는 듯한 환상의 느낌'을 주기까지 한다. 게다가 지나친 활력에서 비롯된 주의력 부족 증상을 겪기도 하고, 실수도 많이 하게 된다.

프로이트의 코카인 사랑은 그의 업적과 관련한 논란도 불러일으켰다. 프로이트가 코카인을 사용하던 때와, 정신분석학의 토대가 되는 개념들을 창안하던 시기가 겹쳐지기 때문이다. 쏜튼E.M Thornton 의 저서인 『프로이트의 오류』에 따르면, 『꿈의 해석』은 프로이트가 코카인을 복용하고 약물에 도취된 상태에서 환자의 꿈을 해석했던 '코카인 환상cocaine dream'에 불과하다고 비판한다. 어떤 상황을 해석할 때에는 해석자의 주관적 견해가 당연히 끼어들게 되어 있다. 그런데 프로이트는 코카인을 꾸준히 복용해왔고, 심지어 『꿈의 해석』의 사례 속 환자들에게 코카인을 처방하기까지 했다. 코카인을 복용한 상태의 프로이트는 환자의 꿈을 얼마나 객관적으로 해석할 수 있었을까? 코카인을 처방 받은 환자들은 약의 효험을 보았을까?

코카콜라는 코카인을 주성분으로 만든 약?

무더운 여름을 한방에 날려주는 음료수를 뽑으라면, 그야 당연히 코카콜라일 것이다. 톡 쏘는 탄산수의 느낌에, 달콤하면서도 어딘가 모르게 쓴 맛이 느껴지는 코카콜라는 묘한 매력이 있다. 처음부터 매력을 발견하진 못할지라도, 몇 차례 마시다 보면 어느 순간부터 계속 찾게 되니 말이다.

코카콜라는 1886년 미국에서 처음 출시되었는데, 당시의 코카콜라는 미국의 모르핀 중독자들을 치료하기 위해 개발된, 일상적인 음료수가 아닌 일종의 약품이었다. 1800년대 말, 미국은 남북전쟁이 끝난 직후였고, 전쟁 중 약으로 사용하던 모르핀에 중독된 환자들이 상당히 많았다. 코카콜라의 '코카'가 암시하듯이, 처음 출시되었을 당시의 코카콜라에는 코카인이 함유되어 있었다. 프라이슐이 아편에 중독되었을 때 중독 치료를 위해 프로이트가 코카인을 권유하였던 것처럼, 코카인은 각성효과 덕분에 질병 치료에 새로운 가능성을 열어 줄 획기적인 신약으로 여겨졌다.

코카콜라를 처음으로 개발한 사람은 당시 약사로 활동하던 존 팸버턴John Pemberton이다. 사실 캠퍼턴 역시 남북전쟁에 참여하여 모르핀에 중독된 환자였다. 당시에 코카콜라는 코카잎과 콜라나무 콩kola nuts을 주요 원료로 만들었는데, 코카콜라는 히스테리, 우울증 그리고 신경성 두통을 치료할 수 있는 약으로 판매를 시작했다. 원료가 된 콜라나무 콩에는 카페인이 들어있다. 카페인도 코카인만큼이나 효과가 좋은 각성제인데, 이 둘의 조합으로 만들어진 코카콜라는 각성제로써 상당히 효능이 뛰어났을 것이다. 당시 선전한 코카콜라는 몸에 원기를 북돋아주고, 심지어 사람의 지적 활동도 왕성하게 만드는 약이자 음료였다. 당연히 맛도 좋다고 광고했다. 당시 코카콜라의 차이점에 대해 한 가지 더 덧붙인다면, 당시의 코카콜라는 알코올에 농축되어 있는 추출액으로 구매할 수 있었다. 추출액을 탄산수에 희석시켜 마시면 되는 형태였다.

코카콜라는 출시된 이후인 1893년에 처음으로 특허를 신청하였고, 얼마 지나지 않아 신청된 특허의 내용이 공개되었다. 다만 아쉽게도, 당시에 공개된 원료와 제조방법은 지금의 코카콜라와 무관하다. 공개가 이루어진 후, 코카콜라 컴퍼니는 원료와 제조방식을 바꾸었다. 그런데 코카콜라 컴퍼니는 코카인이 포함되지 않은 지금의 코카콜라에 대해서는 특허를 신청하지 않았다. 왜

COCA-COLA
SYRUP ❖ AND ❖ EXTRACT.

For Soda Water and other Carbonated Beverages.

This "INTELLECTUAL BEVERAGE" and TEMPERANCE DRINK contains the valuable TONIC and NERVE STIMULANT properties of the Coca plant and Cola (or Kola) nuts, and makes not only a delicious, exhilarating, refreshing and invigorating Beverage, (dispensed from the soda water fountain or in other carbonated beverages), but a valuable Brain Tonic, and a cure for all nervous affections — SICK HEAD-ACHE, NEURALGIA, HYSTERIA, MELANCHOLY, &c.

The peculiar flavor of COCA-COLA delights every palate; it is dispensed from the soda fountain in same manner as any of the fruit syrups.

J. S. Pemberton,
Chemist,
Sole Proprietor, Atlanta, Ga.

코카인을 주성분으로 했던 당시의 코카콜라 광고
19세기 말에 출시된 코카콜라는 단순한 강장제가 아닌, 두통뿐 아니라 우울해지고 심신이 약해졌을 때 먹는 약이면서, 동시에 맛있게 마실 수 있는 음료였다.

냐하면 특허의 내용은 신청 후 2년 이내로 공개가 이루어져야 하고, 특허가 허가된 이후 20년이 지나고부터는 모든 다른 회사에서 공개된 비법으로 똑같이 생산이 가능하기 때문이다. 코카콜라 컴퍼니는 특허를 내지 않고, 대신 영업기밀$^{trade\ secret}$로 부쳐 버리는 묘책을 선택했다. 영업기밀이 된 제조방식은 코카콜라 컴퍼니 이외에 아무에게도 알려지지 않았다. 120년이 넘게도 말이다.

1929년부터 코카콜라 컴퍼니는 코카콜라에 코카인이 전혀 포함되지 않았다고 공식적으로 발표해왔다. 지금까지 코카콜라의 제조에서 코카잎은 맛을 살리기 위한 향료로 사용되었다. 물론 코카인은 마약으로 분류되어 있으므로, 코카잎을 향료로 사용할 땐 코카인을 화학적으로 제거한다. 하지만 아무리 화학적으로 제거한다고 한들 어느 정도의 코카인은 잔류하게 된다. 그래서인지 코카인과 코카콜라의 관계에 대한 호사가들의 호기심은 여전히 이어지고 있다.

코카인과 음료에 대한 해프닝은 몇 년 전 홍콩과 독일에서도 벌어졌었다. 지친 일상과 시험에 쫓기는 학생들이 마시던 에너지 음료에서 극소량의 코카인이 검출된 것이었다. 코카인이 검출된 음료의 상품명은 레드불$^{Red\ Bull}$로, 2009년 홍콩과 독일에서 일시적으로 리콜이 이루어지기도 했다. 사실, 제품의 리콜은 상당한 호들갑이었다. 당시 발견된 코카인의 양은 한 캔 당 0.13μg 정도로,

중독성은 고사하고 아무런 심리적인 효과를 일으키지도 못하는 적은 양이다. 코카인의 효과를 얻기 위해선 적어도 48,000캔 이상을 마셔야 된다. 제일 무해하다고 알려진 생수도 6리터를 한꺼번에 마시면 일반 성인은 사망에 이른다. 파라켈수스가 누누이 말했듯이, 용량이 문제다.

에너지 음료의 심각한 부작용 중 하나로 심리적 불안감이 지목되는데, 여기서는 코카인이 아닌 카페인이 문제다. 극소량의 코카인은 아무런 심리적 효과를 일으키지 않지만, 에너지 음료에 첨가된 카페인의 양은 그렇지가 않다. 이 정도의 코카인이 문제라면, 에너지 음료에 포함된 카페인도 문제가 되어야 했다. 하지만 현대 사회는 카페인에 대해서는 상당히 관대하다. 고작해야 카페인 섭취를 자제하라는 의사의 권유나, 카페인-프리를 실천하는 몇몇 정도만 있을 뿐, 편의점에 가면 새로 출시된 고카페인 음료를 언제나 만날 수 있다.

지금 우리가 마시는, 코카인이 빠져 있는 코카콜라에는 어떤 효능이 있을까? 카페인의 효능이 있다. 코카콜라에 첨가된 카페인은 진통의 효과를 증폭시키는 성질이 있다. 그런 이유로, 카페인은 두통약에 첨가제로 사용되기도 한다. 우리나라에서는 게보린이 그런 약인데, 게보린에는 타이레놀(성분명: 아세트아미노펜)과 함께 카페인이 첨가되어 있다. 미국의 경우 엑세드린Excedrin이 있는

데, 엑세드린은 아스피린(성분명: 아세틸살리실산)과 함께 카페인이 첨가된 약이다. 타이레놀이나 아스피린은 단일 성분인 진통제이지만, 이러한 성분들을 혼합하여 하나의 약으로 만들기도 한다.

1900년대 초반, 신약으로써의 코카인

분리-정제된 고순도의 코카인은 정말 신약이 될 수 있을까? 20세기 초반만 해도 긍정적이었다. 국소 마취효과는 탁월했고, 마취제로의 사용은 성공적이었다. 프로이트는 국소 마취효과를 발견하였고, 그의 동료 콜러는 프로이트 아버지의 안과 수술에 코카인을 마취제로 이용하기도 하였다. 비록 프로이트의 이 발견은 콜러의 업적으로 논문에 발표되긴 했지만 말이다.

코카인은 마취제로 꽤 오랜 기간 동안 상당히 자주 쓰였다. 하지만 코카인이 치통 진통제로 사용되기에는 치명적인 부작용이 있었다. 코카인을 잇몸에 투여할 때, 그 용량을 조절하기가 어려웠고 발작이나 심부전이 일어나기도 했다. 심지어 많은 경우 환자가 사망하기도 했다.

무엇보다도 코카인은 심신이 피로해지고 우울해질 때 활력을 불어넣어 주었기에 의료품인 동시에 여흥거리가 되었다. 코카콜라 외에도 코카인이 들어간 제품들이 출시되었다. 당연히 알코올에도 코카인이 들어갔으며, 남녀노소 모두 즐길 수 있는 간식인

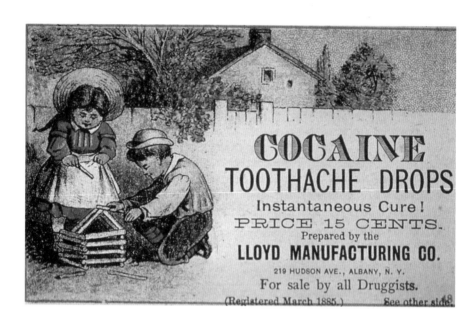

코카인이 함유된 치통 진통제 광고

로이드 주식회사(Lloyd Manufacturing Co.)는 코카인을 이용하여 치통 진통제를 만들었다. 이 약의 가격은 상당히 저렴했고, 효과도 상당했던 모양이다. 광고에서 사용 효과를 '직빵'으로까지 표현할 정도니 말이다. 하지만 이것은 광고 문구일 뿐, 당연히 부작용의 우려가 있는 약이었다.

껌이나 사탕 혹은 초콜릿에도 들어갔다. 그러니 1900년대 초반 제약회사와 많은 학자들이 코카인의 신약 연구에 뛰어든 게 놀라운 일은 아니었다.

코카인이 활력을 북돋아주다 보니 몇몇 사람들은 코카인에 성기능 증진 효과가 있는지도 궁금해 했다. 결론적으로 코카인은 성증진제가 되기 힘들다. 코카인의 탐닉 자체에서 오는 쾌감은 성적인 쾌감에서 오는 보상효과보다 훨씬 크기 때문이다. 코카인의 복용량을 올리면 올릴수록, 복용한 사람은 성적인 흥미를 상실하게 된다. 물론 오늘날 성적인 용도로 코카인을 사용하는 경우가 있긴 하다. 이 경우 사람들은 약물의 흡수가 빠른 음부나 항문의 점막을 통해 코카인을 투여하는데, 이것은 상당히 위험한 방법이다. 이런 방식의 코카인의 투여는 신경전달 물질인 아드레날린의 분비를 급격히 늘리는데, 아드레날린은 신체 내에서 심장 박동을 조절하기 때문이다. 이로 인하여 심부전으로 사망할 수가 있다.

모든 통증을 없애주는 아편이 만병통치약으로 오랜 역사 속에서 사용되어 왔던 것처럼, 1900년대 초반의 코카인은 기발한 신약이자 만병통치약인 것처럼 여겨졌다. 하지만 아편과 마찬가지로, 코카인의 문제는 심부전이나 발작과 같은 치명적인 부작용만이 아니었다. 중독성도 커다란 문제 중 하나였다. 그리고 코카인의 중독성은 그 투여 방식에 의하여 크게 달라진다.

코카인의 중독성, 약물은 어떻게 중독될까?

코카인의 중독성이 사회적으로 문제화되기 시작한 것은 기껏 150년을 넘지 못한다. 정말 최근 일이 아닐 수 없다. 왜냐하면 코카인은 기원전 3,000년 이전부터 인류가 별다른 문제없이 사용해오던 화합물이기 때문이다. 사람들은 전통적으로 코카나무 잎을 라임과 같이 씹어, 나뭇잎 안의 코카인을 비롯한 영양분을 섭취해왔다. 코카인은 알칼로이드 화합물로서 염기성을 띠고 있는데, 그래서 코카잎을 산성을 띠는 라임과 같이 씹어 섭취된 코카인의 흡수를 높이곤 했다. 코카잎을 씹으면 커피 한 잔을 마신 듯한 각성효과가 일어난다. 하지만 커피를 마셨을 때와는 다르게, 위^{stomach}에 불편함을 느끼진 않는다고 한다. 입안과 목안의 감각이 일시적으로 없어지는데, 코카인이 국소 마취제로 사용된 것을 보면 이해하기가 쉬울 것이다.

코카잎에서 주요 유효화합물인 코카인을 추출하여 신체에 투여했을 때부터 중독의 문제가 발생할 수 있다. 하지만 코카인의 투여 경로, 즉 경구$^{oral\ consumption}$로 흡수했는지, 아니면 코로 흡입했는지, 혹은 주사로 혈관에 찔러 넣었는지가 중독성에 결정적인 영향을 미친다. 이것은 코카인뿐 아니라 아편과 니코틴에도 해당되는 원리이다. 일단 투여 경로에 따라 약물의 중독성이 어떻게 달라지는지를 살펴보자.

중독성은 일반적으로 뇌에 흡수된 약물의 양과 시간에 영향을 많이 받는다. 약물이 투여된 후, 빠른 시간에 많은 양의 약물이 뇌에 흡수되고 빠져나가면 중독성이 크다. 혈관주사를 통한 혹은 흡입을 통한 방법이 이에 해당하는데, 이유는 소화기관과 간을 통하지 않고 뇌로 바로 흡수되기 때문이다. 더욱이 간을 통과할 경우 간에서 약물의 대사가 일어나는데, 이때 약물은 생체에 약리활성을 가지지 않는 화학구조로 종종 변형이 일어난다. 즉, 간을 통과하면 약물의 흡수 속도가 느려질 뿐만 아니라, 약물이 비활성화되기도 한다.

경구로 투여했을 때가 중독성이 제일 약하다. 이 경우, 코카인이 뇌에 흡수되는 속도가 소화기관과 간을 거쳐 늦어지기 때문이다. 더욱이, 50%정도의 코카인은 혈액과 간에 있는 효소에 의해 한 시간 이내로 분해되어 활성을 잃어버린다.

다른 중독성을 지니고 있는 약물들은 코로 흡입하거나 흡연하였을 때 중독성이 상당히 커지지만, 코카인에는 좀 유별난 점이 있다. 코카인의 경우 코로 흡입했을 때 중독성은 커지지만, 다른 중독성 약물에 비해서는 그 정도가 약하다. 코카인은 혈관을 축소시키는 성질이 있어서, 수축된 코안의 혈관을 통해 상대적으로 적은 양의 코카인만이 신체에 흡수되기 때문이다.

또한 코카인 분자는 열에 약해, 흡연의 형태로 신체로 흡수되지 못한다. 흡연 시 다량의 코카인 분자 구조는 흡연의 열에 의해서 파괴된다. 흡연으로 투여하기 위해서는 가루 형태의 코카인을 결정화된 덩어리로 만들어야 하는데, 이것을 크랙 코카인[crack cocaine]이라 부른다. 코카인 추출과정에서 남아있는 염산을 염기성인 베이킹 파우더로 제거한 것을 말한다. 이런 과정을 거치면 코카인은 열에 안정될 뿐 아니라 지방성도 커져서, 흡입했을 경우 상당히 빠른 속도로 폐 조직에 흡수될 뿐만 아니라 뇌 혈관 장벽도 쉽게

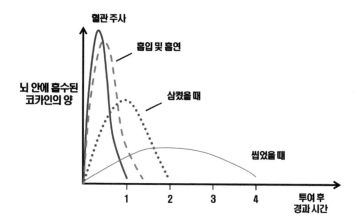

투여 방식에 따른 코카인 흡수량
봉우리가 우뚝하게 높게 솟을수록 중독성이 강하게 나타나는데, 혈관 주사로 투여한 경우가 그렇다. 남미의 원주민들처럼 씹는 형태로 코카인을 복용한다면, 흡수되는 시간이 길어져 중독성이 줄어든다.

통과한다.

좋은 약이라면 이 놀라운 흡수력에 박수를 보낼 수 있겠지만, 크랙 코카인같이 나쁜 약의 경우엔 정반대다. 효과가 너무 뛰어나 문제였다.

『괴짜 경제학』의 저자로 유명한 경제학자 스티븐 레빗[Steven David Levitt]은 TED 강연을 통해 크랙 코카인의 위험성을 설명했다. 그는 크랙 코카인이 미국의 마약 문제를 더 심화시켰다고 주장했는데, 이유는 간단하다. 그 어떤 약보다 효과가 엄청났던 것이다.

크랙 코카인을 복용하면 매우 짧고도 강렬한 환각을 경험한다. 환각의 지속 기간이 짧기 때문에 사람들은 코랙 코카인을 금방 다시 찾는다. 이렇게 습관성으로 크랙 코카인을 복용하게 되면 우울증과 환각 등의 부작용이 초래된다.

코카인　　　　　　　**크랙 코카인**

코카인과 크랙 코카인의 분자 구조
파우더 형태로 존재하는 코카인과 크랙 코카인의 분자 구조는 똑같다. 코카인 분자 주변에 이온 결합 형태로 붙어있는 염소이온이 제거된 형태가 크랙 코카인이다.

마약상 입장에선 수요가 늘어나니 이보다 좋은 마약도 없을 것이다. 공급이 부족하진 않았을까? 천만에. 크랙 코카인은 베이킹 파우더를 이용하기 때문에 코카인의 양을 5배로 부풀려 가격을 낮추고 양을 늘릴 수 있었다. 나쁜 의미로, 크랙 코카인은 '완벽한 마약'이었던 것이다.

전쟁의 대상이 된 약,
대마

대마의 언어학과 식물학

심심하면 범죄 뉴스에 나오는 식물이 있다. 대마(大麻)다. 어떤 유명인이 대마를 피웠다는 소식이 사람들의 관심을 모으고 뉴스의 헤드라인을 장식하는 이유는 간단하다. 대마는 마약(痲藥)이기 때문이다. 대마와 마약에서 '마'를 지칭하는 한자는 痲로 같은 글자를 공유한다. 한자 痲는 '저리다', '마비된다', '무감각'의 뜻을 가진다. 대마에 痲가 들어간 것은 통증을 줄이는 효과 때문이다. 한마디로 대마는 통증을 '탁월하게(大)' 완화해주는 약이라는 뜻이다. 마약이란 단어도 풀어쓰면 '통증을 억제해주는 약narcotics'이라는 뜻에 불과하지만, 부정적인 의미를 지닌 단어가 되었다.

대마는 카나비스^{cannabis}로도 불린다. 이 이름을 붙인 사람은 스웨덴 웁살라대학의 린네^{Carl von Linne}로, 처음으로 작명이 이루어진 대마 식물 종은 사티바^{Cannabis sativa}였다. 그는 식물 이름에 속명과 종명을 함께 사용하는 이명법^{binomial nomenclature}을 제안했는데, 오늘날 모든 생물체의 과학적 이름^{scientific name}은 그가 제안한 방식을 사용한다. 린네가 제안한 대마의 속명은 cannabis인데, 대마를 뜻하는 고대 그리스어의 kannabis에서 이름을 가져왔다. 일설에 따르면, '카나^{canna}'는 고대 아시리아어의 소음을 뜻하는 'qunnabu'에서 왔다고 한다. 아시리아인들은 대마를 종교 의식에서 향으로 사용했는데, 'qunnabu'는 종교 의식에서 대마를 흡입한 사람들이 말이 많아지게 되었던 것에서 유래했다. 그리고 '비스^{bis}'는 냄새를 의미하는 히브리어인 'bosm'에서 왔다고 한다. 카나비스를 풀어쓰면 '독특한 향이 나고, 흡입하면 말이 많아지게 되는 식물'인 것이다.

린네는 대마의 종명에 'sativa'라는 이름을 붙였는데, '경작하기 쉽다'는 라틴어다. 실제로도 대마는 자생력이 강하여, 가정에서도 쉽게 기를 수 있다. 사티바는 1년생 식물인데, 1년 동안 7미터까지 자란다. 하루에 거의 2~3cm씩 자란다. 도로 옆에 심어놓은 가로수들은 다년생 식물로, 유목(幼木)으로 심어져 여러 해 동안 같은 자리에서 자라지만 7미터 이상 되는 나무를 찾아보기 힘든 것을 생각하면 성장 속도가 거의 '콩나물' 수준인 것이다.

그 후, 프랑스의 라마르크는 새로운 대마 식물을 발견한다. 라마르크는 이 식물에 '인디카cannabis indica'라고 이름을 붙였다. 인도에서 자생하던 대마를 유럽으로 가져왔는데, 가져온 대마의 생김새가 기존의 대마들과 달랐다. 일단 인디카의 경우, 갈린 잎의 모양이 사티바보다 짧고 두텁다. 그뿐만 아니라, 1년간 자라도 그 크기가 2미터를 넘지 못했으니 확연한 차이가 있었던 것이다.

인디카와 사티바는 생김새뿐만 아니라, 투여했을 때 신경계에 미치는 영향도 상당히 다르다. 유효화합물의 양에 상당한 차이가 있기 때문이다. 사티바는 인디카에 비해 사람을 활력적으로 만들어 준다. 감정을 고조시키고, 집중력과 사교성을 높여준다.

사티바-우점종(왼쪽)과 인디카-우점종(오른쪽)
인디카-우점종은 사티바-우점종에 비하여 잎의 생김새가 도톰하다. 현재 우점종이라는 표현을 사용하지 않는 경우가 많이 있지만, 이 두 종은 잡종화로 인하여 멸종하였다.

하지만 현대에 이르러, 사티바와 인디카 두 종^{species} 모두는 거의 멸종한 상태다. 지난 40여 년간 두 종 사이에 잡종화^{hybridization}가 자연계에서 광범위하게 일어났기 때문이다. 물론 대마의 상업화로 좀 더 좋은 맛의 대마 품종을 개량하기 위한 인공교배의 영향도 컸다. 그래서 이제는 어느 종인지를 이분법적으로 판별하기보다는, 어느 종에 좀 더 가까운 형질을 가지고 있는지를 구별한다. 사티바에 가까운 형질이면 '사티바-우점종^{Sativa-dominant}'이라 부르고, 인디카에 가까우면 '인디카-우점종^{Indica-dominant}'으로 부른다.●

많은 경우에 약물들은 단일한 성격을 강하게 지닌다. 흥분제이거나 진정제이거나 하는 식으로 말이다. 예를 들면, 앞에서 이야기했던 코카인, 카페인, 니코틴 등은 흥분제의 성격이 강하다. 그에 반해, 술이나 아편 등은 진정제의 성격이 강하다. 하지만 대마는 진정제와 흥분제의 상반된 성격이 복합적으로 섞여 있어서, 각성제와 안정제의 훌륭한 대안이 되기도 한다. 각성제와 안정제는 단순하게 한 가지 기능만을 수행하기 때문에 부작용을 일으키기 때문이다. 각성제는 불안과 긴장, 그리고 불면증을 일으킨다. 안정제(항불안제)는 감각과 인지기능을 저하시키고, 과도한 수면을 일으켜 일상생활의 어려움을 초래할 수도 있다.

● 인디카와 사티바 사이의 잡종화로 현재 종의 숫자는 천여 가지가 넘는다. 종을 분별할 때에는 식물의 형태보다, 유효화합물량의 분포(chemical fingerprint)를 바탕으로 구분이 이루어진다.

대마의 경우, 과도한 수면과 식욕을 일으키기도 하지만 처음 사용할 때에 일시적으로 일어나는 경우가 많다. 불안과 긴장을 완화시키고, 깊은 수면을 이룰 수 있는 진정 효과도 있지만, 동시에 솟아오르는 행복감에 웃음이 나오기도 하며, 말이 많아지는 흥분제의 효과도 있다. 대마는 흥분제의 효과로 감각을 고조시키기도 하는데, 식욕과 혀의 감각을 끌어올려 예전엔 못 느꼈던 맛을 발견하게 해주며, 성적인 감각을 증진시켜 섹스에 집중할 수 있도록 도움을 주기도 한다.

그뿐만이 아니다. 시각과 청각 같은 지각이 강화되어 미술작품을 좀 더 선명한 색조로 감상할 수 있게 되며, 음악을 좀 더 생생하게 즐길 수 있게 된다. 대마는 심리적 긴장을 해소해 창의적인 생각들을 떠올릴 때 도움을 주기도 해서 화가와 미술가들이 애용해왔다.

대마초의 이런 복합적인 효과를 만드는 것은 카나비노이드 cannabinoids라는 유효화합물이다. 카나비노이드는 현재 110여 개 정도가 밝혀졌는데, 이중에서 약리적 성질이 제일 강하고 잘 알려진 성분은 THC(테트라하이드로카나비올)이다. 사실 갓 수확한 대마 식물에는 THC가 함유되어 있지 않고, THC의 전구체인 THCA(테트라하이드로칸나비놀산)가 함유되어 있다. 그런데 흡연의 형태로 대마에 뜨거운 열을 가해주면, THCA는 향정신성 물질인 THC로 변하게 된다. 열을 통해 식물체 안에 들어있는 THCA가 THC의 화학적 구조로 바뀌게 되는 것이다. 식물체 안으로의 열 전달은 흡연이나 요리 과정을 통해서 이루어진다. 담배의 경우라면 열을 통해 대부분의 니코틴이 약리적인 성질을 잃는데, 대마의 경우에는 그와 반대다.

흥미롭게도, THC는 다른 향정신성 화합물들과는 다른 점이 있다. THC 분자 구조에는 질소 원자가 포함되어 있지 않다. 즉 THC는 알칼로이드가 아니라는 이야기인데, 상당히 예외적인 경우에 속한다.

대마의 약물동역학, 대마는 왜 체내에 오래 잔류할까?

대마는 다른 약물들과 달리 오랫동안 피우거나 투여하지 않아도 약효가 몇 주일씩 지속되곤 한다. 왜 그럴까?

THC의 분자 구조
다른 화합물과 달리, THC에는 질소 원자가 포함되어 있지 않다. 즉, 알칼로이드가 아니다.

THC는 혈액 속에 오래 머물지 않고, 신체의 지방조직이나 특정 기관, 주로 간과 부신, 담낭에 오랫동안 축적된다. 이렇게 조직과 기관에 축적되었던 THC는 다시 혈액으로 방출되며, 이 혈액 중 일부는 뇌로 들어가 신경계에 영향을 지속적으로 준다. THC가 방출되는 과정은 오랜 시간에 걸쳐 일어나는데 대략 10주일 정도이다. 그렇기 때문에 과량의 대마를 흡입할 경우 대마의 효과는 10주일에 걸쳐 계속 지속된다. 그래서, 흡연 후 2~3주가 지나더라도 신체검사를 통하여 대마의 성분들이 검출되기도 한다.

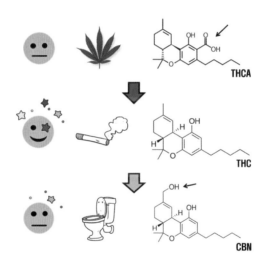

대마의 흡연 효과
갓 수확한 대마에는 THCA가 들어있고, 이 화합물에는 향정신성의 효과가 없다. THCA에 붙어있는 카르복실기는 열에 상당히 약하며, 흡연과정 중 향정신성의 THC로 바뀐다. 체내에 흡수된 THC는 간에 의한 대사과정으로 CBN이 되며, 이 화합물의 향정신성 효과는 THC에 비해 매우 약하다.

체내에 오래 머무는 것에 비해 대마는 위험하지 않다. 적어도 목숨에 관해서는 말이다. 대마를 과다하게 흡연한 것이 직접적인 사망 원인으로 보고된 경우는 거의 없다. 담배의 800개비 분량의 대마잎을 흡연할 경우가 치사량인데, 이 경우 대마의 향정신성 물질인 카나비노이드가 아닌 일산화탄소 중독으로 사망하게 된다. 이에 반해 담배의 니코틴은 2~3방울이 치사량이다. 코카인과 아편을 포함한 대다수의 향정신성 약물들은 뇌간에 수용체들이 위치해 있어, 심장박동이나 호흡운동에 해당하는 활동을 방해하여 사망에 이르게 한다. 이에 반해 대마의 유효성분에 대응하는 수용체는 뇌간에 위치하지 않는다. 그래서 안전하다.

대마의 역사와 영양만점의 헴프씨드

대마는 인류의 역사 속에서 근대에까지 유용하게 쓰여 왔다. 식물체는 밧줄과 종이로 가공되었고, 씨앗에서는 기름을 얻었다. 그리고 뿌리, 잎과 꽃은 좋은 치료제로 말라리아와 각기병, 류머티즘, 골절 등에 사용해왔다. 대마가 여러모로 유용한 작물이라는 걸 인류는 일찌감치 깨달은 모양이다. 이미 기원전 5,000년에 삼으로 만든 옷감의 섬유와 그물이 대만에서 발견되었으니 말이다. 대마 작물은 우리나라에서도 오래전부터 재배되어 왔다. 목화를 들여 오기 전까진 백성들의 옷감이 되어주기도 했다.

기원전 950년쯤에 만들어졌다고 추정되는 이집트의 미라 안에서는 THC가 검출되기도 했다. 그것도 니코틴과 코카인의 성분과 같이 말이다. 당시 이집트에서 대마를 식용으로 썼다는 주장이 있었는데, 여기에 대해서는 논란의 여지가 있다. 코카나무는 그 당시의 이집트 지역에 분포하지 않았기 때문이다. 의학과 관련된 에베르스 파피루스에서도 대마를 약으로 썼다는 기록이 발견되지 않았다. 하지만 대마에 대한 오래된 기록이 중국에 남아있다.

중국에서도 의학과 농업의 신이 있었다. 이집트와 그리스엔 토트와 아스클레오피스가 있었듯이 말이다. 그의 이름은 신농(神農)인데, 이름의 뜻 자체가 '농사(農)의 신(神)'이다. 기원전 3,000년 쯤에 살았다고 전해지는데, 인물의 실존 여부는 정확히 밝혀지지 않았다. 그는 직접 먹어보는 방식으로 하루에 100여 종의 약초의 효능을 하나하나씩 확인해 나갔다. 결국 자신이 시험해보던 약초의 독에 의하여 사망하였다고 한다. 하지만 그가 남긴 지식은 후대 사람들에 의하여 『신농본초경』이라는 책으로 집대성되는데, 이 책에 대마씨의 효능이 다음과 같이 언급되어 있다. "대마씨는 맛이 좋으며, 독이 없다. 원기회복에 좋으며, 오한으로 인한 땀을 줄여주고, 배뇨를 돕는다."

사실 대마씨^{hemp seed}는 영양만점의 슈퍼푸드다. '헴프씨드'라는 단어를 한번쯤 들어봤을 것이다. 껍질을 제거한 대마씨에 관한 규

신농을 그린 16세기의 그림

신농의 오른손을 보자. 거북이 등 위에 앉아 약초를 입
으로 씹어 먹고 있다. 그는 스스로를 실험하며 약초들
을 찾았다. 그래서 결국 몸에 독이 많이 쌓여 사망했다
고 하니 살신성인의 신이라고 할 수 있겠다.

제는 얼마 전 우리나라에서도 풀렸고, 요리로 언제든 먹을 수 있다. 대마씨를 주요 식단으로 6년간의 기나긴 고행을 끝마친 종교적 성인이 있다. 바로 불교의 싯다르타이다. 보리수에서 6년간 고행하던 싯다르타가 유일하게 섭취했던 것이 대마씨다. 약간 불경한 호기심이 생긴다. 싯다르타가 정말로 대마씨를 주요 식단으로 버텼다면 하루 동안 먹은 씨앗의 양은 얼마만큼이었을까? 적어도 대마를 즐길 때 사용하는 양보다는 훨씬 많아야 했을 것이다. 껍질을 제거하지 않은 대마씨에는 대마잎보다 THCA가 10,000배 정도 적은 양으로 들어있지만 장기 복용시 THCA의 대사산물은 체내의 지방과 장기에 축적이 되는데, 축적된 THC는 혈류로 빠져나와 뇌로 전달되었을 것이다. 하지만 문헌에 따르면 싯다르타는 대마씨를 하루에 한 알씩 먹었다고 하니…. 아마 우리가 아는 대마의 효능(?)을 체험하진 못했을 것이다.

미국과 한국의 대마 잔혹사

우린 여러 가지의 나쁜 약을 다뤘다. 모두 다 처음엔 '약'이었지만, 담배는 약에서 제외되었고 기호품으로나마 살아남게 되었다. 아편과 코카인 그리고 대마는 약으로는 인정받았다. 바로 '마약'으로 말이다. 아편은 미국에서 규제된 첫 번째 약물이 되었고, 대마와 코카인 같은 다른 향정신성 약물들의 불법화에 초석을 다져 놓았다. 그렇게, 국가는 나쁜 약을 지정했고, 이 나쁜 약들은 전쟁의 대상이 되었다.

1800년대 말 아편의 불법화에 이어, 멕시코 접경 지역에서는 대마가 마약으로 사회적 도마 위에 오르게 된다. 이번에도 역시 인종적 혐오 문제가 불씨였다. 1914년 텍사스 주의 엘파소^{El Paso}에서 대마초를 통제하기 시작했는데, 이 법은 멕시코 접경 지역에서 일하는 멕시코 노동자를 압박하기 위해서였다. 당시 대마의 규제를 이끌었던 인물은 기업가인 허스트^{William Hearst}와 '연방 마약 단속국^{Federal Bureau of Nacrotics}'의 최고 우두머리였던 앤슬링거^{Harry Anslinger}였다.

1920년대에 허스트는 28개의 신문사를 소유하고 있는 언론 재벌이었을 뿐 아니라, 허스트 사^{Hearst Corpoation}라는 제지회사도 운영하고 있었다. 허스트는 전형적인 인종차별주의자였는데, 멕시코인 뿐 아니라 흑인, 중국인, 힌두인을 비롯한 소수 인종 출신 이주민들을 혐오했다. 더 나아가, 그는 육체 노동자와 같은 사회적 약자 계층도 싫어했다.

문제의 발단은 그가 가장 싫어하는 멕시코인들이 대마를 즐겨 폈다는 것에서부터 시작되었다. 당시는 멕시코 혁명이 이뤄지던 시기로, 멕시코 혁명의 주역인 판초 비야^{Pancho Villa}는 허스트의 소유인 80만 에이커^{acres}에 해당하는 삼림지를 멕시코 소작민들에게 반환해달라고 요구하였다. 이에 심기가 편치 못했던 허스트는 아편을 단속하고 있던 앤슬링거와 함께 음모를 꾸몄다. 자신이 소유하고 있는 신문사를 통해서, 멕시코인들이 즐겨 피우는 대마는 반사회적 성향을 불러일으키는 향정신성 약물이라는 내용을 악의적으로 보도한 것이다. 당시의 보도에 따르면, 대마는 범죄를 유발하는 약이었다. 유색인종 학생이 백인 소녀들과 파티를 하고 원치 않는 임신을 시켰거나, 대마초에 취한 흑인이 백인 소녀를 성폭행했다는 식의 사건들이 허스트의 신문 지면을 장식했다. 이때부터 신문사에서는 범죄를 유발한 대마의 이름으로 이전에 자주 사용되던 cannabis나 hemp가 아닌, 멕시코인들이 사용하는 단어인 마리화나marijuana를 도입하였는데 이것은 멕시코인들을 겨냥한 작명이었다.

1970년대 들어서 약물에 대한 강력한 규제가 미국에서 일어난다. 이전에도 대마를 비롯한 아편과 코카인에는 규제법안이 있었지만, 이번에는 약물들을 등급으로 체계화시키고 등급에 따라 엄중하게 처벌하는 강력한 규제를 만들었다. 베트남 전쟁에 참여한 수많은 병사들이 아편과 모르핀에 중독되어 돌아왔기 때문이다. 참전 군인 중 절반이 중독 증상을 보였다. 이들이 민간인 신분으로 복귀할 경우 공중보건이 위협될 것이라 걱정한 닉슨 행정부는 '마약과의 전쟁War on Drugs'을 선포하였다. 1971년 닉슨은 국가비상사태national emergency를 선포하였고, 미국인들이 즐겨 사용하던 향정신성 약물들을 '척결해야 하는 첫 번째 공공의 적^{public enemy number one}'이라 덧붙였다.

곧이어 마약 단속국^{Drug Enforcement Agency, DEA}이 설립되었고, 요주의 대상인 약물들을 중독성과 의학적 용도에 따라 등급을 나눠 분류하였다. 사실, 닉슨은 순수하게 공중보건의 목적으로만 마약과의 전쟁을 일으키지 않았다. 상당히 정치적인 목적을 지니고 있었다. 이번에도 인종과 특정 사회계층을 겨냥한 약물 규제였다.

당시 내정담당 보좌관이었던 에를리히맨^{John Ehrlichman}은 약물 규제에 정치적인 이유가 있었음을 다음과 같이 회고하였다.

"닉슨 행정부는 베트남 전쟁에 반대하는 히피를 처벌하기 위해 대마를 불법화했고, 흑인을 탄압하기 위해 헤로인을 불법화했어요. 이들이 자주 애용하는 약물을 불법화해서, 법적으로 강력하게 처벌을 할 수 있는 구실을 만들었죠. (중략) 당시 행정부의 정책에 반대하는 세력들이 모여 있는 곳을 습격하고, 세력의 주도자들을 잡아들였습니다. 잡아들인 그날마다, 이들 집단을 부정적인 사회적 이슈들과 같이 엮어서 언론에 흘리곤 했습니다. 닉슨 행정부 역시 약물을 통해 이렇게 반정부세력들을 처벌하는 방식이 말도 안 된다는 것을 잘 알고 있었어요."

전쟁 대신 평화!
베트남 전쟁 반대 시위에는 히피들이 많이 참여했다.
시위 참가자가 꽃을 건네자 당혹해하는 듯한 헌병의 표
정은, 히피와 반문화의 물결을 마주한 리처드 닉슨 행
정부의 표정과 닮았을 것이다.

당시 미국은 장기화된 베트남 전쟁으로 인해 경기가 침체되었고, 국민들은 지쳐만 갔다. 새로운 세대들이 주축이 된 반전운동이 일어나기도 하였다. 1972년 재선을 앞두고 있던 닉슨 행정부는 성과를 이룰 수 있는 무언가를 찾고 있었는데 이것이 '마약과의 전쟁'이었다. 일단 당시 행정부의 주요 걸림돌이자 닉슨을 미워하던 히피를 처벌하고자 했다. 여기에 대한 대응책으로 히피들이 주로 사용하던 약물인 대마를 불법으로 규정했다.

흑인 계층에 대한 탄압은 헤로인과 연관되었다. 경기 침체는 낮은 교육률, 높은 실업률, 치솟는 범죄율과 연관이 있는데, 여기에 대한 해법으로 흑인 계층 탄압이 적합했다. 당시 흑인들의 교육률은 낮았고, 가난한 흑인 빈민들은 헤로인 매매로 생계를 유지하였기 때문이다. 닉슨 행정부는 복잡한 사회문제의 해결책으로 인종과 사회 계층을 탄압하는 방법을 택했고, 특정 인종이 애용하는 약물을 불법으로 규정했던 것이다.

닉슨 행정부 덕분에, 인류가 5,000년 넘게 치료제로 잘 써왔고 담배와 비교해도 아무런 중독성이 없는 대마는 헤로인과 더불어 일급 마약^{Schedule I}으로 분류되어 버렸다. 일급 마약이란 중독성이 강하고 의학적 용도로도 적합하지 않은 약물을 의미한다. 하지만 일급 마약으로 새롭게 규정되면서 대마의 처벌 수위는 이전보다 훨씬 강화되었다. 초강대국인 미국이 주도한 약물 규제는, 향정신성 약물들에 대한 세계적이고 전면적인 약물 규제로 이어졌다. 우리나라 역시 이러한 정치적 상황을 피하지 못했다.

우리나라의 경우 대마의 규제는 1969년 주한미군과 연계된 사건에서 시작되었다. 당시에 미군 병사들은 기지촌에서 각종 마약류와 대마를 반입하여 사용하고 있었는데, 약물에 취한 미군 병사가 한국인을 살해한 사건이 발생했다. 이 사건으로 인해 대마는 '살인을 유발할 수 있는 향정신성 약물'로 도마에 올랐고, 얼마 지나지 않아 닉슨 행정부가 마약과의 전쟁을 선포하게 된다.

그런 와중에 한국 정부에게도 대마를 마약으로 엄중하게 처벌해야 할 정치적 계기가 생겼다. 1970년대 포크 가수, 신중현과 이장희가 통기타를 들고 박정희 정부의 독재를 반대하는 일종의 '반체제 노래'를 부르기 시작했기 때문이다. 이들을 '나쁜 사람'으로 낙인 찍기 위한 명목이 필요했다. 마침 당시 예술가 사이에선 다른 나라의 영향을 받아 대마 흡연이 점점 퍼져 나가고 있었다. 대마를 피웠다는 이유로 예술가들이 외쳤던 저항은 '불건전한 저항'으로 사회적으로 낙인 찍히게 된다. 1970년대 이후에도 한국 언론은 대마를 '폭력을 불러일으키는 환각성 마약'으로 보도했다. 흡연 시 '엄중한 처벌'이 뒤따른다는 것을 모든 국민이 알게 되었다. 우리나라 국민들이 대마에 학을 떼게 된 것은 국가가 주도한 미디어 효과 때문인 셈이다.

어떤 사람들은 대마를 일컬어 '외국에서 들여온 불량한 풀'로 생각하는데, 그렇지 않다. 사실 우리나라에서 가정상비약으로 사용된 대마의 역사는 상당히 길다. 불과 50년만에 의학적 사용이 전면 금지 되었으며 국민적 차원에서 부정적인 이미지가 깊게 각인되어 버린 것이다. 미국과 마찬가지로, 우리나라에서도 특정 계층을 겨냥한 언론 통제와 약물의 불법화가 일어났다.

이제 중요한 질문을 던질 차례다. 우리 사회가 마약으로 규정한 약물들은 정말로 공중보건을 해치는 약일까? 닉슨 행정부가 일급 마약으로 분류해놓은 대마나 엑스터시가 여기에 해당한다. 그럼 기호용으로 사용이 허가된 술이나 담배와 같은 약물들은 과연 마약이 아닐까? 질문을 좀 더 확장시켜 보자. 만약 약물 규제가 일관적이지 못하다면, 여기서 발생하는 불합리성은 궁극적으로 누구를 위한 것일까? 사회의 공중보건을 위함이 아니라면, 국가의 정치적 상황과 사회의 질서와 위한 것일까? 아니면, 특정 거대 자본가와 기업의 상업적 이익을 위한 것이었을까? 마약과의 전쟁은 과연 '승전'이라 할 수 있을까?

마약과의 전쟁은 성공한 정책일까?

마약과의 전쟁은 명백히 실패했다. 마약의 전면적 금지는 순기능보다 역기능을 더 많이 일으켰다. 마약과 관련된 범죄 사고는 마약과의 전쟁 이후 현격히 증가하기까지 했다. 향정신성 약물들이 마약으로 지정되어 전면 금지와 불법화가 진행되자, 범죄조직에서는 오히려 마약을 전문적으로 다루기 시작했다. 마약은 비싼 가격에 팔 수 있기 때문에, 마약 매매는 범죄조직의 재정적인 주요 수입원이 되었다. 범죄조직은 구매자들을 훨씬 중독성이 높은 약물로 유혹하는데, 예를 들어 중독성이 없는 대마나 엑스터시를 구매하기 위해 범죄조직을 접했다면 차후에는 중독성이 강한 헤로인이나 코카인을 권유하거나, 처음부터 속여 팔아 중독시키기도 한다. 일단 중독이 이루어지면 구매자는 마약을 획득하기 위하여 반사회적인 행동을 일으킬 수밖에 없다. 결국 이것은 다른 범죄로 이어지는 관문을 제공한다.

대마를 금지시키는 데 주요한 논거를 제공한 것은 '약물 관문 Gateway drug' 이론이다. 약하더라도 중독성이 있는 약물을 한 번이라도 접하면, 그보다 훨씬 강한 중독성의 약물을 찾는다는 것이 약물 관문의 요지이다. 중독성이 강한 약물로는 헤로인이나 코카인이 속해 있고, 이때 약한 시작 약물로 주로 언급되는 것이 대마이다. 약물 관문 이론은 억지에 가깝다. 대마보다 중독성이 훨씬 강한 담배와 술이 이미 중독성 약물의 관문을 열어 놓았기 때문이다. 특히, 대마 사용자의 대부분이 언제든 원할 때 대마를 중단했다. 하지만 닉슨은 중독성과 위험성이 부족한 대마를 일급 마약으로 분류하고, 소지하는 행위도 범죄화했다. 닉슨 행정부가 마약 퇴치를 위해 발족한 쉐이퍼 위원회Shafer Commission에서 대마 소지를 비범죄화하고, 사회적 해법을 마련할 것을 촉구했음에도 말이다.

심지어 마약과의 전쟁은 공중보건과 무관하기까지 하다. 왜냐하면 전쟁의 시작부터 현재까지 일관성이 상당히 결여되어 왔기 때문이다. 여기에는 술과 담배의 허가가 포함된다. 술과 담배는 마약의 표준적 정의에서 한치의 어긋남이 없다. 둘 다 중독성이 강하며, 중독이 이루어지고 나면 개인의 삶과 건강을 황폐화시킨다. 담배는 중독성인 강한 니코틴 전달을 위해 고안된 기호품이며, 효율적인 니코틴 중독을 위해 발암물질로 알려진 첨가제를 사용하기까지 한다.

현재 마약성 환각제로 규제되고 있는 일부 약물은 중독을 치료할 수 있다는 연구 결과도 있었지만, 마약으로 규제되었기 때문에 치료제로써 연구가 중단된 경우도 있다. 마약성 환각제인 LSD는 알코올 중독의 치료제로서의 연구가 중단되었다. 아스피린 개발을 통해서 보았듯이, 화합물의 구조가 적절히 변형되면 부작용이 심한 약물들도 훌륭한 치료제가 될 수 있다. 하지만 어떤 화합물이 마약으로 분류되기 시작하면 약물로서의 개발 가능성이 줄어들게 된다. 화합물의 구조가 비슷할 경우, 마약으로써 비슷한 약리적 성질이 있다고 여겨지기 때문이다.

감정교류제의 성격이 강한 엑스터시는 그 동안 환각제로 분류되어 왔는데, 사실 환각제는 신경계에 영향을 주는 약물들을 규제하기 위한 대략적인 개념umbrella concept이다. 환각이란 부정적 시선의 의식상태와 쉽게 연관지어왔는데, 그 이유는 환청이나 환시 같은 정신분열증의 증상과 상당히 유사하기 때문이다. 엑스터시처럼 마약과의 전쟁으로 인하여 불필요하게 규제가 이루어 약물들이 상당히 있으며, 이것은 심리치료제 개발 연구를 50년 가까이 중단시켰다.

전면금지가 최선의 답일까? 아닐 수도 있다. 지하의 마약 시장을 가능한 한 공개적으로 끌어내어 '마약의 전면적 사용금지'와 '엄중한 법적 처벌'로 인한 해악을 최소한 시켜야 한다고 주장하는 의견들도 있다. 여기에 대한 합리적인 대안으로 '마약의 비범죄화decriminalization of drugs'가 제시되기도 한다. 비범죄화로 인하여, '해악의 최소화harm reduction'가 잘 이루어지고 있는 국가는 네덜란드와 포르투갈이다. 네덜란드에서는 대마와 같이 마약으로 분류된 약물을 국가에서 직접 관리한다. 국가가 사용을 허가한 곳에서 안전하게 약물을 즐길 수 있도록 말이다. 예를 들어 엑스터시는 파티 약으로 가짜가 많으며, 가짜 약물 중에는 건강을 해칠 수 있는 성분들이 포함된 경우들이 종종 있다. 그런데 이들 나라의 경우, 엑스터시를 어느 경로로 구입했는지 혹은 구매자의 신분이 누구인지를 묻지 않고 약물이 실제로 안전하게 복용할 수 있는 엑스터시인지를 조사하여 일주일 안에 검사 결과를 통보하여 준다. 그뿐만이 아니다. 불법 약물에 도취되어 거리에 쓰러져 있는 사람을 발견할지라도, 경찰은 이들이 누구인지를 묻거나 처벌하지 않고, 안전하게 집으로 돌아갈 수 있도록 도와준다. 네덜란드에서의 대마의 사용률은 연방 차원에서 불법인 미국보다 훨씬 낮다.

대마의 사회적 규제, 논쟁은 계속되고 있다

대마를 사용하는 목적은 두 가지다. 하나는 담배나 술처럼 기분 전환recreational의 용도고, 또 하나는 치료 목적의 의학적medical 용도이다. 국가마다 허가된 용도와 용량의 범위가 서로 다르다. 예를 들어, 캐나다는 기분 전환과 의학적 용도 두 가지 범위에서 모두 사용을 허가하였다. 페루에서는 의학적 용도는 허락하지만, 기분 전환제로서는 불법이다. 포르투갈의 경우는 캐나다와 페루 중간이다. 의학적 용도로는 사용이 가능하며, 용량에도 규제가 없다. 하지만 기분 전환 용도로 사용할 때는 규제가 있다. 향정신성 효과가 약한 대마 식물 자체는 25g까지 사용이 허가되어 있지만, 향정신성 효과가 큰 해시시Hashish는 5g까지 제한되어 있다.

미국은 주states의 50% 정도가 기호용 혹은 의료용으로 대마를 합법화했는데, 규제 방식은 주마다 다르다.● 일부 주, 예를 들어

캘리포니아 주에서는 기분 전환 및 의료용 목적 모두 규제가 풀렸는데, 매년 4월 20일에 대마가 합법화된 것을 축하하기 위한 축제가 열리기도 한다. 이날은 '대마초의 날$^{Weed Day}$'라고도 불린다. 대마를 궐련이나 전자담배 형태로 판매하는 회사들은 심지어 자사 제품의 홍보를 벌이기도 한다. 하지만 오늘날 미국의 대마 규제는 상당히 모순적인 측면이 있다. 대마가 기호용으로 합법화된 주일지라도 대마는 때에 따라 불법으로 처벌받을 수가 있는데, 연방정부 차원에서는 대마가 아직도 불법으로 규정되어 있기 때문이다. 모든 주들을 총체적으로 통제하는 연방정부에서 대마를 규제한 이유는 무엇일까? 여기에는 미국의 제약회사나 석유화학회사와 같은 산업 분야의 정치적 개입이 관여되어 있기 때문이다.

미국의 석유화학회사가 대마의 불법화에 어떻게 연루되어 있는지를 살펴보자. 대마는 공업적으로 활용도가 상당히 크다. 대마의 줄기는 밧줄과 제지를 만들 수 있는 섬유를 제공해주며, 대마를 통해 에탄올과 기름의 추출 및 가공이 가능하다. 석유를 바탕으로 합성 제품을 만드는 석유화학회사 입장에서는 대마의 역할을 뺏고 싶다. 대마를 불법화해서 사용을 중단시키면, 석유화학회

● 미국 주의 50% 정도가 대마를 기호용 및 의료용으로 합법화하였고, 미국에서는 공공 장소에서 대마를 흡연하는 것을 종종 볼 수 있다. 하지만 기호용 대마가 합법화된 주일지라도 대마는 불법으로 처벌받을 수가 있는데, 그 이유는 미국 마약단속국(DEA)이 대마를 불법으로 규정해 놓았기 때문이다. 마약 수사반에서 처벌하러 온 경우에는 '아무런 말을 하지 않으면(shut the fuck up)' 된다고 한다.

사에서 생산한 합성 제품들을 독점화시킬 수가 있기 때문이다. 여기에는 미국 석유화학회사 듀폰^{DuPont}과 쉐브론^{Chevron}이 연루되어 있으며, 미국의 유명 자동차 회사인 GM은 협업관계로 이들 회사들을 도왔다. 그것도 거의 100여 년 전에 말이다.

1937년 미국 화학회사 듀폰은 석유에서 나일론을 합성하는 방법을 특허를 냈고, 곧이어 플라스틱, 고무, 페인트 등의 합성 제품들을 개발해내기 시작했다. GM은 자동차 생산에 필요한 원자재를 듀폰의 합성 제품으로 공급받았다. 여기에는 플라스틱, 페인트, 고무 등이 포함되어 있으며 모두 대마 줄기에서 공정이 가능하다. 더욱이, GM은 자동차의 추진 연료 역시 듀폰에서 생산한 제품으로 쓰는데, 이 역시 대마에서 추출 및 가공이 가능하다.

우연의 일치인지 듀폰과 GM, 그리고 쉐브론과 같은 정유 회사들은 '마약 없는 미국을 위한 모임^{The Partnership for a Drug-Free America,PDFA}'의 강력한 후원자가 되었다. PDFA는 대마, 헤로인, 필로폰, 엑스터시, 술과 같은 마약을 근절하기 위한 캠페인을 벌이는 비영리단체이다. 이 기업들은 미국의 정치권에도 자신들의 요구를 관철시키기 위해 대통령 선거 운동에 기부금을 주기도 한다. 조지 W. 부시는 이들로부터 450만 달러를 후원받았고 그의 아버지 조지 H.W 부시도 석유 기업과 연관이 깊었다. 당시 부통령이었던 딕 체니^{Dick Cheney}는 석유 판매회사인 할리버튼^{Halliburton}을 운영하기도 했다.

그렇다면 제약회사들은 대마에 대해 어떤 입장을 펴 왔을까? 한동안 제약회사들도 대마의 의학적 사용을 반대해왔다. 제약회사에게 있어서도 대마는 경쟁 상대였다. 대마는 긴장을 이완시킬 뿐 아니라 진통을 완화시키는 데 탁월한데, 제약회사에서 생산하지 않는, '가정에서 쉽게 가공할 수 있는 대마 생약제botanical drug'는 제약회사 업계에 불필요한 경쟁을 일으킬 수가 있었다. 더욱이 대마의 주요성분인 THC는 큰 지방성 때문에, 물에 녹지 않아 주사로 환자에게 투여하거나 구강으로 섭취하는 알약으로 개발될 수가 없었다. 오랜 시간 연구를 진행했음에도 대마를 이용한 약제 개발이 중단되기도 하였다.

이런 이유로 한때 제약회사에서는 대마의 의료적 사용을 반대했었지만, 최근에는 기술력의 발달로 알약과 패치 형태 같은 방식으로 훌륭한 약제를 만들 수 있게 되었다. 그리고 일종의 '의료 독점화'가 일어나기 시작했다. 세계적으로 대마의 의료적 사용이 불법으로 규제되어 있는 동안, 규제를 주도한 미국을 비롯한 국가에선 대마를 의약품으로 개발했고 이를 규제한 국가에게 팔기 시작한 것이다. 최근 우리나라도 이러한 불이익을 감수해야만 했다.

우리나라는 의료용에 한하여 대마 사용 허가가 2018년 3월에 이루어졌다. 비영리조직인 '의료용 대마 합법화 본부'에서 대마의 불법화를 주도한 국가들이 어떻게 의료용 합법화를 추진하고 있느지 집회와 기자회견 등을 통해 국회와 언론에 알리고, 의료적 합법화를 오랜 기간 동안 촉구한 덕분이다. 하지만 모든 질병 치료에 의료적 사용의 허가가 이루어진 것은 아니었고, 극히 제한적인 경우에서만 사용이 허가되었다. 소아 뇌전증의 경우 치료를 위해 규제가 풀렸는데, 실질적인 유효성은 크게 의문시되고 있다. 현재까지 출시된 치료제 중 대마가 제일 부작용이 적음에도 불구하고 다른 대체약물을 찾지 못할 경우에만 신청이 가능하며, 신청 시 상당히 많은 양의 서류들을 정부 기관에 제출해야 하기 때문이다. 사용 승인을 받게 되더라도, 영국의 제약회사에서 생산한 에피디올렉스^{Epidiolex}를 사용해야 하는데, 한 회분에 150만원으로 터무니없이 비싸기까지 하다. 소아 뇌전증은 한 달에 두 차례의 치료가 필요한데, 그렇다면 1년의 약값만 3,000만원이 넘는다.

이제 새로운 문제는 바로 의료용 대마의 독점화다. 사실 우리나라에서 대마를 뇌전증 치료제로 만드는 비용이 거의 들지 않는다. 그 이유는 뇌전증에 사용될 수 있는 대마는 우리나라 곳곳에서 잡초처럼 잘 자랄 수 있고, 치료제를 만들기 위해서는 '마치 참기름을 짜내듯이' 대마 식물에서 기름을 뽑아내면 되기 때문이다. 독점화로 인하여 엄청난 폭리가 취해지고 있는 셈이다.

미국을 포함한 대마가 합법화된 나라에서는 제약회사가 생산한 고가의 제품을 사용하지 않고, 가정에서 직접 생약을 만들어

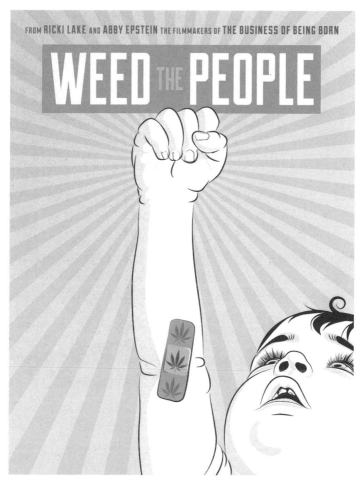

아기에게 의료용 대마를 허하라

의료용 대마에 대한 연구는 깊이 있게 진행되고 있으며, 의료적 수요도 증가하고 있다. 2018년에 공개된 다큐멘터리 <위드 더 피플(WEED THE PEOPLE)>은 암에 걸린 아이를 위해 의료용 대마를 택한 부모들의 이야기를 다루고 있다. (출처 : IMDB)

사용한다고 한다. '의료용 대마 합법화 본부'에서는 대마의 의료적 사용의 확장을 추진하는 운동을 펼치고 있지만, 정치인들뿐만 아니라 국민 정서도 보수적인 편이라 많은 어려움이 있다고 한다.

대마는 앞으로 수년 이내로 의학적 사용이 세계적으로 허용될 전망이다. 미국 정부와 세계보건기구인 WHO에서 대마의 '마약 등급 재조정^{rescheduling}'을 검토 중이기 때문이다. 여기엔 WHO 사무총장의 지시가 있었는데, 약물 의존성 전문가 위원회$^{Expert\ Committee\ on\ Drug\ Dependence,\ ECDD}$는 현재 일급 마약으로 분류되어 있는 대마의 마약 등급이 적합한지를 조사했고, 하향 조정되어야 하는 의학적 근거들을 WHO에 제시하는 중이다.

이러한 변화의 추세는 미국처럼 '세계적으로 대마의 불법화'를 주도한 국가들의 모순적인 행태와 무관하지 않다. '마약에 관한 단일협약'은 1961년에 체결이 되었고. 세계의 국가들은 그 협약에 비준해왔다. 하지만 오늘날엔 단일협약을 주도했던 국가들이 대마를 의료용으로 이미 합법화하였다. 사실상 마약 규제를 주도한 국가가 먼저 국제 협약을 위반한 것이다. 국제사회에서도 힘의 논리가 이기고 있는 것이다. 미국 연방정부나 UN 차원의 승인이 이루어지면, 전 세계적으로 합법화가 이루어질 가능성이 크다.

마지막으로 대마의 효과에 대한 논란도 살펴보자. 우리는 종종 대마가 신경계에 손상과 같은 악영향을 준다는 이야기를 종종

들게 된다. 물론 살펴 보았듯이, 대마가 신경계와 관련된 약물인 것은 맞다. 하지만 대마가 정말로 정신분열증과 같은 정신질환을 악화시키거나 유발할 수 있을까? 이와 관련한 통계적으로 유의미해 보이는 상관관계는 어떻게 이해되어야 할까?

영국의 신경약물학자이자 약물의 안정성을 평가하는 위원회 Committee on Safety of Medicines, CSM에 소속되어 약물의 승인여부를 조언하는 업무를 수행했던 데이비드 넛David Nutt은, 대마가 실제적으로 정신질환을 악화시키는 것이 아닐 수도 있다고 한다. 일반적으로 정신질환을 심하게 앓고 있는 사람일수록, 방어 심리기제가 약하다. 그래서 긴장과 불안을 통제하는 데 어려움을 자주 겪게 되고 주로 이런 상황에서 대마를 흡연하게 된다. 사실 대마는 긴장과 불안을 해소하는 데 효과가 있으므로, 방어 심리기제가 약화되었을 때 좀 더 사용하게 된다. 하지만 문제는 정신분열증과 같은 질환들은 감기나 복통처럼 손쉽게 혹은 자연적으로 치유되는 질환이 아니라는 것이다. 오히려 이런 병들은 일반적인 경우 점차 악화되기도 한다. 그리고 정신질환이 있는 사람의 경우 사회적인 빈곤층인 경우도 많고, 대마뿐만 아니라 술을 포함한 다른 향정신성 약물들을 탐닉하고 중독되기도 한다.

통계적인 상관관계는 이러한 외부적 상황들을 바탕으로 해석되어야 한다. 대마의 사용과 정신질환의 악화 사이에서 나타나는 상관관계는 유의미하게 보이지만, 대마 사용이 실제적으로 정신 질환을 악화시키는 것은 질병의 예후 자체에서 오는 것이다. 대마의 복용 그 자체에 기인한다는 것은 아닐 수도 있다는 것이다.

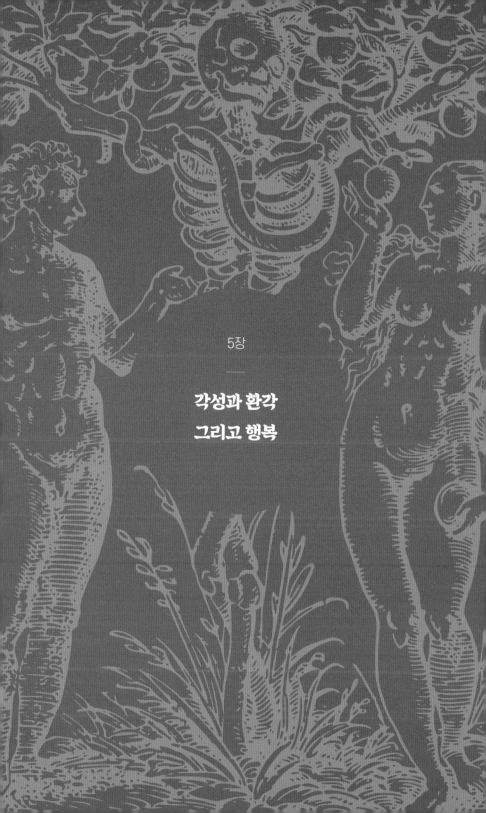

5장
—

**각성과 환각
그리고 행복**

생산적인 마약은
괜찮겠습니까

한때 국민 각성제, 필로폰

"마약은 나빠!" 많은 사람들이 그렇게 말한다. 어떻게 나쁜 것이냐고 묻는다면, 아마 두 가지 답이 돌아올 것이다. 첫째, 몸에 나쁘다. 수긍이 가는 말이다. 국가에서 마약류로 지정한 약물들은 너무 많이 혹은 오래 복용했을 때의 부작용과 중독 증상이 발생하는 경우가 많다. 그런데 둘째, '도덕적으로' 나쁘다는 것에 대해선 반론의 여지가 있다. 도덕적으로 나쁘다고 했을 때 마약은 '사회적 해악'으로 표현된다. '원초적인 쾌감'을 맹목적으로 쫓는 것은 옳지 못하고, 개인뿐만 아니라 사회적인 분위기에도 영향을 미칠 것이라고 말한다. 사실 이런 비판의 이면에는 진정한 의미의 도덕성보다는 오늘날 기성 사회에서 가장 중요하게 생각하는 가치인 '근면과 성실' 그리고 '생산성'이 주요 논거가 된다. 근면과 성실이란 단어를 봐도 생산성을 의미하는 단어지만 동시에 도덕적인 덕목같은 뉘앙스를 가지고 있으니, 생산성이 곧 도덕인 사회에서는 마약을 싫어할 만도 하다. 하지만 몸과 마음을 게으르게 하는 마약만 있는 것은 아니다. 사실, 노동의 생산성을 극대화하는 마약이 국민적으로 사랑받은 시대가 있었다. 그렇다면 거꾸로 되묻고 싶어진다. 업무의 생산성과 효율을 올려주는 마약, 즉 각성제는 착한 약이라 할 수 있을까?

생산성과 효율을 중시하는 현대 사회는 생산성을 올려주는 여러 방법에 대해 관대할 뿐만 아니라, 오히려 슬쩍 권장하는 편이다. 학생과 직장인들은 집중을 위해 작은 초콜릿을 자주 꺼내 먹고, 진하게 내린 커피를 홀짝대고, 그것도 모자란다 싶으면 카페인이 잔뜩 든, 이른바 에너지 음료를 마시면서까지 두뇌 회전의 효율을 높이려고 한다. 일종의 각성효과를 최대화하려는 것이다. 100여 년 전의 독일 사람들도 생산성을 높이는 방법을 강구했다. 그들이 애용했던 방법 중 하나가 바로 필로폰 복용이었다.

메스암페타민 혹은 '히로뽕'으로 불리는 필로폰^{philopon}은 한때 독일에서 국민적으로 사랑받던 약이었다. 필로폰은 1887년 일본의 화학자 나가이 나가요시가 처음으로 합성하였고, 1941년에 일본의 제약회사를 통해서 출시되었다. 일본에서 처음 만들어진 이 낯선 화합물이 어떻게 독일의 관심을 받게 되었을까? 당시에 필로폰이 '사회적으로 선호되는 약'이 된 것은 '생산성 증대'에 큰 효과를 줬기 때문이다. 필로폰이라는 이름부터가 '노동을 사랑하는 자^{philoponus}'에서 유래되었고, 노동의 생산성을 증가시켜 주는 각성제로 홍보되며 이름을 알렸다. 게다가 독일이 필로폰에 주목한 시대적 배경도 있었다.

당시 독일은 제1차 세계대전에서 패배해, 베르사유 조약에 따라 모든 해외 식민지를 잃은 상태였다. 해외 식민지를 잃자, 주요 생필품의 수입이 어려워졌는데, 커피와 차의 수입도 중단되었다. 천연 각성제인 카페인의 공급원이 중단되자, 독일은 천연 추출물이 아닌 유기합성에 의한 방법으로 각성제를 찾기 시작했는데, 필로폰이 그 대안이었던 것이다. 1937년 독일의 화학자 프리츠 호이쉴트$^{Fritz Hauschild}$는 쉬운 방법으로 필로폰을 대량 합성할 수 있는 방법을 찾아냈다. 곧이어 독일의 제약회사 템러^{Temmler}는 필로폰을 알약으로 대량 생산하였고, 페르비틴^{Pervitin}이라는 이름을 붙였다.

당시 독일에서 페르비틴을 소비하는 계층은 광범위하였다. 장거리 트럭 운전사와 철도 기관사는 졸음 운전을 피하기 위해서, 공장 노동자와 이발사들은 보다 빠른 생산 노동을 위해서 페르비틴을 복용하였다. 외과 의사들은 수술의 집중도를 높이기 위해서

필로폰이 들어 있던 당시의 힐데브란트 초콜릿 광고
독일에서는 각성제로 커피 대신 필로폰을 사용하였으며, 가정주부들은 필로폰이 들어 있는 초콜릿을 통해
활력을 얻었다. "힐데브란트 초콜릿을 먹으면, 언제나 즐겁게 일할 수 있어요."

복용했고, 창의적인 작가와 예술가들도 정신적인 활기를 불어넣기 위해서 페르비틴을 찾았다. 가정주부가 필로폰을 복용하면, 가사일의 지루함도 즐거운 여흥으로 바뀌었다. 당시 인기 있던 초콜릿 브랜드는 힐데브란트Hildebrand였는데, 여기에는 14mg의 페르비틴, 즉 필로폰이 포장된 초콜릿 한 조각에 포함되어 있었다.

제2차 세계대전이 발발하자, 나치 독일은 페르비틴을 군인에게도 제공하였다. 각성제를 사용하면 전투력을 향상시킬 수 있기 때문이다. 흥미로운 사실은, 독일과 적대진영에 있던 영국군도 약물로 전투력을 향상시켰다는 것이다. 이들이 사용한 각성제는 암페타민이다. 암페타민과 필로폰은 둘 다 각성제일 뿐 아니라, 구조가 비슷하다. 필로폰은 메틸암페타민으로, 암페타민과 비교하여 지방성을 띠고 있는 메틸기가 붙어있기 때문에 약물의 흡수 속도가 빠르다. 이런 약간의 구조적 차이가 흡수 속도의 차이를 만들었는데, 필로폰은 암페타민보다 각성효과와 중독성이 컸다.

당시 독일 군인들이 보낸 편지를 보면 가족에게 페르비틴을 더 보내달라는 문구가 자주 등장할 정도로 흔한 약물이었다. 하지만 과도한 각성은 불안과 긴장을 일으키며, 행동과 사고의 유연성을 잃게 만든다. 필로폰은 전쟁 중 군용트럭 운전과 같은 반복적이고 단순한 임무에는 적합하지만, 폭격비행과 같은 상황적 변수가 많은 임무에는 불리할 수가 있다.

독일군이 사용한 페르비틴, 즉 필로폰은 일급 마약이 되었지만, 영국군이 사용했던 암페타민은 심리치료제로 여전히 쓰이고 있다. 바로 주의력결핍증^{ADHD}의 치료제로 쓰이는 애더럴^{Adderall}이다. 주의력결핍증은 종종 일상생활 속에 흥미를 지속적으로 상실하는 것에서 일어나는데, 각성효과는 적절한 흥미와 더불어 상황에 알맞은 동기부여를 일으켜 주의력을 상승시킬 수 있다. 그렇다 보니 일반인들 사이에서 소위 '공부를 잘하는 약^{study drug}'으로 사용되

페닐에틸아민

암페타민

수산화기
슈도에페드린

메틸기
필로폰

엑스터시

필로폰의 분자 구조
치료제와 마약의 구조 사이에 경계는 애매모호하다. 위의 화합물들 즉, 슈도에페드린(감기약), 암페타민(ADHD 치료제), 필로폰(마약), 엑스터시(마약) 모두 페닐에틸아민의 골격을 하고 있다. 페닐에틸아민은 초콜릿 속에 있는 화합물이다.

약국에 없는
약이야기

기도 한다. 애더럴에는 필로폰에 붙어있는 하나의 메틸그룹이 빠져있을 정도로, 애더럴의 화학구조는 필로폰과 상당히 유사하다. 우리나라에서는 강력한 마약으로 규정되어 있는 필로폰의 구조와 친형제 격이다 보니, 우리나라에서는 애더럴을 약국에서 구입할 수 없다.

또 다른 약물은 에페드린과 거의 동일한 구조를 가지고 있는 슈도에페드린^{psuedoepedrine}이다. 슈도에페드린은 현재 비염 및 코막힘 완화제로 쓰이고 있다. 종종 감기약을 재료로 마약을 합성했다는 뉴스가 나오는데, 바로 슈도에페드린을 전구체로 필로폰을 합성하는 경우다. 필로폰으로의 화학반응이 단순하다 보니, 큰 돈을 벌 수 있다는 유혹에 감기약의 슈도에페드린 혹은 마황의 에페드린을 이용하여 필로폰을 만들어 내는 것이다.

필로폰, 애더럴, 슈도에페드린에서 볼 수 있듯이, 마약의 화합물 구조가 조금 변형되어 좋은 치료제가 되기도 한다. 이중 문제가 가장 많은 약은 필로폰이긴 하지만 애더럴도 요즘 큰 문제가 되어가고 있다. 치료 목적이 아닌 각성효과를 누리기 위해 학생부터 유명 야구선수 그리고 프로게이머까지 애더럴을 폭넓게 이용하고 있다. 비의료적인 용도, 즉 학습 능력을 위해 약을 복용하는 것을 약학적 인지능력 향상^{pharmacological cognitive enhancement, PCE}이라고 하는데, 미국의 경우 PCE 문제가 심각하다. 넷플릭스를 통해 공개된 다큐멘터리 〈슈퍼맨 각성제〉는 이 문제를 심도 있게 다루고 있다. 다큐멘터리는 과잉경쟁사회가 애더럴을 비롯한 약물의 사용을 사실상 권장하고 있다고 비판하고 있다. 다른 마약과 달리, 생산성을 증가시킨다는 이유로 애더럴을 비롯한 각성제의 일상적인 오남용에 대해선 묵인하는 사회적 분위기를 꼬집고 있다. 다큐멘터리에 출연한 안잔 차터지^{Anjan Chatterjee} 박사는 이렇게 표현한다.

"가끔 그런 농담을 해요. 제가 대학생이었을 땐 마약이 일탈의 수단이었는데, 이젠 공부를 잘하기 위해 마약을 하죠."

마약이 치료제가 된다면?

필로폰은 새로운 묘약으로 시작했지만, 오늘날엔 입에 담기조차 거북한 마약의 대명사가 되었다. 그런데 또 반대의 경우가 있다. 즉, 마약으로 분류되었다가 치료제로서의 기능으로 오늘날 다시 주목받고 있는 약이 있다. 바로 엑스터시^{Ecstasy}다.

엑스터시는 문자 그대로 황홀경을 뜻하지만, 약물인 엑스터시가 주는 심리적 효과는 황홀경과는 무관하다. 사실 엑스터시의 심리적 효과는 황홀경이라 할 만큼의 끝내주는 경험을 제공해주지 않는다. 오히려, 엑스터시는 자신의 친숙한 공간인 집에서 쉬고 있는 듯한 정서적 편안함과 아늑함을 느끼게 해준다. 또한 혐

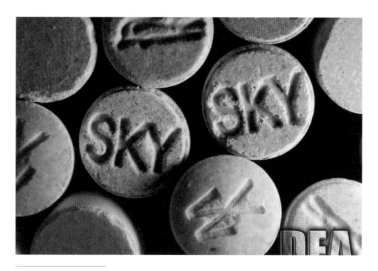

엑스터시의 다양한 로고

엑스터시는 이른바 '파티 약물'로, 사교와 환락을 소재로 한 로고가 자주 사용된다. 하늘을 나는 것 같은 좋은 기분을 선사해 준다는 의미에서 'SKY'나 슈퍼맨의 로고가 쓰이며, 페이스북 로고나 플레이보이 로고가 등장하기도 한다. 길거리에서 구입한, 대개 검증되지 않은 약들이 주로 사용되기에, 혹시나의 의미로 '?'나 'MAYBE'가 로고로 쓰이기도 한다. (출처: 미국 마약 단속국)

오감, 불안감, 두려움과 같은 부정적인 선입견을 불러일으키는 감정을 누그러트린다. 이런 심리적 효과 덕분에, 외상후 스트레스장애$^{Post\text{-}Traumatic\ Stress\ Disorder,\ PTSD}$ 치료제로도 쓸 수가 있다. PTSD 치료는 과거의 충격적인 기억을 떠올려서 다른 종류의 편안한 기억으로 바꾸는 것이 중요하다. 하지만 충격적인 기억에 대한 감정, 혐오와 두려움 그리고 불안이 이전의 기억에 접근을 할 수 없게 한다. 이런 경우에 엑스터시를 이용하면 기억에 쉽게 접근할 수 있다.

오늘날 주목받는 엑스터시의 정서적 기능 중 하나는 '타인과

정서적으로 공감할 수 있는 상태^{empathy}'가 형성된다는 점이다. 이
상태에 놓인 사람은 감정 조절과 관련된 방어기제를 조율하여 과
거의 사건들로 형성된 기억들을 재배치할 수 있게 된다. 이렇다
보니, PTSD 뿐만 아니라 '부부관계 개선'을 위한 약물로 연구가
진행 중이다.

일단 엑스터시가 어떻게 부부관계를 개선하는 치료제가 될
수 있는지를 살펴보자. 오랫동안 같이 살아온 부부는 권태기로 인
해 관계가 위태로운 경우가 종종 있다. 일반적으로 엑스터시를 활
용한 부부관계 상담에서는 엑스터시를 복용한 부부가 연애가 시
작될 당시 느꼈던 감정들을 기억할 수 있도록 심리치료사의 인도
를 받는다. 그리고 앞으로 부부관계를 유지하는 데 긍정적인 기억
이 될 수 있도록, 오랫동안 부부로 살아오면서 서로 말하지 못했
던 사건들과 심리적 갈등의 기억들을 재배치하게 된다. 기억의 재
배치를 통해 부부관계의 유대감이 커지게 되는데, 한 차례의 약물
치료 효과는 수 년이 넘도록 오래 유지되기도 한다. 이런 심리적
효과 덕분에 엑스터시는 감정교류제^{empathogen}로 분류되기도 한다.

PTSD 치료에서의 엑스터시의 역할도 비슷하다. 충격적인 경
험으로 인한 트라우마는 오랜 시간이 흘러도 쉽게 사라지지 않
고, 불면증, 악몽, 불안 및 공황장애 등의 심리적 장애를 일으킨다.
전쟁터에서 동료가 무참히 사살된 장면을 목격하거나, 무자비하

게 고문을 당한 기억이 PTSD를 일으킨다. 전쟁뿐만 아니라, 교통사고나 강간과 같은 사건들 역시 피해자가 비슷한 상황에 놓였을 때, PTSD를 겪게 만든다. 일반적으로 PTSD는 대화치료와 약물치료를 병행하는데, 주로 대화치료를 한다. 이때의 대화치료는 고통과 두려움에 맞물린 기억을 재해석하여, 감당할 수 있는 사건의 기억으로 재배치하는 것에 목적이 있다. 여기에 심리치료제를 병행하여 사용한다. 기존 치료제로는 졸로프트^{Zoloft}나 팍실^{Paxil}이 사용되었는데, 기억을 재해석하는 단계로는 진입하지 못하는 어려움이 있었다. 심리적 저항으로 인해 트라우마의 기억을 떠올리는 도중 공포 상태에 빠지게 되기 때문이다. 하지만 엑스터시를 사용하면 기존 약물이 해결하지 못한 영역에서의 효과가 크다고 한다.

1984년은 엑스터시가 가진 치료효과가 밝혀져 있지 않았던 때였다. 미국 마약 단속국이 엑스터시를 일급 마약으로 규제한 것은 무리한 결정이었다는 지적도 있다. 1986년, 청문회가 열렸고, 엑스터시의 등급을 일급에서 약물의 남용 가능성이 적은 3급으로 낮추자는 의견이 제시되었다. 하지만 그 의견은 무시되었다.

물론 사람들이 '불법적으로 구매하여 복용하는 엑스터시^{street} ^{Ecstasy}'는 위험할 수 있다. 가짜 약인 경우가 많이 있기 때문이다. 2006년도에 비영리단체인 댄스쉐이프^{DanceSafe}에서 조사한 엑스터시 중 50% 이상이 가짜 약이었다. 엑스터시가 전혀 포함되지 않은 경우도 있었고, 포함되어 있더라도 상당히 적은 양이었다. 엑스터시가 적게 들어간 경우, 카페인, 필로폰, 에페드린 그리고 슈도에페드린 등을 조합하기도 했다. 금지된 약물이다 보니, 가짜약을 만들어도 약물의 품질을 관리할 길이 없기에 위험하다.

엑스터시의 경우에서도 알 수 있듯이, 마약 분류 체계는 중독성 여부와 직접적인 상관관계가 없다. 엑스터시는 현재 PTSD 치료제로 임상 3상이 진행 중이다. 임상 3상은 임상시험의 마지막 단계로, 커다란 규모로 확장시켜 약물의 실제적 효능을 확인한다. 엑스터시의 경우, 14곳의 임상 진료소에서 300명이 넘는 피실험자를 통해 임상시험이 이루어진다. 3상의 허가는 2018년 여름, 미국 FDA에서 승인되었다. 임상이 통과될 경우 2021년에 치료제로 출시가 이루어진다. 좋은 약과 나쁜 약은 앞으로도 계속 탄생할 것이다. 그리고 좋은 약이 나쁜 약이 되거나 혹은 나쁜 약이 좋은 약이 되기도 할 것이다.

지각의 문을
넘어서는 약

환각제? 영신제?

"지각의 문이 열리면 모든 것이 있는 그대로 무한하게 보인다."

영국의 시인, 윌리엄 블레이크^{William Blake}가 남긴 말이다.* 일상
적 의식 상태에서 지각의 문은 꼭꼭 닫혀 있지만, 인류는 이 꼭꼭
닫혀 있는 문을 어떻게든 열어보려고 노력해왔다. 누군가는 명상
이나 기도 혹은 영적 수련 같은 과정을 통해서 도달하고자 하였

● 문맥상 효율적인 의미전달을 위해 지각의 문을 '닦는다'는 표현 대신, '열린다'라고 해석하였다. 블레이크가 실제로 남긴 말은 다
음과 같다. "If the doors of perception were cleansed everything would appear to man as it is, Infinite."

다. 이런 방법에는 고행도 포함되었다. 예를 들어, 무수면 상태를 오랫동안 유지하거나 단식을 통해 심신을 극도로 지치게 만들 수도 있다. 심신이 극도로 지쳐있는 상태에서는 지각의 문이 좀 더 느슨해지기 시작한다. 하지만 이런 방법은 개인의 건강에 상당히 해로울 것이다.

그렇다면 지각의 문으로 향하는 가장 쉽고 빠른 지름길은 무엇일까? 화학적인 수단이 있다. 약물로 지각의 문을 열게 만드는 것이다. 화학물질로 이루어진 약물은 투여된 후 뇌 안의 여러 수용체들에 달라붙게 된다. 그리고 일상생활에서 작동하는 뇌의 복잡한 기능들을 바꾸어 다른 형태의 지각을 통해 자기의 내면에 깊게 감춰진 무의식 세계의 문을 열어준다.

일반적으로 지각과 의식을 일상적이지 않은 상태로 변화시켜주는 약물을 환각제^{hallucinogen}라고 부른다. 하지만 1970년대의 고든 왓슨$^{Gorden Wasson}$을 비롯한 민속식물학자들은 환각제라는 표현 대신 영신제^{entheogen}나 도취제라는 용어를 도입하였다.● 환각^{hallucination}이란 표현은 정신질환의 부정적인 의미를 내포하고 있기 때문이다. 영신제라는 단어는 '내면의 신^{entheos}'과 발생되다, '일어나다^{genesthe}'의

● 영신제라는 표현 이전에도 이와 비슷한 의미를 가진 표현이 있었다. 심리학자 험프리 오스몬드(Humphry Osmon)는 'psychedelic'이라는 용어를 도입했는데, psychedelic이란 고대 그리스어로 영혼(spirit)을 뜻하는 psyche와 발현한다(manifest)는 뜻의 deloun을 붙여 만든 단어다. psychedelic과 entheogen은 영신제의 이음동의어이며, hallucinogen은 영신제보다 좀 더 포괄적인 의미를 갖는다.

합성어로, 내면의 무의식 속에 내재된 영적인 면모를 의식 표면 위로 일어나게 해주는 약이라는 뜻이다. 앞으로는 영신제라는 단어를 주로 쓰도록 하겠다.

영신제에 대한 본격적인 논의는 1960년대의 히피, 1970년대 말의 뉴에이지를 통해 확산되었다. 하지만 지각의 문을 열고자 한 시도는 오래전부터 있었다. 고대 지중해의 종교 의식에서는 영신제가 흔하게 사용되었다고 한다. 영신제 복용에 대한 상세한 기록이 남아있지는 않지만, 이것은 어쩌면 당연한 일인지도 모르겠다. 이들 종교 의식에서는 관련 내용을 누설하지 않겠다는 비밀서약을 하였기 때문이다.

지중해뿐만 아니라, 페르시아와 남아메리카의 고대 종교에서도 역시 영신제가 사용되었다. 영신제의 대상으로는 주로 광대버섯과 페요테^{peyote}가 있다. 페요테는 멕시코의 반사막 지대에서 서식하는 작은 크기의 선인장인데, 멕시코와 미국 남부 원주민들이 영신제로 5,000년 넘게 사용해왔다.

이 원주민들이 믿던 토착 종교는 1900년대 초반에는 개신교^{Christianity}와 혼합되어 아메리카 원주민 교회$^{Native American Church}$가 되었다. 페요테는 일반적으로 불법이지만 미국 원주민 종교 자유법이 발효되면서, 원주민 교회의 신자들이 페요테를 영신제로 사용하는 것을 허가하였다. 페요테의 주요 성분은 메스칼린^{mescaline}이다. 페요

페요테(위쪽)와 광대버섯(아래쪽)

오래전부터 쓰인 환각제, 즉 영신제의 재료는 당연히(?) 천연 재료였다. 아메리카 원주민 교회에서의 페요테 사용은 합법이라는 점은 꽤 의미심장하다. 오늘날 종교는 마약을 배척하는 대표적인 영역이지만, 반대로 이렇게 종교적 이유로 마약이 합법적으로 쓰이기도 하니 말이다.

테의 말린 식물체를 가루로 만들어 먹거나, 차로 우려내기도 하고, 담배처럼 피울 수도 있다.

힌두교와 조로아스터교의 사제와 신자들은 영적 음료를 통해 초월적인 세계를 경험하였다. 힌두교의 경전인 『리그베다』와 조로아스터교의 경전 『아베스타』에는 영적 음료를 사용했다는 기록이 남아있다. 영적 음료의 이름은 『리그베다』에서는 소마[Soma]로, 『아베스타』에서는 하오마[Haoma]로 다르게 언급되지만 소마와 하오마는 둘 다 술로, 주요 원료도 같다. 이 술을 마시면 신비로운 힘이 생겨 초자연적인 능력을 부여받고, 이러한 능력을 이용하여 신과 의사소통을 할 수 있다고 여겨졌다.

하지만 불행히도 소마의 주요 원료가 어떤 식물이었는지 오랫동안 밝혀낼 길이 없었다. 그래서 1960년대까지 소마의 정체성에 관해 여러 가설들이 있었다. 마황, 대황, 인디카 등이 소마의 주요 원료로 거론되었고, 이중에서도 마황은 제일 유력한 식물이었다. 하지만 1969년 민속식물학자 왓슨(영신제라는 단어를 처음으로 도입했던 그 학자다)은 소마의 주원료는 다름 아닌 광대버섯[Amanita muscaria]이라고 주장했는데, 현재도 왓슨의 견해가 유력한 가설로 받아들여지고 있다.

여기에는 여러 근거가 있다. 첫 번째로는 이전에 제시된 식물들로는 광대버섯만큼의 강한 도취 효과를 일으키기가 어렵다는 것이다. 두 번째로, 문헌에는 오줌을 통해 마신다는 내용이 암시되어 있는데, 왓슨이 시베리아 지역을 여행하던 중 문헌과 같은 방식으로 광대버섯을 음용하는 것을 발견한 것이다. 그리고 『리그베다』는 소마의 형태적 특징을 '꽃이 피지 않고 잎이 없으며, 심지어는 뿌리도 없다'고 기록하는데, 그렇다면 식물일 가능성은 조금 낮다. 그렇다면 일반적인 식물이 아닌 버섯일 가능성이 높다. 버섯은 식물계가 아닌, 균계에 속해있으며, 광대버섯은 식물계에 속하는 다른 후보들과 확연히 구별되는 다른 형태를 가지고 있다.

왓슨이 시베리아 지역에서 목격한 광대버섯 음용법은 특이하다. 사람들은 광대버섯을 직접 복용한 사람의 오줌을 마셔서, 간접적으로 복용한다. 자기 자신의 오줌이어도 된다. 오줌은 광대버섯을 섭취하고 하루가 지나서 컵에 수집한다. 오줌을 수집할 때쯤이면 광대버섯을 복용한 사람은 도취 효과에서 깨어나 있다. 이런 방식으로 다섯 차례 정도의 순배를 돌아가며 음용할 수가 있다.

근데 왜 하필 오줌일까? 이 지역에서 광대버섯이 구하기 힘든 약재라서 아껴가면서 마신 이유도 있겠지만, 오줌이야말로 인간의 신체 대사에 의하여 정화된 무독한 음료로 여겨졌기 때문이다. 광대버섯에 들어있는 화합물 중 하나가 무스카린[muscarine]인데, 이것을 과량 복용했을 경우 신체에서 과량의 땀이 배출되고 근육의 경련이 일어난다. 하지만 오줌으로 마신다면 무스카린의 부작용을 막을 수 있다. 현대인은 오줌이 더럽다고 생각한다. 하지만 과거엔 오줌이 유용하게 쓰였다. 심지어는 신성하기까지 했다. 오래 전부터 비서구권 지역에서는 사람의 오줌을 종교 의식에 사용해 왔을 뿐 아니라, 실생활에서 복통을 줄여주기 위한 내복약이나 피부의 상처에 바르는 소독약으로도 사용해왔다.

LSD에 대한 기묘한 이야기

영신제는 고대에서부터 전해져 왔지만 20세기에 이르러 새로운 전환점을 맞이했다. 복잡한 도심과 찬란한 문명에 지친 사람들은 현대 사회를 비판하면서, 시대의 정신적 결핍을 채워줄 무언가를 찾고 있었다. 영신제는 그 도구 중 하나였다.

특히 1960년대 이후에는 사후세계로 통하는 지각의 문을 열기 위하여 다양한 영신제들이 사용되었는데, LSD는 그중 대표적인 약물이다. 영신제를 통해 미지의 사후세계를 탐구한 사람으로는 미국의 소설가 올더스 헉슬리^{Aldous Huxley}와 임상심리학자 티머시 리어리^{Timothy Leary}가 있다.

헉슬리는 페요테를 복용하고, 지각의 문을 열었다. 그는 느슨해진 의식 상태에서 기존 지식의 세계를 심도 있게 탐험하면서, 동시에 고대에서 근세까지의 철학자와 예술가, 그리고 종교적 성인들이 경험한 세계를 재발견하게 되었다. 이런 그에게 일

올더스 헉슬리

올더스 헉슬리는 LSD를 복용하고 죽음을 맞이했지만, 자신의 문학에서는 마약을 부정적으로 표현했다. 앞서
등장했던 '소마'는 헉슬리의 소설 『멋진 신세계』에도 등장한다. 여기서 '소마'는 디스토피아를 유지하는 데 일
조하는, 인간성을 앗아가고 욕망만 충족시켜 주는 신종 마약으로 그려진다.

종의 '경전'이 되어준 책이 있었으니 8세기에 쓰인 『티벳 사자의 서』다. 고대로부터 구전으로 내려오던 내용이 담긴 이 책은 20세기에 이르러 서구권에도 알려지게 되었다. 사후세계에 대한 새로운 관점을 제시한 이 책은 심리학자인 카를 융을 비롯해 당대의 지식인들을 매혹시켰다. 헉슬리도 그 중 한 사람이었다. 헉슬리는 자신의 환각 체험을 구체적으로 설명하기 위해 자신의 책인 『지각의 문』에서 이 책을 예시로 들기도 했다.

헉슬리가 『지각의 문』을 쓰면서까지 영신제와 사후세계에 관심을 보인 데에는 이유가 있었다. 헉슬리의 첫 번째 부인인 마리아가 유방암 말기로 투병 중에 있었기 때문이다.

마리아는 헉슬리에게 임종에 이를 때 어떻게 '맑은 빛$^{Clear\ Lights}$'을 원초적인 불안감과 두려움 없이 받아들일 수 있는지 물어보았다. 이에 헉슬리는 혼자서 불안감과 두려움을 통제하는 것은 불가능하지만 사후세계 속을 방황하는 이에게 누군가가 곁에서 말로 인도하면 된다고 말한다. 마리아는 『지각의 문』이 나온 지 일 년 만에 사망했는데, 이때 헉슬리는 그녀의 곁을 지키며 말해주었다.

"헌 옷을 미련없이 버리듯, 죽음을 맞이하는 신체를 이승에 놓고 떠나세요. 어린아이가 부모가 인도하는 곳으로 마음 편하게 이끌리듯이, 사랑과 아름다움이 가득한 빛의 깊은 곳으로 들어가세요."

한편, 임상심리학자 티머시는 획기적인 심리치료제로서의 영신제에 관심을 갖게 된다. 티머시가 영신제에 대한 관심을 갖게 된 계기 역시 공교롭게도 부인의 죽음이었다. 헉슬리의 부인 마리아가 사망하던 그 해에, 티머시의 부인 메리앤도 자살했다. 그날이 티머시의 35번째 생일날이었는데, 그 이후 5년 동안 티머시는 비생산적인 시간을 보내게 된다. 그리고 10년 넘게 일했던 정신병리학 연구소의 책임자 자리를 그만두었다.

당시 티머시는 기존의 심리치료 방법에 회의적이었고, 획기적인 약물을 찾고 있었다. 그러던 중 그의 대학원 시절 술 친구 프랭크 배런Frank Barron을 만나게 된다. 티머시는 배런을 통하여 멕시코의 '신성한 버섯magic mushroom'에 대한 이야기를 듣게 된다. 신성한 버섯은 환각과 엑스터시를 만들어 낼 수 있으며, 이것을 이용한 획기적인 심리치료 방법도 개발할 수 있다는 이야기였다.

티머시는 프랭크의 인맥으로 하버드대학교에 일자리를 지원하였고, 1960년에 임상 심리학과 교수로 일할 수 있게 된다. 안정된 직업을 얻게 되었으니, 티머시는 신비한 영신제를 직접 찾을 계획을 세웠다. 교수로 임명되던 해에 티머시는 여름 휴가를 멕시코로 떠났다. 그가 향한 쿠에르나바카Cuernacava는 좀 특별한 휴양지로, 예지 능력이 뛰어나다고 알려진 현인과 주술사들이 살고 있었다. 영신제의 힌트를 얻기엔 최적의 장소였던 것이다. 이곳에서 티머시는 환각버섯을 경험하였고, 심리치료에 있어 획기적인 신약이 될 것이라는 확신을 갖게 되었다. 현재까지 영신제가 심리치료제로 개발된 적은 없지만, 그의 시도가 순전히 헛된 것은 아니었다. 2018년부터 미국 FDA가 환각버섯의 유효화합물인 실로시빈^{psilocybin}을 항우울제로 임상시험을 할 수 있게 허가했기 때문이다.

멕시코에서 여름휴가를 마치고 하버드 대학교로 돌아온 티머시는 일명 '실존적 교류$^{existential-transactional}$' 연구에 착수한다. 실험에 참가한 과학자들에게 영신제를 투여해 심리학, 미학, 철학, 종교와 같이 다양한 학술 분야를 재탐구하도록 하였다. 티머시는 피실험자들이 영신제의 효과로 기존의 풀리지 않던 문제들에 새로운 실마리들을 찾게 될 것이라고 기대하였다. 당시에 티머시는 헉슬리의 책을 읽으며 그의 견해에 대해 상당한 호기심을 갖게 되었다. 때마침 헉슬리는 MIT에 교환교수로 근무하고 있었다. 이들은 하버드 교수식당에서 처음 만남을 가졌고, 헉슬리도 티머시의 실존적 교류 연구에 참여하게 된다.

실존적 교류 연구가 시작된 지 2년이 지났다. 티머시는 영신제를 이용해서 사후세계를 미리 여행하는 방법에 관한 책을 저술하게 된다. 당시 티머시는 앞서 헉슬리도 몰두한 『티벳 사자의 서』를 즐겨 읽었다. 『티벳 사자의 서』는 사후세계에 대한 일종의 가이드북이기도 하다. 카를 융을 비롯해 서구권의 지식인들은

『티벳 사자의 서』에서 묘사된 사후세계를 진화적 기억으로 해석했다. 다만 티머시는 이 책을 일종의 '영신제의 사용설명서[psychedelic manual]'로 생각했다. 환각 체험을 통해 이러한 진화적 기억을 감각적으로 경험할 수 있다고 생각했기 때문이다. 티머시는 『티벳 사자의 서』의 주요 내용을 골자로 하되, 기존의 종교적 상징을 없애고, 환각 상태에서 쉽게 이해할 수 있도록 문장의 구조를 쉽게 바꾸고 내용을 많이 축약한 『환각 경험』이란 책을 출판하게 되었다.

1963년, 헉슬리가 69세에 후두암으로 사망한다. 헉슬리와 티머시의 인연은 헉슬리가 죽기 직전까지 이어졌는데, 이때가 티머시의 『환각 경험』이 출판되기 일년 전이었다. 헉슬리의 옆에서 임종을 지켜준 두 번째 부인 로라는 티머시에게 전화를 건다. LSD로 헉슬리가 편안한 죽음을 맞이할 수 있도록 도와달라는 부탁을 하기 위해서였다. 비록 티머시는 헉슬리의 임종을 지켜주지 못했지만, 아직 출판되지 않은 『환각 경험』의 소책자를 로라가 헉슬리에게 읽어 주었다.

로라는 LSD가 헉슬리를 맑고 투명한 빛 속으로 인도해 주기를 원했다. 로라는 LSD 100㎍을 혈관주사로 헉슬리에게 투여했고, 그녀는 심리치료사이자 정신과 의사였던 시드니 코헨[Sydney Cohen]으로부터 LSD를 처방 받았다. 혈관 주사로 투여할 LSD 100㎍. 그것은 후두암으로 말을 하지 못했던 헉슬리의 절실한 마지막 부탁이었다. 언제 죽음을 맞이하게 될지 모르는 불안 속에서, 헉슬리는 LSD로 좀 더 준비된 죽음을 맞이하려고 한 것이었을지도 모른다. 죽은 자는 자신의 죽음을 망각하기에, 『환각 경험』을 옆에서 읽어줄 로라 옆에서 임종을 맞이하고 싶었는지도 모르겠다.

LSD와 환각

LSD는 1900년대 중반 영신제로 미국에서 사용되었으며, 당연히 지금은 마약으로 분류되어 대부분의 국가에서 사용이 금지되어 있다. 원래 LSD는 맥각의 유효성분인 리세르그산$^{lysergic\ acid,\ LSD}$을 가리킨다. 맥각은 분만 후 출혈을 멎게 하는 효과가 있어 산부들에게 사용되었는데, 문제는 그 독성으로 인한 부작용이었다.

스위스 산도스 제약회사의 연구원인 알버트 호프만$^{Albert\ Hofmann}$은 LSD의 화학적인 구조를 조금 바꿔서 부작용이 없는 분만 촉진제를 만들려고 했다. 하지만 구조를 조금 변형시켰더니, 환각 성질이 강한 물질이 되어버린 것이었다.[*] 당시 호프만이 변형시켰던 물질 중 25번째 화합물은 임시적으로 LSD-25라고 이름을 붙여 놓았는데, LSD-25는 맥각에서 자연적으로 만들어진 물질과 구조가 다른 물질이다. 즉 LSD-25는 인공적인 합성화합물이고, LSD

●   하지만 그가 합성한 여러 화합물 중에는 자궁수축제로 개발되어, 현재에도 쓰이는 약이 있다. Methergin이라는 약이다.

습지에 뿌려진 LSD

보통 한 장으로 한 차례의 LSD '여행'을 할 수 있으며, 한 장당 10~20달러로 알려져 있다. 한 회분에 해당하는 크기는 성냥의 머리만큼이나 작은데, 보통 손바닥 정도 크기의 습지 한 장에서 조금씩 뜯어 사용한다. 손바닥 크기의 습지 한 장에는 100회분의 분량이 들어있다.

는 천연 자연계의 화합물이다. 하지만 이제부터 모든 LSD-25는 LSD로 통칭하여 이야기를 진행하려고 한다.

LSD의 용량은 우리가 일상적인 생활에서 사용하는 약들보다 상당히 작다. 일상적인 약의 용량은 LSD의 용량보다 100~1,000배 정도인데, 이런 이유로 마이크로그램(μg)이라는 단위는 생소한 느낌이 있을 것이다. 예를 들면 타이레놀의 1회 복용량은 500mg(=500,000μg)이고, LSD의 사용량보다 5,000배 이상 크다.

LSD는 미량으로도 약효가 나타나는 성질 덕분에, 알약의 크기는 상당히 작은데 동전의 측면 정도의 지름이다. 그렇게 작은 크기 때문에 마이크로닷microdot이라 부르기도 한다. 현재 LSD는 불법이지만, 오늘날 사람들이 사용하는 LSD의 용량은 50~150㎍으로 알려져 있고, LSD의 본고장인 미국 캘리포니아에서 60년대 히피들이 즐겨 사용한 용량은 100~200㎍이었다고 한다. 그리고 당시 LSD를 이용한 심리치료 방법의 일종인 이른바 LSD 세션에서는 400㎍정도를 사용했다. 지금까지 LSD처럼 적은 양으로 강력한 도취 효과를 일으키는 화합물은 아직 발견되거나 개발되지 않았다. 그래서 조그마한 크기의 습지blotter paper나 우표에 액상의 LSD를 뿌려서 팔기도 한다.

LSD를 복용하면 30분 안에 신체적인 변화가 일어나는데, 몸에서 힘이 점점 빠지고 초조해진다. 심장이 좀 더 빨리 뛰며, 혈압이 상승하고 눈의 동공은 확장되는데, 속이 울렁거리기도 한다. 그리고 두어 시간 내로 환각이 일어나는데, 환각 내용은 복용한 LSD의 양에 따라 달라진다. 대략적인 설명을 해보자면, 적은 용량의 LSD를 복용하면 '감각의 단계'라는 지각의 왜곡을 일으키며, 용량을 높일수록 '자궁의 단계', '세포의 단계', '분자의 단계' 같은 높은 수준으로의 의식의 단계를 경험하게 된다.

지각의 왜곡은 주로 시각과 청각에서 일어난다. 시각적 왜곡이 일어나면, 눈앞에 놓인 사물의 모습이 변하여 색다른 형상으로 보게 된다. 예를 들어, 도취된 상태에서는 주변의 벽이 흔들리기도 하고, 지나다니는 고양이가 웃는 모습을 보게 되기도 한다. 시각적 왜곡으로 보이지 않던 것이 보이기도 하는데, 양탄자나 벽지에 그려져 있는 무늬나, 그리고 만화경 같은 기하학적인 패턴들이 다채로운 색상과 함께 펼쳐지기도 한다. 또한 공기 중에 떠다니는 분자들이 보이기도 하는데, 시각적 형상이 강렬하다 보니 환각적 내용들을 실제로 일어나는 일로 받아들이는 경우도 있다. LSD가 감각기능을 강화시켜서, 엄청나게 작은 크기의 분자가 실제로 눈에 보였다는 식으로 말이다. 시각과 청각적 감각의 합일이 일어나기도 하는데, 쉽게 말해, 보이는 것이 들리고 들리는 것이 보이기 시작한다. 예를 들어, 소리가 파동으로 형상화되어 보이거나, 음악 선율의 높낮이가 마치 오디오 스펙트럼처럼 보인다고 한다.

1960년대 미국에서는 LSD를 심리치료에 사용하기도 했는데, 적당한 생리화학적 자극을 일으켜 심리적인 긴장과 억압을 완화시키는 역할로 쓰였다. 그러면, 트라우마와 같은 억압된 기억들을 '편안한 심리상태'에서 받아들이고 재해석할 수 있기 때문이다. 어떤 사람들은 이 상태를 무한히 '사랑받고 있다는 느낌'이나 '이해받고 있는 느낌'이었다고 표현했다. 약물의 용량을 500μg 정도로 올리면, '감각의 단계'에서 끝나지 않고, 소위 '자궁의 단계'라 불리는 높은 차원의 의식 단계로 인도된다는 느낌을 받는다. LSD

는 심리상태를 변화시켜 과거의 힘들었던 기억들을 쉽게 받아들이게 해주는데, 출생 시 경험한 기억을 추적하여 트라우마를 해소시켜주기도 한다. 일반적으로 우리는 출생 당시의 기억은 존재하지 않는다고 여긴다. 갓 태어날 때 아기의 뇌는 기억을 형성하지 못할 정도로 미숙하기 때문이다. 하지만 LSD를 이용한 세션을 진행했던 심리치료사들 중에는 이것을 실제 사건에 대한 기억이라고 생각하는 이들도 있었다고 한다.

LSD는 소위 '세포의 단계'나 '계통발생학적 기억'이라 불리는 출생 이전의 기억들을 끄집어내기도 한다. 이 기억들은 진화적 시간의 규모 동안 형성된 다양한 의식의 형태들이다. 인류의 문명은 1만 년 이상 존재해 왔으며, 원숭이와 인간의 공통조상은 유인원으로 800만 년 전을, 그리고 인간의 동물로서의 생물학적 조상은 6억 년 이상을 거슬러 올라간다. 6억 년부터 800만 년 전 사이의 진화적 단계에는 물고기 형태도 있었고, 파충류와 포유류의 중간 형태 그리고 지금의 들쥐와 비슷한 형태의 동물도 있었다. 이렇게 서로 다른 형태의 진화 단계에 놓여 있었을 때, 우리의 진화적 조상들은 각자 고유한 의식의 형태를 가지고 있었다. 하지만 유전된 의식 안에는 개별적인 사건에 대한 기억이 결여되어 있다. 이렇게 누적된 의식들은 무의식 깊숙한 곳에 놓여있다가, 지각의 문이 열렸을 때 개별적이고 구체적인 기억의 형태를 가지고 의식의 표층

위로 올라온다. 단순하게 표현하자면, 인간의 뇌는 6억 년 동안의 다양한 형태의 의식들이 축적된 생물학적 기억의 창고다. 그리고 영신제를 통한 도취 상태에서는 이 오래된 의식의 형태들을 다시 경험할 수 있는 것이다. 그 결과 LSD를 복용한 뒤, 물고기가 되어 심연의 원시바다 속을 헤엄치기도 하고, 심연의 바닷속에서 해변으로 올라오는 첫 해상 생물이 되어 원시해변을 구경할 수도 있다. 그리고 원초적 파충류가 되기도 하는데, 이러한 동물들의 형상은 원시 종교에서 숭상하는 동물, 즉 토템^{totem}들과 일치하는 경우도 많이 있다.

LSD 여행은 종종 '배드 트립$^{Bad\ Trip}$'이 되기도 한다. 배드 트립은 일종의 '악몽 같은 여행'으로, LSD 여행 동안 심리적으로 어둡고 불쾌한 환상과 느낌을 강하게 경험하게 되는 것을 말한다. 자신이 혐오하는 바퀴벌레들이나 뱀의 형상이 보이기도 하며, 팔 저림이나 소변이 마려운 듯한 신체적 느낌이 고통으로 증폭되기 한다. 무엇이 여행자를 배드 트립으로 빠뜨릴까? 여행자가 도취상태에 빠져있을 때의 주변 환경과 내면의 심리적 상황이다. 주변 환경이란 도취되어 있는 장소의 분위기이다. 장소가 평소 거주하던 집처럼 편안하고 아늑한 곳인지, 파티 장소처럼 시끄럽고 밝은 조명들로 산만한 곳이었는지가 좋고 나쁜 여행을 결정한다. 사람은 일상적인 상황에서 통제할 수 없는 감각적 자극에 계속 노출될 경우,

불쾌감과 불안감에 휩싸이게 된다. 특히 감각이 예민해지고 왜곡되는 여행자의 경우 여행 당시의 심리적 상태가 좋지 못하다면, 부정적 생각들을 연상하기 쉬워지게 된다.

여행을 처음 하는 사람일수록 배드 트립에 빠지기가 쉽기 때문에, 여행자가 스스로 여행을 잘 마칠 수 있도록 도와줄 안내자가 필요하다. 여행 도중 여행자는 안내자와 계속 대화를 할 수 있는데, 여행자가 부정적인 세계로 빠질 때마다 새로운 길로 제시해 줄 수 있다. 배드 트립을 경험하고 나서 LSD를 중단하는 경우가 종종 있는데, 배드 트립이라고 해서 여행에서 겪은 경험들이 절대적으로 무가치한 것만은 아니다. 여행 중 맞닿은 내면의 심리적인 사건들로 촉발된 배드 트립일 경우에는 어떤 의미였는지를 고민해 볼 가치가 있기 때문이다. 불쾌감과 거부감을 일으킨 바로 그곳에서 자신의 트라우마를 풀어낼 수 있는 '심리적 단서'가 있기 때문이다.

한 번의 여행은 8~12시간이다. 여행을 마치고 돌아왔을 때, 심신은 그야말로 지쳐있다. 두통과 피곤함을 느끼며, 깊은 사색에 빠지게 된다. 지금까지 알려진 문헌들을 바탕으로 설명하면 그렇다. 이렇게 LSD 여행은 휴식이 아닌 고된 정신적 활동을 수반하는데, 많은 심신의 에너지를 고갈하기에, LSD가 합법이었던 시절인 60년대 사람들은 '일주일에 한 번' 혹은 '한 달에 한 번' 정도의

LSD 여행을 하곤 하였다. 심신의 에너지 고갈로, 이보다 많은 횟수의 여행은 극히 드물었다. 이런 이유로 LSD는 그리 중독적이진 않았는데, 거의 모든 사람들이 자신이 원할 때 LSD를 중단하였다.

LSD의 수용체, 영성의 문을 열다

카페인은 인간뿐만 아니라 꿀벌의 수행능력도 강화해준다. 알칼로이드의 일종인 카페인은 인간과 곤충 사이에 공통적으로 존재하는 감정을 비슷한 방식으로 변화시킨다. 감정의 변화는 심리적이지만, 사실 그 베일 속에는 생화학적인 반응이 깊게 연관되어 있다. 인간과 곤충 둘 다 공통적으로 뇌가 존재하며, 더 나아가 뇌 안에는 화합물이 반응할 수 있는 공통적인 수용체receptor가 존재한다. 정말 신기한 사실이 아닐 수 없다. 인간과 곤충은 수억 년 전에 분화된, 그래서 지금은 너무나도 다른 모습을 하고 있으니 말이다.

게다가 이러한 수용체들은 인간과 곤충, 그리고 그 사이에 진화적 차이를 메울 수 있는 거의 모든 생물체들에 공통적으로 존재한다. 이들 수용체들은 막 단백질로, 구조적으로 상당히 비슷한 형태를 가지고 있다. 특히 화합물이 결합하는 부위는 더욱더 그러하다. 하지만 알고 보면 그다지 놀랄 만한 사실도 아니다. 곤충과 인간 사이의 거의 모든 생명체들은 뇌도 있고, 소화기관인 입과

약국에 없는
약이야기

항문도 있고, 심지어 성생활도 영위한다. 중요한 생물학적 형질들은 오랜 시간이 지나도 잘 변화하지 않는데, 변화가 일어나는 경우 대체적으로 종의 생존에 있어 치명적이기 때문에 진화의 역사 속으로 사라지는 경우가 많았다. 이런 상황은 단백질인 수용체에 있어서 예외가 아니다.

LSD를 비롯한 영신제들도 알칼로이드 화합물의 일종으로, 카페인과 별반 다르지 않다. 영신제의 도취 효과는 이렇게 비유하면 좋을 것 같다. 무의식 세계의 문을 잠그고 있는 자물쇠가 바로 뇌 안에 단백질로 이루어진 수용체이고, 영신제로 분류되어 있는 화합물들이 문을 잠그고 있는 자물쇠를 푸는 열쇠다. 열쇠가 자물쇠에 결합하여 문을 열듯이, 영신제 역시 수용체에 결합하여 새로운 지각의 문을 열게 된다.

영신제로 분류된 화합물들은 구조적으로 유사한 형태를 지니고 있다. 이것은 열쇠의 원리를 생각해보면 너무도 당연한 이치일 것이다. 열쇠끼리 모양이 조금씩 다르더라도 똑같은 자물쇠를 열 수 있으니 말이다. 자물쇠가 풀리기 위해서는, 자물쇠 안에 놓인 핀들의 높낮이를 잘 조율해야 하는데, 핀과 맞닿는 열쇠의 톱니 부위의 위치와 높낮이가 맞으면 된다. 열쇠의 다른 부위는 다르게 생겼더라도, 핀과 닿은 부분만 제대로 설계되면 문이 열린다.

이 원리는 영신제뿐만 아니라 모든 종류의 화합물이 수용체에 작용하는 방식에도 적용된다. 즉 일반적으로 화합물의 구조가 비슷하면, 약리적 성질도 비슷하다. 지금까지 다루었던 영신제들 중에는 페요테의 메스칼린 그리고 LSD가 있는데, 이들 화합물에는 구조적인 유사성이 있다. 그리고 환각버섯의 실로시빈 구조 역시 유사하다. 지금까지 영신제들은 다른 종류의 환각제들과 더불어 마약으로 분류되어 왔지만, 이들의 운명은 조만간 다르게 전개될지도 모르겠다. 앞서 말했듯이, 2018년부터 미국 FDA에서는 실로시빈을 항우울제로서의 임상시험을 허가하였기 때문이다.

영신제인 LSD와 실로시빈은 세로토닌 수용체와 결합하고, 세로토닌과도 구조적 유사성이 있다.[*] 영신제와 결합하는 수용체에 대하여는 흥미로운 점이 하나 더 있다. 이 수용체의 이름은 세로토닌-2A 수용체$^{serotonin\ 2A\ receptor}$로 알려져 있는데, 다음 장에서 다루게 될 프로작이 주요하게 결합하여 우울증을 치료하는 데 중요하게 쓰일 것이라고 예상되는 수용체이다. 프로작을 투여한 사람은 영신제에 교차내성을 보인다. 즉, 프로작이 영신제 대신 수용체에 달라붙어 영신제의 약리작용을 방해하는 것이다. 이런 이유로, 프로작을 복용한 사람은 영신제의 효과를 보기 위해서는 많은 용량을 투여해야 한다.

● 메스칼린의 경우, 유사성의 정도는 LSD와 실로시빈, 그리고 세로토닌 사이에서 나타난 것보다 약하다. 메스칼린의 구조적 유사성은 세로토닌의 방향기 중심인 인돌을 기준으로 한다.

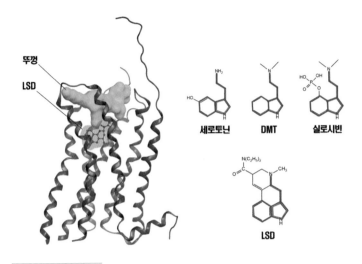

뚜껑
LSD
세로토닌
DMT
실로시빈
LSD

세로토닌 수용체, 그리고 LSD와 구조가 비슷한 화합물들
세로토닌, DMT, 실로시빈, LSD 모두 구조적으로 유사하며(붉은 선은 서로 겹침), 세로토닌 수용체에 달라붙어 정서적 변화 및 환각을 일으킨다. 하지만 화합물들의 유사하지 않은 영역(붉은 선으로 겹치지 않는 부분)은 수용체의 뚜껑과 맞물리게 되는데, 맞물리는 힘의 정도가 서로 다르며, 이것이 여행 시간의 길이를 결정한다.

LSD의 '여행 시간', 즉 '지속 시간'은 다른 환각제에 비해 긴 편이다. 이와 관련한 연구가 최근에 발표되었는데, 지속 시간이 긴 이유는 바로 수용체의 뚜껑 때문이었다. 일반적으로 화합물이 수용체에 달라붙으면, 수용체 구조에 변화가 일어나 자물쇠가 열리게 된다. 하지만, LSD의 수용체에는 특별한 점이 있었다. 일단 LSD가 수용체에 붙게 되면, 수용체의 뚜껑과 LSD의 구조의 일부분이 맞물리게 되어 뚜껑이 강하게 닫히게 된다. 맞물리는 힘의 정도는 영신제마다 다른데, LSD의 경우 한 번 붙으면 뚜껑과 강하게 맞물려 오랫동안 붙게 되어 여행 시간이 길어진다.

LSD는 창의성에 도움이 되었을까?

LSD-25에서 강한 도취 효과를 발견한 호프만은 LSD-25의 화학적 구조를 좀 더 변형시켜, 정신적으로 병든 사람들의 재활에 도움이 되는 심리치료제의 신약을 개발하려고 하였다. 물론 호프만도 LSD를 즐겨 사용했다. 사실 창조적인 엘리트들은 LSD를 높게 평가하고 있다. LSD가 정신적인 활기를 불러일으켜 주고 창의적인 영감을 주었기 때문이다. 화가, 작가, 음악가 등 예술가 직군에선 LSD를 사용한 사람들이 상당히 많이 있다. 아마 대표적인 사례가 음악가일 것이다.

1960년대 중반 샌프란시스코에서는 사이키델릭 음악, 일명 애시드 락^{acid rock}이라는 새로운 음악 장르가 만들어졌는데, 사이키델릭 음악가들은 음악을 통해 LSD로 체험할 수 있는 영적 체험을 재생하려고 했다. 노래 속에서 반복되는 악구와 쉬지 않고 돌아가는 강렬한 불빛은 관객들로 하여금 도취 효과를 일으키고, 드럼과 베이스의 낮은 주파수가 주는 진동은 관객의 몸의 떨림과 공명하여 도취 효과를 증폭시킨다. 사이키델릭 음악에서는 마약과 음악, 섹스가 혼합된 여행의 종착지를 그려낸다. 여행의 종착지는 바로 자신의 내면에 존재하는 초월적인 세계였을 것이다. 사람들은 그곳에서 황홀감과 편안함을 느끼고 싶어한다. 사이키델릭 음악은 음악가 자신의 LSD 체험담이자 초대장이었던 것이다.

싸이키델릭 음악가들로는 도어스의 짐 모리슨, 지미 핸드릭스, 롤링 스톤스, 비틀즈 등이 있다. 특히 비틀즈는 1967년 LSD의 이름과 무관하게 보이기 힘든 〈Lucy in the Sky with Diamond〉라는 곡을 발표하기도 했다. 제목의 이니셜을 합치면 바로 LSD다. 무관하지 않은 것은 제목뿐만이 아니다. 이 노래의 가사에도 LSD를 복용하고 떠올린 듯한 시각적 환상들이 많이 표현되어 있다. 이 노래를 작곡한 존 레넌은 1980년 그가 죽기 전까지 이와 연관된 루머들을 부인하였다. 하지만 거짓말이었다. 레넌은 LSD 여행을 1,000번을 넘게 다녀왔다. 비록 그의 그룹인 비틀즈가 해체되기 전에 새로운 영감을 제시해주던 LSD를 중단하긴 했지만 말이다. 1,000번이 넘는 여행을 통해 레넌은 자신의 자아가 계속 '붕괴'되고 있다는 집착에 사로잡혔다고 회고한다.

유명한 LSD 사용자로는 애플의 창시자인 스티브 잡스도 있는데, LSD 경험을 다음과 같이 표현했다.

"난 LSD를 통해서 심오한 체험을 했어요. 정말 제 인생에서 중요한 경험이었죠. 사물에 숨어있는 새로운 면들을 봤거든요. 동전을 예로 들어 볼게요. 동전은 하나의 사물이지만, 앞면과 뒷면이라는 서로 상극되는 양면성을 가지고 있잖아요. 세상의 많은 실체들에는 이렇게 모순되는 성질이 하나로 통합되어 있다는 것을 깨달았어요.

아이폰을 들고 있는 스티브 잡스

스티브 잡스의 LSD 경험담은 여전히 회자되고 있다.
창조력을 얻기 위한 방법으로 LSD를 구하는 사람이
늘어난 것엔 스티브 잡스의 영향도 있지 않을까. 물론
LSD가 창조력을 발휘하는 유일하고 좋은 방법은 아닐
것이다. (출처 : Matthew Yohe)

그리고 이런 깨달음은 저의 가치관을 바꾸어 놓았어요. 이제는 단순히 돈을 버는 것보다 좀 더 인간의 인식과 역사에 의미 있는 것들을 창조하는 작업을 하고 싶어요."

LSD로 영감을 받은 사람 중엔 노벨상을 받은 과학자들도 있다. DNA 이중나선 구조를 발견한 프란시스 크릭Francis Crick, 물리학자 리처드 파인만Richard Feynman 그리고 케리 멀리스Kary Mullis다. 케리 멀리스는 중합효소연쇄반응(PCR)을 발명한 사람인데, 그는 LSD를 복용하던 와중에 DNA 나선이 중합효소에 의하여 복제가 되는 것을 꿈속에서 보았다고 한다. 즉 LSD가 PCR을 개발하는 중요한 단서로 작용한 것이다.

정말로 LSD는 창의성을 높여주었을까? 이를 증명하는 엄밀한 실험은 없었지만, 관련이 있을지도 모른다. 창의적인 작업에는 그에 필요한 많은 문제들이 발생하기 마련이고 그 문제를 해결하면 더 창의적인 작업을 할 수 있을테니 말이다. 영신제는 문제들을 풀기 위한 과정 중에 생겨나는 많은 심리적 고착 단계를 해소하도록 도와주기도 하며, 새로운 다른 각도를 통해서 문제들을 바라보게 도와준다. 하지만 이렇게 반문할 수도 있다. 어떻게 약물에 도취된 비이성적인 상태에서 문제해결 능력과 관련된 통찰력이 나타날 수 있을까?

이와 관련된 답을 제시해 줄 수 있는 일련의 실험들이 1950년대 심리학자 오스먼드[Humphry Osmond]에 의해 진행되었다. 오스먼드는 싸이키델릭이라는 표현을 만든 장본인이기도 하다. 그의 연구 결과에 따르면, LSD에 도취되어 있을 때 주변 환경과 자신의 마음가짐이 중요하다. 주변 환경이란 앞에서 이야기했듯이 도취되어 있는 장소를 말한다. 이런 주변 환경이 중요한 이유는 LSD에 도취되어 있는 상태에선 주변 환경으로부터 들어오는 감각, 특히 시각과 청각적인 요소들이 증폭되기 때문이다. 일상 속에서 즐거움을 주던 적절한 자극조차도 극도의 불안감을 초래할 수가 있다.

ULTRA-MK 프로젝트, 자백약은 실제로 가능할까?

LSD는 의식을 해방시켜 주고 창의성을 높여주는 약이지만, 그만큼 작은 자극조차도 증폭되어 불안감을 일으킬 수 있다는 점을 이용한다면 어떻게 될까? 미국의 CIA는 이 아이디어를 바탕으로 오랜 기간 동안 자백약으로 개발하려고도 하였다. 이들은 적국의 스파이를 심문하기 위해 자백약을 개발하려고 했는데, LSD를 포함한 신경계에 작용하는 모든 약물을 자국민을 상대로 비인도적인 실험을 강행하였다.°

CIA에서 계획한 자백약의 원리는 간단했다. 일단 인간의 의식 어딘가에 놓여있는, 거짓으로 이야기를 꾸며낼 수 있게 해주는

'의식의 스위치'를 약으로 끄는 것이다. 이런 역할은 술, 펜토바르비탈, 아편 등의 진정제가 수행했다. 하지만 진정제 하나로만은 자백약으로 사용할 수 없다. 진정제는 다른 심리적 동기들 역시 박탈해서, 심문을 받는 사람의 머릿속이 멍해지고 말없이 조용해지기 때문이다. CIA가 원하는 것은 머릿속에 떠오르는 내용들을 즉흥적으로 말할 수 있도록 유도해주는 각성제였다. 여기에 카페인, 암페타민, 코카인과 같은 각성제가 후보로 올랐다. 자백약의 원리는 한마디로, 방어기제가 제대로 작동하지 않을 때 말을 많이 하도록 만들면 되는 것이다. 그러면 진실에 가까운 이야기들을 말하게 되어 있다.

대마는 진정제로 긴장과 불안을 덜어주고, 동시에 감각을 고조시켜 말이 많아지게 하는 각성제 역할을 수행할 수 있다. 그렇기에 대마를 투여하고 심문 과정 중 수감자에게 적당한 심리적 자극을 준다면 성공할지도 모를 일이었다. 만약 이 과정이 실패한다고 해도, 대마를 기본 물질로 하여 이미 알려진 다른 약들과 혼합시켜 투여하는 것도 새롭게 시도해볼 만 일이었을 것이다. CIA가 LSD를 손대기 전까지만 해도, 대마는 당시 자백약이 될 유력 후보로 꼽혔다.

● 당시 어떤 종류의 약물이 사용되었는지, 이들 약물을 어떤 원리로 자백약으로 계획했었는지는 미국 CIA의 홈페이지에 올라와 있다.

LSD를 자백약으로 실험하고 나자 CIA는 깨달았다. LSD가 이전에 시험했던 어느 약물과도 성격이 전혀 다르다는 것을. LSD는 극도의 불안감을 일으켜, 그 불안감에 사로잡힌 나머지 사람들이 자신도 모르게 사실을 말하게 할 수 있다고 CIA는 판단했다. 약에 취하지 않은 일반적인 상태에서도 주변 환경이 시끄럽고 산만할 때 사람들은 불안감을 어느 정도 느낀다. 그래서 나름의 고차원적인 의식 활동, 책을 읽거나 창작활동을 할 때 사람들은 조용한 곳을 찾는다. 적절한 음악 소리와 아늑한 조명은 단조로운 지루함을 깨우기도 하여 일에 집중할 수 있게 만들어 준다. 하지만 LSD를 복용하게 되면 상황은 바뀐다. LSD는 주변 환경으로부터 들어오는 감각, 특히 시각과 청각적인 요소를 증폭시키는데, 이때 일상의 적절한 자극조차도 극도의 불안을 일으킬 수 있다.

사실 인간이 불안의 심리에 대처하는 방식은 그다지 합리적이지 못하다. 특히 극도의 불안감을 느낄 때 그렇다. 어느 정도의 불안은 거짓말과 문제를 풀어나갈 심리적 동인이 되어 주지만, 극도의 불안에 휩싸이면 원하지 않는 행동을 무의식적으로 실행시켜 버린다. 요컨대 자동차가 달려오는 것을 인지하면서도 횡단보도를 건넌다든지, 불편한 자리에서 실수로 불필요한 이야기를 하게 되는 것이다. 커피를 많이 마실 때 일어나는 불안 심리가 이와

LSD 루머의 끝판왕, 프랭크 올슨

LSD와 CIA와 관련된 루머 중 가장 관심을 끌었던 것은, 세균학자였던 프랭크 올슨의 죽음과 관련된 이야기다. 우리나라에서 <어느 세균학자의 죽음>으로 넷플릭스에 공개된 이 작품은 프랭크 올슨이 LSD로 의심되는 약물을 투여 받고 죽음에 이르렀다는 음모론에 대해 살펴보고 있다. (출처 : IMDB)

비슷한 경험이다. CIA는 이런 불안감을 유도하기 위해 LSD를 실험한 것이다.

CIA가 맨 처음 LSD를 실험했을 때, 약물의 효과에 대해 상당히 고무적이었다. 하지만 당시엔 영신제의 정확한 성격을 알지 못했다. 영신제는 CIA가 생각했던 것처럼 사람의 정신과 심리를 타인이 조종하고 구속할 수 있게 해주는, 이른바 '마인드 컨트롤' 약물이 아니었다. 오히려 복용한 사람의 정신을 자유롭게 해주는 약에 가까웠다. 한마디로 자백약과는 반대 성질의 약이었다.

결론은 간단하다. 말 그대로의 자백약은 지금까지 만들어지지 않았다는 것이다. 각종 드라마에서 등장하는 자백약들은 흥미로운 전개를 위한 하나의 극적 장치일 뿐이다. 실제로는 약에 취해있을 동안 아무런 의미 없는 말만 중얼거리다 끝난다. 약에 취한 나머지 지나친 섬망과 혼란의 교착상태에 빠져, 이야기를 머릿속에 떠올리기조차 불가능해지기 때문이다. CIA를 비롯해 자백약을 실험한 이들은 약을 복용한 사람의 의식세계 저변의 어딘가의 특정 활동만을 저해해 자백을 얻을 수 있다고 생각했지만, 대부분의 약들은 비특이적으로 다른 의식 활동들까지 역시 저해하고 말았던 것이다.

LSD의 루머 그리고 반문화

1960년대에 들어서 LSD는 미국에서 어느덧 무서운 종류의 약이 되고 말았다. 루머에 루머가 끊이지 않는 약 중 하나라고 할 수 있을 것이다. 오늘날 우리가 종종 접하게 되는 LSD의 위험성에 관련된 이야기들 중에는 60년대와 70년대의 미국 언론을 통해서 알려진 것들이 많다. LSD의 위험성과 관련된 이야기들은 대개 기괴하고 공포스럽다. 예를 들어 누군가 LSD를 복용한 뒤에 광적으로 돌변하여 자살을 했다거나 다른 사람을 공격했다는 것이다. LSD가 영구적인 정신이상을 일으킨다는 이야기들도 언론을 통해 알려지기 시작했다.

다른 이야기도 있다. LSD가 염색체에 손상을 준다는 연구 결과가 1967년 발표된다. 당시 미국은 제2차 세계대전이 끝난 뒤로, 15년 정도의 베이비붐으로 인구의 연령층이 젊어져 있었다. 40퍼센트 이상이 스무 살 미만이었다. 성 활동이 활발한 시기인 젊은이들은 아마도 다음 세대에 신체장애를 일으킬지도 모르는 염색체 손상을 두려워했을 것이다.

요즘엔 LSD의 해악성에 대해 반박하는 연구 결과도 나오는 중이다. 담배나 술보다도 독성이 적다는 연구도 있다. LSD가 염색체 손상을 일으킨다는 1967년의 연구 결과는 그 이후 다른 기관에서 실험한 결과들에 의하여 완전히 거짓임이 드러났다. 그리고

LSD를 복용했던 임산부들이 출산한 장애아의 숫자도 다른 임산부들에 비해서 유의미하게 높지 않았다. 한마디로, LSD는 태아의 기형을 유발하지 않는다. 하지만 아직 밝혀지지 않은 것들이 많다. LSD의 치사량은 아직 인간과 관련해서는 알려지지 않았지만 동물 실험을 통해 짐작하건대, 편차가 크긴 하지만 치사량이 분명 존재한다.

별다를 것 없이 안전해 보이는 이 약물은 일련의 보도와 연구 결과들을 통하여 언론을 통해 부정적으로 알려졌는데, 여기에는 배후세력이 있었다. 바로 LSD를 군사적 혹은 정보 목적으로 탐구해오던 CIA였다. 오랫동안 LSD를 실험했던 CIA가 연방정부가 LSD를 불법화시키는 작업을 도와줘야 하는 국가적 비상사태가 발생했다. 바로 베트남 전쟁의 반대 운동을 펼치던 자유로운 영혼들의 사회 집단이었던 히피들을 상대해야 했기 때문이다.

앞서 대마를 다루면서도 짧게 이야기했지만, 히피들은 1960년대부터 미국 정부의 주요한 골칫덩어리였다. 히피들은 힌두교와 불교 그리고 미국 원주민들의 종교에 깃든 신비주의를 받아들였다. 그리고 대마와 영신제들을 통한 의식확장을 통해 신비주의 사상을 새로운 틀로 그들만의 독특한 방식을 통해 융합을 시도하였다. 의식의 확장을 이룩한 히피들은 미국의 베트남전 개입에 반대함으로써 당시의 구체제에 반항하였다.

당시 히피들의 사회체제에 대한 반항은 '노동의 거부'를 중심으로 한 반문화^{counter culture}의 형태로 이루어졌다. 히피들은 억압된 의식을 해방시키기 위해서 대마와 LSD같은 영신제들을 복용하였다. 게다가 이들의 문화는 노동의 의무도, 성을 통한 가족의 형성도 거부하였다. 심지어 인간이 노동 생산의 수단으로 악용된다며 출산을 거부하였다.

히피들은 대마의 다음 정거장으로 LSD를 선택하였는데, 실질적인 이유는 LSD의 중독성과 무관했다. 이들에게 있어 LSD는 대마보다 더 자극성이 강한 마약이 아니었다. 이들이 LSD를 선택한 이유는 LSD가 대마보다 의식을 좀 더 높은 단계로 확장시켜 주었기 때문이다. 즉 마리화나로는 지각과 감각의 고조를 경험하는 일종의 '감각의 단계'에 머물지만, LSD와 메스칼린을 사용하면 감각의 단계를 넘어 이른바 '세포와 분자의 단계'로 접근할 수 있었다. 히피들은 초월적 세계에 해당하는 '세포와 분자의 단계'에서, 억압적 문명 형성이 남겨 놓은 의식의 트라우마를 극복하고 의식을 해방시키고자 하였다.

LSD의 구루라 할 수 있는 티머시는 대마와 영신제 그리고 히피들의 반문화를 주도하는 아이콘으로 활동했다. 1960년 말, 샌프란시스코를 중심점으로 한 반문화의 축제와 향연이 벌어졌는데, 수많은 군중들이 티머시가 만든 구호를 외쳤다.

"Turn on! Tune in! Drop out!"

이들이 연호한 단순해 보이는 이 세 마디에는, 히피들의 반문화 정신이 잘 드러난다. '흥분하라$^{Turn\ on}$'는 영신제와 같은 약물을 통하여 자신의 내면 깊숙이 잠들어 있는 일종의 진화적인 다양한 의식의 형태들을 불러 일으키라는 구호였다. 마치 꺼져있는 의식의 스위치를 켜듯이$^{turn\ on}$ 말이다. '조응하라$^{tune\ in}$'는 새롭게 자각된 의식을 가지고, 자기에게 주어진 세상을 새롭게 맞이하자는 의미였다. 그리고 '이탈하라$^{drop\ out}$'는 기존의 전통적인 가치들을 거부함으로써, 궁극적으로 세상을 변화시키자는 의미를 가지고 있었다. 잘 다니던 대학교, 고등학교를 관두면서 말이다$^{drop\ out}$.

LSD는 어떻게 불법이 되었나

이제 미국 연방정부가 어떻게 LSD를 불법으로 규정했는지를 살펴보자. 연방정부에서는 자국민의 공중보건을 이유로 들었다. 배드 트립으로 인한 트라우마나, 약물에 도취되어 갑자기 창밖으로 뛰어 자살을 한다거나, 공격적으로 변하여 주변사람들에게 폭력을 행사했다는 등의 반사회적인 행동을 보이는 정신병을 막기 위해서라는 이유를 제시하기도 했고, 약물 부작용으로 인한 유전체 손상을 막기 위해서라는 이유를 제시하였다. 그리고 CIA

약국에 없는
약이야기

는 이런 부정적인 언론과 의학 연구단체의 배후세력이었다. 하지만 LSD 규제의 실제적인 이유는 히피들을 중심으로 확산된 베트남 전쟁을 반대하는 운동을 막기 위해서였다. LSD를 불법으로 규정함으로써 베트남 전쟁에 반대하는 세력들을 법적으로 처벌하려는 것이다. 특히 LSD처럼 약물들이 향정신성일 경우 좋은 변명의 구실이 되어줄 수 있다. 나라의 주요 정책을 반대하는 이유는 불법 약물을 복용하는 집단의 광기에서 비롯되었다는 식으로 말이다. 1900년대 초반 대마와 아편이 멕시코인과 중국인을 탄압하기 위해서 규제했던 것도 좋은 예가 될 것이다.

하지만 이번에는 상황이 좀 좋지 않았다. LSD가 불법으로 규정되자 지금까지 암묵적으로 불법으로 받아들여지던 대마가 다시 사회적 이슈로 떠올랐다. 60년대 이전에 대마는 불법이었고, 그 당시에는 사회적으로 소외되고 억압된 계층만이 주로 이용했었다. 하지만 대마뿐 아니라 LSD도 같이 애용하던 히피는 대부분 정규 교육을 마쳤고 심지어 고등 교육을 수료한 비율도 높았다. 즉, 합리적으로 상황을 분별할 수 있는, 젊은 중산층 계층의 비율이 높았다.

이들은 합리적인 질문을 던졌고, 정부에게 외쳤다. "대마는 불법이면서, 어떻게 대마보다 위험한 담배와 술은 합법일 수가 있을까?" 이러한 사회적 규제의 모순성이 60년대 히피들의 반문화를 이끌어낸 원동력이었다.

반문화는 낯설고, 새롭고, 획기적이었지만 반문화의 물결이 모든 걸 바꾸진 못했다. 하지만 반문화가 만들어 낸 균열은 많은 사람들이 깨닫지 못한 현대 사회의 문제점을 드러냈다. 현대 사회에서 '합법적'으로 소비되는 약을 생각해보자. 생산성을 위해, 이성적이고 합리적인 생각을 강화시키기 위해 종종 커피와 같은 각성제와 항우울제를 복용하는 것을 사회는 묵인하고 때론 넌지시 권유한다. 애더럴과 같은 각성효과가 있는 약을 오남용해도 다른 마약에 비해 관대하게 생각한다. 생산성에 도움이 되기 위해 먹는 것이기 때문이다. 하지만 히피들이 옹호하는 종류의 마약에 대해선 어떤가? 예컨대 대마는 생산성을 위한 약은 아니다. 히피들은 대마가 억압된 심리를 이완시키며, 영신제가 우리의 의식 상태를 억압된 형태의 노동이 등장한 인류 문명 이전의 원시적이고 초월적인 세계로 데려가 해방시켜준다고 생각한다. 히피들은 이런 마약의 기능을 옹호하지만 사회는 이런 마약을 혐오한다. 현대 사회에서 이뤄지는 마약의 규제는 노동에 적합한 의식 상태를 만들기 위해서 이루어진다는 것을, 히피와 반문화는 일깨워줬다.

그렇다면 우리나라는 어떤가? 반문화의 물결이 마약에 대한 인식을 바꾸었을까? 예전에 누군가에게 들었던 말이 기억이 난다.

"반문화라는 세계적 물결은 유럽에서 시작해, 미국을 건너 일본에 도착했다. 그런데 결국 우리나라로 건너오진 못했다."

실제로도 그렇다. 독일과 프랑스를 비롯한 유럽은 68혁명을 비롯해 체제에 도전하는 움직임을 시작했고, 이 흐름이 미국으로 건너가 히피들의 운동으로 약진했으며 일본에도 영향을 미쳤다. 하지만 우리나라에는 끝내 도착하지 못했다. 다른 세상이 해방을 노래할 때, 우린 억눌린 사회에 살고 있었다.

그래서 약물에 대한 우리나라의 처벌 수위는 약물 규제를 시작하고 세계적으로 주도했던 미국에 비해서도 상당히 높다. 우리나라의 약물 규제는 자유로운 청년 문화(복장과 표현의 자유 그리고 대마)를 무자비하게 처벌하던 1970년대의 그림자에서 자유롭지 못하다. 일부 약물의 의학적 사용을 시작으로, 억압된 사회와 약물 규제의 악순환은 언젠가 풀리지 않을까?

약으로
정말 행복해질 수 있을까?

해피 드러그, 항우울제의 위험성

필자는 샌프란시스코에서 박사 후 연수과정을 밟았는데, 당시 항우울제의 부작용을 버티지 못하고 대마로 약물을 바꾼 의과 및 약학생들의 이야기들을 듣곤 했다. 의약계열에 종사하는 사람들뿐 아니라, 일반인들에게서도 이런 경우를 상당히 자주 보게 된다. 그들이 보기에 항우울제는 식욕과 성욕을 급격히 감소시키고, 머릿속을 멍하게 만들어 사람을 좀비처럼 만드는 약인 것이다. 그렇다. 항우울제는 식욕과 성욕에 부정적인 영향을 준다. 하지만 가장 큰 문제점은, 항우울제를 복용하다 보면 곧이어 다른 약을 복용하게 된다는 점이다.

다른 약 중 하나는 항불안제다. 항우울제는 우울증으로 인한 불안장애를 치료하기 위해 나온 약이지만, 원래는 흥분 및 각성을 유도하는 약이다. 우울한 상태는 심리적으로나 신체적으로나 활동적이지 않은 상태이기 때문이다. 각성 상태가 약물로 지속적으로 유지되다 보면, 불안과 불면증이 찾아오게 된다. 그래서 항우울제를 복용하던 사람들이 항불안제에까지 손을 뻗치게 되는 경우도 많다.

여기에 또 하나의 약이 추가된다. 바로, 속쓰림과 위산 과다 때문에 먹는 위장약이다. 항우울제를 장기간 복용하면 식욕이 감소하면서, 속쓰림과 위장 출혈이 보다 쉽게 일어난다. 성욕이 감퇴하게 되어 발기가 제대로 이루어지지 않아 비아그라가 필요하게 되는 이들도 있다. 이렇게 항우울제를 복용하게 되면, 먹지 않아도 되었을 약 세 가지를 평상시에 복용하게 되는 것이다. 이쯤 되면 항우울제야말로 제약회사가 원하는, '불필요한 약들의 관문 gateway'라 할 수 있지 않을까?

게다가 항우울제는 살인과 자살같은 극단적인 사건와도 결부되어 있다. 다음 장에서 등장하는 일련의 사건들은 실제로 보고된 사례들로 이루어져 있다.•

● 사건의 내용은 미켈 보쉬- 아콥슨의 『의약에서 독약으로』(2016년, 율리시즈)에서 발췌한 것을 일부 수정하였다.

- 루이빌, 켄터키 주 1989년 9월 14일: 죠셉 웨스베커[Joseph Wesbecker]. 47세의 그는 다니던 인쇄공장에서 해고를 당했다. 한때 잘나가던 인쇄회사인 스탠다드 그라뷔르[Standard Gravure]는 기업의 경제적 상황이 어려워지자, 직원들의 임금을 동결하고 정리해고 하였다. 죠셉은 복수를 결심하고, 자신을 해고한 회사를 다시 찾았다. 회사 앞에 세워 둔 자신의 자동차에서, 5개의 총기와 수백 발의 탄환을 집어 들고 회사 안으로 들어섰다. 한 자루의 자동소총 AK-47을 손에 쥐고, 다른 한 손에 쥔 더플 백[duffel bag]에는 2자루의 기관단총과 3자루의 권총을 담아서 말이다. 8명의 사상자와 16명의 부상자를 냈고, 그 곳에서 그는 권총으로 자살을 하였다. 이것이 바로 프로작으로 인한 첫 번째 살인 사건이었다.

- 콜럼바인, 콜로라도 주 1999년 4월 20일: 에릭 해리스[Eric Harris]와 딜런 클레볼드[Dylan Klebold]. 콜럼바인 고등학교에 재학 중이던 해리스와 클레볼드는 학교에 들어가 총기를 난사하였다. 이로 인해, 12명의 급우와 한 명의 선생님이 사망하였고, 25명 이상이 중상을 입었다. 총기를 난사한 두 사람은 머리에 총을 겨누어 동반 자살을 하였다. 해리스가 죽고 나서 그의 혈액 검사가 이루어졌는데, 그의 혈액에서는 SSRI 계열의 루복스[Luvox]가 검출되었다.

- 인디애나폴리스, 인디애나 주 2004년 2월 7일: 트레이시 존 슨[Traci Johnson]. 19세 여대생이었던 그녀는 학비를 마련하기 위해, 엘라이 릴리의 임상실험에 참여하였으나, 연구소의 욕실 샤워기에 목을 매달아 자살하였다. 당시 그녀는 현재 심발타로 판매되고 있는 항우울제의 임상시험에 참여했었다.
- 바욘[Bayonne], 뉴저지 2004년 6월 22일: 에미리 파드론[Emiri Padron]. 24세의 젊은 엄마, 파드론은 생후 10개월 된 자신의 딸을 분홍색 돼지 인형으로 질식시켰다. 그런 다음 20cm가 넘는 긴 칼로 자신의 가슴을 두 번이나 찔러 자살하였다. 당시 그녀는 SSRI 계열의 졸로프트[Zoloft]를 복용 중에 있었다.
- 조켈라[Jokela], 핀란드 2007년 11월 7일: 페카-에릭 오비넨[Pekka-Eric Auvinen]. 조켈라 고등학교에 재학 중이던 18살 소년 오비넨은 평소에 자신을 괴롭혀왔던 급우들을 상대로 총기를 난사했다. 8명의 급우는 그가 쏜 총에 맞아 즉사했으며, 다른 12명의 급우들은 부상을 입었다. 오비넨은 총기 난사 후 자신의 머리에 총을 쏘아 자살하였다. 당시 그는 SSRI 계열의 항우울제를 복용하고 있는 중이었다.

이 사건들에는 두 가지 공통점이 있었다. 첫째, 이 사건의 주인공들은 모두 평범한 사람들이어서 이런 끔찍한 일을 저지를 것이라고는 누구도 생각지 못했다. 둘째, 이들은 항우울제를 복용하고 있었다. 이 사건에 등장하는 약들은 프로작[Prozac], 심발타[Cymbalta], 루복스[Luvox], 졸로프트[Zoloft]로, 모두 SSRI[Selective Serotonin Reuptake Inhibitor] 계열의 항우울증제이다.

선택적 세로토닌 재흡수억제제로 알려진 SSRI 계열의 항우울제들은 불안정하고 비정상적인 정신 상태를 유발하여, 심지어 자살 또는 살인에 대한 억누를 수 없는 충동을 일으키는 부작용이 있다. SSRI의 부작용인 초조함과 불안감에 계속 노출되면, 내면의 공격성이 증가하고, 자살이나 살인으로 이어질 가능성이 높아진다. 초조함과 불안감으로 한자리에 가만히 앉아있지 못하는 증상을 정좌불능[akathisia]이라고 하는데, 1990년 하버드대학교 연구진은 프로작이 정좌불능을 유발한다는 연구 결과를 발표하기도 했다.

극히 일부의 부작용이라기엔 항우울제가 원인으로 지적되는 사례가 너무 많다는 것도 문제다. 웹사이트 SSRIstories에서는 신문과 텔레비전을 비롯한 언론매체 및 학술 논문에 보고된 사례들을 수집하였는데, 항우울제의 부작용으로 의심되는 사례는 지금까지 6,000건이 넘었다. 게다가 이 수치는 언론에서 공개된 사례들만 집계된 것이므로 실제는 이것보다 훨씬 많을 것이다.

데이비드 힐리[David Healy]는 그의 책 『그냥 프로작을 드세요』에서 프로작을 복용한 4,000만 명 중 4만 명이 자살한 것으로 추정하였다. 힐리는 영국 뱅고어대학교의 심리학 교수로, 제약회사에 소속되지 않고 항우울제의 위험성과 연관된 역학관계를 독립적으로 연구해왔다. 하지만 그가 발표한 수치 역시 프로작만을 대상으로 추정한 것이므로, SSRI 계열들 전체 항우울제로 인한 자살자의 수는 이보다 훨씬 많을 것이다.

사실 항우울제의 부작용으로 인한 자살을 통계적으로 정확히 분석하는 것은 어려운 일이다. 자살에 대한 사회적 풍조로 인해 통계에 잘 잡히지 않기도 하고, 항우울제 투약을 중단하고 증상이 악화된 이들은 이 집계에서 빠지게 된다. 자살 충동은 투약을 중단한 수일에서 수주일 동안 증가하는데 이러한 배경이 집계에 반영되지 않는 것이다.

마지막으로, 우울증을 앓는 사람들은 일반인들보다 자살률이 높다. 이것은 제약회사 입장에서는 좋은 변명거리가 된다. 항우울제의 부작용으로 자살한다고 할지라도, 제약회사는 자살의 원인으로 항우울제의 부작용보다 환자가 원래 앓던 우울증 때문이라고 주장한다.

1990년, 일라이 릴리는 44건의 소송에 기소되었다. 소송이 진행되면서 일라이 릴리의 연구소에 압수수색이 이루어졌는데, 그곳에서 의미심장한 내용이 담긴 메모들이 하나 둘씩 발견되기 시작하였다. 프로작이 출시되기 10년 전, 일라이 릴리는 개발 단계에서부터 자살과 관련된 프로작의 위험성을 알고 있었다는 것이 밝혀졌다.● 일라이 릴리는 항우울제의 결함으로 인한 부작용보다 환자들의 질병을 탓했다. 하지만 일부 소송에서 일라이 릴리는 고소인을 매수하여, 재판 기간 중 비밀리에 합의한 경우도 있었다. 그렇게 일라이 릴리는 무죄 판결을 받았다. "오히려 법정에서 프로작이 안전하고 효과적이라는 것이 입증되었다"고 주장하기까지 했다.

SSRI라고도 알려진 항우울제들은 어쩌다 이렇게도 많이 팔렸을까? 이게 다 제약회사들의 마케팅 덕분이다. 제약회사들은 SSRI에 항우울제라는 이름도 모자라, 해피 드러그$^{Happy drug}$라는 별명을 붙였다. 약을 복용한 사람들에게 행복을 선사한다는 뜻이다.

몇몇 신경전달 물질이 인간의 특정 감정과 기분에 관여한다는 이야기를 종종 듣게 된다. 그중에서도 세로토닌의 분비가 늘면 우울한 감정이 사라지고, 행복해질 수 있다는 이야기를 자주 접하게 된다. 이 단순한 이론은 꽤 대중적인 속설이 되어 과학적으로 검증된 사실처럼 여겨지고 있다. 물론 해당 약리기전을 갖고 있는 약물

● 다음은 메모의 일부 내용들이다. "부작용을 일으킬 만한 문제들이 상당히 많이 발견되었다. (중략) 우울증 환자 중에는 정신이상(psychosis)으로 증상이 발전된 이도 있었다. (중략) 몇몇 환자들에게서 정좌불능이 나타났고 몸을 제대로 가눌 수 없을 정도의 정신 불안증세가 나타났다." 이 메모가 써진 10일 뒤에 써진 메모는 더욱 의미심장하다. "약물 투여 전 우울증이 심각했던 환자들 중에는 극심한 불안 증세를 나타낸 경우도 있었는데, 이 경우 약물 투여를 중단해야 할 것으로 생각된다."

약국에 없는
약이야기

의 좋은 마케팅 수단이기도 했다. 일상에서 접하다 보니, 이런 이론이 마치 과학적 사실인 것마냥 되어버렸다.

세로토닌 가설은 확실히 거짓으로 판명되었다. 이 가설의 대표적인 반례로 티아넵틴^{tianeptine}이라는 약이 있는데, 이 약은 세로토닌의 수준을 낮추어 주지만 항우울제로서의 효과가 있다. 심지어 세로토닌 가설을 처음으로 제시한 신경과학자인 아르비드 칼손^{Arvid Carlsson}마저 이 가설의 모순성을 받아들였다. 이후 특정 신경전달물질이 행복이나 우울에 관여한다는 가설을 주장하였던 다른 신경과학자들 역시 그 흐름에 동참했다.

사실 우울이나 행복은 그 사람이 처해 있는 사회적, 개인적, 심리적 상황이 한데 어우러져 나타나는 포괄적인 증상이다. 단순히 세로토닌 수용체로만 매개되는 생물학적인 질환^{molecular disease}만이 아닐 수 있다. 하지만 이렇게 단순한 설명은 약의 마케팅에 있어 상당히 효과적이다. "지금 느끼고 있는 극도의 우울감은 세로토닌이 부족한 탓이니, SSRI 약을 복용하여 세로토닌을 증가시켜 주기만 하면 된다. 그러니 약을 복용하자"는 식으로 말이다.

일반적으로 우울한 감정을 느끼는 것을 원하는 사람은 없으며, 우울한 감정은 비의지적으로 다가온다. 이러한 상황에서 자신의 불쾌한 감정에 자기 통제권을 갖게 해줄 수 있는 약이 있다면, 누구에게나 거절하기 힘든 유혹이 될 것이다.

프로작은 정말로 좋은 신약이었을까?

이제 SSRI의 대표적인 약이었던 프로작^{Prozac}이 어떻게 우리의 약장에 들어오게 되었는지를 살펴보자. 프로작은 1988년에 미국에서 출시된 최초의 SSRI으로, 너무나도 형편없는 약이어서 일라이 릴리의 경영진은 출시를 보류하려고 했다. 일라이 릴리는 약을 개발하는 과정 중에도 실험결과가 만족스럽지 않아 일곱 차례나 신약 개발 프로젝트를 중단하기도 하였다. 하지만 일라이 릴리에는 프로작을 훌륭한 신약으로 성공시켜야 하는 절실한 이유가 있었다. 당시 심각한 제정 위기를 맞아, 프로작이 실패하면 기업이 도산할 상황에 처해있었기 때문이었다.

프로작의 출시 허가를 위해, 일라이 릴리는 매수와 로비를 통해 규제당국을 설득하였다. 이런 부정한 방법이 아니었으면 프로작의 출시가 불가능했는데, 1984년 당시 독일의 규제당국에 의해 승인이 이미 거절이 되어 있는 상태였다. 자살 리스크가 너무 높다는 것이 주요 이유였다. 독일 규제당국에서는 프로작에 대하여 다음과 같이 결론을 내렸다.

"이점과 위험성을 고려할 때, 이 신약물질은 우울증 치료에 완전히 부적합하다."

일라이 릴리는 이제 스웨덴으로 향했다. 사실 스웨덴은 다른 나라에 비해 약물의 승인 절차가 엄격한 편이다. 하지만 스웨덴에서 허가를 받으면 규제가 약한 다른 나라에서도 비교적 쉽게 승인될 것이라는 계산에 따른 행동이었다. 이 승인 과정에서 로비를 주도했던 욘 비라펜^{john virapen}은 훗날 이 부도덕하고 어처구니 없는 로비 과정을 폭로했다.

로비를 하기 전, 승인을 준비하는 과정에서의 일화다. 프로작과 관련된 일부 데이터를 살펴본 스웨덴의 정신과 전문의들은 실소를 터뜨렸다고 한다. 이런 어처구니 없는 약물이 승인될 리도 없고, 승인을 신청하는 것부터가 우스운 일이라고까지 평한 것이다. 결국 욘 비라펜은 로비가 절실하다고 판단을 했다. 그는 당국으로부터 위촉된 전문의에게 2만 달러를 연구비 명목으로 송금했다. 물론 이 과정은 제네바 은행을 통해 긴밀히 이뤄졌다. 거금을 먹은 전문의가 쓴 허가서는 이렇게 바뀌었다.

로비 전 : 약물이 투여되고, 피험자 5명이 환각을 경험하고 자살을 시도하였다.
로비 후 : 약물은 피험자 5명에게 '여러 가지 다양한 효과'를 나타내었다.

허가는 눈앞으로 다가왔고, 이제 스웨덴 규제당국의 가격 협상만이 남았다. 그런데 여기서 일라이 릴리 측이 협상을 중단하자고 요청했다. 문제는 '용량'이었다. 프로작을 연구한 정신과 자문의원은 프로작 5mg을 최대 복용 허용량으로 제시하였는데, 이 용량으로 스웨덴에서 약물의 가격이 결정된다면 다른 나라에서도 비슷한 용량과 가격이 적용될 것이었다. 하지만 일라이 릴리는 프로작을 최소 20mg에서 최대 80mg까지 증량 처방하여 전 세계에 팔기를 원했다(그러면 약값도 4배에서 16배로 올라간다). 무모하고도 위험한 욕심이었다. 하루에 5mg 이상을 초과할 경우 자살과 정신병을 유발할 수 있는 리스크가 커지는데도 말이다. 결국 일라이 릴리는 여러 방법을 동원해서 독일과 스웨덴의 규제를 뚫고자 했지만 실패하고 만다.

하지만 얼마 지나지 않아 미국에서 프로작의 승인이 뜻밖에 이루어지게 된다. 미국의 정치경제적 상황이 프로작과 더불어 일라이 릴리의 끝나가는 목숨을 구해준 것이다. 프로작이 승인을 받은 1980년대의 정치사회적 상황은 이전 행정부였던 닉슨 행정부의 그늘 아래에서 크게 벗어나지 못하고 있었다. 1970년대의 두 차례 석유파동과 베트남 전쟁은 경기 침체로 이어졌다. 정부의 연구기금이 거의 바닥났을 때, 0순위로 신경정신 의학분야의 연구기금이 끊겼다. 정신의학센터^{Community Mental Health Center, CMHC} 와 행정부의 관계가 정치적으로 좋지 못했기 때문이다. 상황이 이렇다 보니, 정신의학과 관련된 신약들의 임상시험은 연방정부의 관할을 벗어나기 시작했다. 제약회사들에겐 좋은 기회였다. 덕분에 미국의 제약회사들은 기금을 통한 정부의 통제에서 벗어날 수 있었다. 즉, 자신의 구미에 맞추어 임상실험에 피실험자들을 모집할 수 있었고, 긍정적인 시험결과가 나올 수 있도록 임상시험의 실험조건들을 설계할 수 있게 되었다. 결국 1980년대에 시행된 임상시험들에서 많은 조작이 이뤄졌다.

임상시험 진행을 책임지고 시험결과를 평가하던 전문의들은 긍정적인 결과가 나올 수 있도록 피실험자들을 가려서 모집하였다. 피실험자 중에는 실제 존재하지도 않는 경우들도 있었고, 어떤 피험자들은 돈벌이를 위해 여러 임상시험에 참여하기도 했다. 당연한 이야기겠지만, 한번에 여러 가지 약물을 투여 받은 피험자들로부터 올바른 임상시험 결과를 도출해내는 것은 불가능하다.

프로작의 거의 꺼져가는 목숨에 숨결을 불어넣어준 것은 비단 미국 내 정치경제적 상황뿐만이 아니었다. 1980년대 중반부터 미국 FDA는 신약 후보 물질의 평가 방법을 바꾸었는데,● 위약대

● 80년대 중반 이전, 즉 1960년에서 1984년 사이에도 위약대조가 포함된 임상시험도 있었지만, 대다수의 임상시험은 기존의 약물하고만 비교하는 방식으로 이루어져왔다. 이러한 평가기준의 변화는 FDA에서 신경계와 관련된 약물을 담당하는 부서(Central Nervous System, CNS Division)를 총 책임졌던 폴 레버에 의하여 이루어졌다.

조$^{\text{Placebo-controlled}}$ 결과를 승인 절차에 포함시킨 것이었다. 당시 FDA에서 항우울제가 실제로 효능이 있는지의 여부를 임상실험의 결과를 통해 판단하는 것은 정말 어려운 작업이었다. 80년대 중반 이전에는 기존의 약물하고만 비교하는 방식으로 새로운 약물의 효능을 비교했었다. 근데 이 방법에는 문제가 있다. 만약 비교에 쓰인 약물이 형편없는 수준의 약물이라면, 신약 후보 물질이 별 다른 이점이 없는 약일지라도 승인이 이루어지게 된다. 이런 이유로 위약대조가 도입되었는데, 우울증을 치료하는 약물의 평가에 있어서는 결정적인 문제점이 있었다.

미안세린^{Mianserin}이라는 삼환계 항우울증제$^{\text{Tricyclic Antidepressants, TCAs}}$를 예로 들어 보자. 임상시험의 피실험자가 상당히 경미한 우울증 환자들이라면, 가짜 약을 통해서도 자연적으로 치유되는 경우가 많았다. 하지만 유효성분이 들어있는 약의 경우, 입마름, 성기능 장애 등의 여러 부작용이 나타났다. FDA에서는 신약 후보 물질이 위약대조를 통해서 효과가 입증이 되지 않아도 효능이 실제로 없다는 뜻으로 받아들이지 않았다. 즉, 약의 효과가 입증 되지 않아도 약이 승인되는 경우가 생기는 것이다.

당시 FDA는 효능이 입증되지 않는 이유는 단순히 제대로 실험이 설계되지 않은 임상시험 방법 자체에 문제가 있다고 판단했다. 그러한 이유에서, 여러 차례의 임상시험에서 두세 차례만이라도 효과가 입증된다면 승인이 이루어졌다. 프로작도 이런 경우였기에 승인에 있어 득을 보았다. 프로작은 8건의 임상시험 중 4건만이 가짜 약보다 효능이 좋았다. 하지만 정말 효과가 좋았을까? 4건 중 한 건은 조작된 결과일 가능성이 높았다. 일부 시험 내용이 누락된 자료가 FDA에게 전달되었기 때문이다. 또 한 건은 가짜 약보다 좋은 결과를 얻었지만, 4주 이내로 임상시험 기간을 잘 조절한 덕분이었다. 나머지 두 건은 가짜 약보다 효능을 측정하는 점수에서 간신히 좋은 점수를 받았지만, 그마저 기존의 항우울제인 이미프라민Imipramine보다 효과가 좋지 못했다.

여기까지 읽었다면, 프로작은 말도 많고 탈도 많은 엉터리 약에 불과하다는 생각이 들 것이다. 하지만 놀랍게도, 프로작은 대성공을 거둔다.

프로작, 형편없는 약에서 최고의 블록버스터로!

가장 유명한 항우울제인 프로작은, 사실 항우울제로 개발된 것이 아니었다. 심지어 1970년대 후반까지만 해도 일라이 릴리는 프로작을 항우울증 치료제로 개발하는 것을 반대하기까지 했다. 항우울증에 대한 치료 효과가 입증하지 못했기 때문이었다. 사실 일라이 릴리는 프로작으로 항우울증 시장보다 더 매력적인 '비만 치료제' 시장에 진출하려고 했다. 당시의 프로작에는 식욕 억제 효과가 있긴 했지만, 연구력과 자본력 모두 부족한 상황이었다.

그런데 또 다시 천운이 찾아왔다. 1980년대 초반, 신경안정제의 중독성 문제가 부각되면서 SSRI 계열 약물이 신경안정제를 대체할 대용품으로 떠오른 것이다. 일라이 릴리는 '최초의 SSRI'가 되기 위해 노력했고, 앞서 말한 어처구니 없는 과정을 거쳐 승인을 받는 데 마침내 성공하게 된다.

태생부터가 우울증 치료제가 아니었던 프로작이 FDA에서 우울증 치료제로 승인을 받게 되자, 3년도 지나기 전에 미국의 히트상품이 되었다. 프로작은 정신과 의사가 처방하는 약물 중 1등을 차지하게 된다. 게다가 이 형편없는 약은 당시 언론 매체를 통해서 끊임없이 극찬을 받기 시작했다. 프로작은 심지어 아무런 정신질환을 가지고 있지 않은 사람에게도 유용한, 인생의 고민거리를 견디는 데 탁월한 만병통치약처럼 여겨졌다. 1990년 『뉴스위크』는 프로작을 '우울증 치료제의 거대한 혁명'이라고 소개했다. 그리고 표지의 삽화로 프로작을 구름 위에 떠 있는 비행선으로 그려 넣어, 기분 전환제$^{mood\ lifter}$로서의 의미를 부각시켰다. 기분 전환을 뜻하는 'lift'에는 '하늘로 떠오른다'는 의미도 있다.

1993년 『타임』은 항우울제의 도움으로 슈퍼맘을 꿈꾸는, 수잔의 이야기를 실었다. 수잔은 이렇게 말한다. "이렇게 마음을 편하게 해주는 약이 있는데, 복용하는 것이 당연한 것이 아닌가요?"

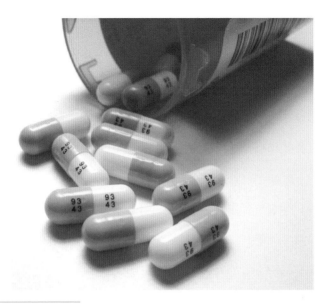

프로작

프로작은 다음과 같은 광고 문구를 사용했다. "더럽게 나쁜 기분을 표백제처럼 깨끗이 없애준다." "더 행복한 삶! 근심걱정은 싹!"

1994년 『뉴스위크』에서는 프로작을 다음과 같이 소개하였다.

"기존의 항우울제들과는 달리, 프로작이라는 이름은 일상생활에서 쓰는 크리넥스처럼 친근한 존재가 되었고, 사회를 맑고 투명하게 만들고 있다. 프로작은 항우울제에 대한 오래된 오명을 깨부수었다. 이제 미국인들은 프로작 경험담을 식구들끼리 저녁을 먹을 때에도 나누며, 정신적으로 힘든 일상을 보내고 있는 그들의 친구나 친척에게도 프로작을 권하고 있다."

프로작은 이렇게 당시 미국의 고된 일상을 치유하는 만능통치약처럼 깊게 침투해 버렸다. 심각한 정신질환이 없는 일반적인 사람들도 프로작을 복용하기 시작한 것이다. 정상적인 절차였다면 승인이 거의 불가능했던 형편없는 약물이 이렇게 여론의 조명으로 운명이 뒤바뀐 것을 보면, 많은 생각이 든다. 프로작이 1987년부터 혁신적인 약물로 이렇게 여론의 찬사를 받는 동안, 여론의 사각지대에서는 많은 사람들이 자살 충동과 살인 충동을 이기지 못해 일으킨 사고가 발생했다. 결국 프로작에 대한 시선은 험악해졌다. 1990년, 일라이 릴리는 프로작과 관련된 소송에 휘말리게 되었다.

하지만 프로작은 여전히 승승장구하고 있다. 그 이름을 바꾸고서 말이다. 특허가 1999년에 만료된 프로작은 기존과 동일한 성분의 이름을 사라펨^{Sarafem}으로 바꾸고, '월경 전 불쾌장애^{Premenstrual dysphoric disorder,PMDD}'라는 질병을 새롭게 만든 후 FDA의 승인을 받았다. 그리고 새로운 약인 것처럼 팔기 위해 약의 캡슐 색깔도 녹색에서 연분홍색으로 바꾸었다.

정말 경이로운 점은 또 있다. 특허가 만료된 프로작은 원래 가격의 20% 선에서 제너릭^{generic}, 즉 카피약으로 판매되고 있다. 그런데 사라펨으로 변신한 약은 제너릭 프로작의 3배가 넘는 가격으로 미국에서 판매되고 있다.

늘어나는 질병들, 사회는 우리가 아프다고 한다

최근에 발견된 질병 중에는 섬유근육통^{Fibromyalgia}이라는 것이 있다. 몸의 여러 곳의 통증이 특징인 만성 질환으로, 통증은 서서히 또는 갑자기 시작되기도 한다. 섬유근육통이 실제 질병인지 여부에 관해서는 오랫동안 논쟁이 이어져 왔다. 이 질병을 판단할 만한 아무런 신체적 징후가 없기 때문이다. 단순히 심리적으로만 통증을 호소할 뿐이다. 예를 들어 섬유근육통의 통증을 묘사하기 위해 사용되는 섬유조직염^{Fibrositis}, 섬유근육염^{Fibromyositis}, 관절주위 섬유조직염^{Periarticular Fibrositis} 류머티즘 근육염^{Rheumatoid myositis} 등은 명백히 근육에 발생하는 염증이다. 하지만 섬유근육통은 근육에 염증이 없다. 이러한 모호함 때문에, 섬유근육통은 적어도 처음 진단을 받기 전에는 이 세상에 없던 질병이라고 주장하는 학자들도 있다.

하지만 빅파마인 화이자를 비롯한 여러 제약회사들은 거대한 자본을 투자하여, 섬유근육통을 하나의 질병으로 세상에 알렸다. 제약회사들은 섬유근육통이란 어떤 질병인지를 설명하기 위해 의사들을 상대로 의학 세미나를 주최하였으며, 섬육근육통이라는 질병의 존재를 언론을 통해 홍보하였다. 1980년대 말까지 섬육근육통은 세상에 알려져 있지 않았던 질병인지라, 의료계에 있었던 사람들에게 홍보가 반드시 필요했다. 2007년, 화이자의 리리카^{Lyrica}가 섬유근육통 치료제로 미국에서 처음 자리매김하였다. 화이자는 리리카를 미국 최초로 FDA에게 승인받은 치료제로 홍보했고 사람들은 이 약에 신뢰를 가지게 되었다. 리리카는 원래 간질 치료제로 출시되었던 약이었지만, 새로운 질병 시장에 뛰어든 것이었다. 곧이어 일라이 릴리의 항우울증제인 심발타^{Cymbalta} 역시 이러한 상업적 전략에 동참하였다. 2008년에 섬유근육통증으로 승인이 이루어졌다. 심발타는 항우울증제로 2004년에 FDA의 승인을 받았으며, 그 이전에는 요실금 치료제로 승인을 시도했으나 자살과 간독성의 위험성을 이유로 승인이 거부되었던 약이다.

세상에서 최초로 승인받은 치료제는 선점효과를 제대로 누릴 수 있다. 최초로 승인받은 약은 기억하기도 쉽고, 약을 개발한 제약회사에는 새로운 의학의 역사를 개척하는 선구자적인 이미지가 더해진다. 새로운 약이 개발된 것이 아니고, 이전까지 모르고도 있던 질병이 새롭게 발견된 것뿐인데도 말이다. 이렇게 기존에 다른 용도로 쓰이던 치료제들이 새롭게 정의된 질병으로 시장을 개척할 경우, 기존의 약에 대한 홍보는 대단히 효과적으로 이루어질 수 있다. 게다가 새로운 질병에는 경쟁 상대가 될 약이 거의 없으니, 수익성에도 일조를 하는 셈이다. 새로운 질병의 발견은 정말 일석이조의 효과를 불러 일으켜준다.

약의 역사는 오늘날 새로운 국면을 맞이하였다. 어떤 증상에 대한 약의 반응은 새로운 질병을 발견하고 정의하는 데 있어 결정적인 역할을 한다. 일단 이렇게 새로운 질병으로 확정되면 그 질병의 유병률이 급격히 증가하게 되고, 제약회사는 새롭게 발견된 질병의 범위를 확장시킨다. 정말 신기한 현상이 아닐 수 없다. 치료제가 개발되면 유병률이 낮아지는 것이 일반적인 상식인데, 일단 새로운 질병이 치료제와 같이 홍보가 이루어지고 나면 관련 질환을 호소하는 환자의 수가 늘어난다. 우울증 치료제가 개발되고 나서, 우울증을 진단 받은 환자는 급격히 늘었다. 섬유근육통 치료제, 월경 전 불쾌장애, 공황장애 전부 다 마찬가지이다. 그래서 현대의학을 비판하는 사람들은 이렇게까지 말한다.

"현대의 건강한 사람이란 아직 질병을 찾아내지 못한 사람이다."

얼마 전까지 아무런 뚜렷한 병 없이 건강하게 잘 살아오던 사람도 제약회사가 새로운 질병을 발견하게 되면, 그 순간부터 환자로 분류된다는 것이다. 한마디로 우리 모두 예정된 환자인 셈이다. 특히 정신의학처럼 질병의 범주가 조작되기 쉬운 영역에서는 더욱 그러하다.

우울증은 정말로 질병일까? 우울증이란 질병은 히포크라테스가 살던 시대에도 있었다. 한마디로 없던 질병은 아니었다. 하지만 어느 정도의 우울함은 질병이 아닌 정상적인 인간의 심리상태이다. 희노애락은 인간의 4가지 주요한 기본 감정이며, 우울함은 그중 하나이기 때문이다. 우울증이 질병이 아니란 것이 아니다. 다만 무엇이든 성급하게 '질병화'하는 사회는 과연 건강한 것인지, 이윤이나 다른 외부적 요인이 왜곡되어 개입되어 있지 않은지, 이제는 생각해보아야 할 때다.

19세기 말, 프랑스의 사회학자 에밀 뒤르켐^{Émile Durkheim}은 그의 저서 『자살론^{La Suicide}』에서 사회가 경제적인 불황을 겪으면, 자살률도 그에 상응하여 높아진다는 것을 밝혀냈다. 자살은 단순히 개인의 심리적 문제인 것이 아니라, 사회적인 요인들과 함께 설명되어야 한다는 것이다. 우리 모두 아픈 세상이다. 그런데 세상은 그 고통을 각각의 질병으로 규정하여 '개인적인 문제'로 치환한다. 그러면서 '환자'에게 이런저런 약을 복용하라며 개인적인 처방만을 제시한다. 이 또한 너무 우울한 풍경이다.

나가면서

책을 쓰다 보니, 어째 '이상한 약'들에 대한 이야기가 주를 이루게 되었다. 위약, 금지된 약, 무서운 약, 심지어 오늘날엔 약으로 여기지 않는 것들까지도 포함된, '약국에 없는 약' 이야기 말이다. 참 좋은 약도 많은데 하필 이런 약 이야기를 쓰고 싶었던 걸까? 이 약들이 세상을 크게 바꾸거나 많은 사람을 구하진 못했더라도, 세상을 홀리고 매혹했다는 점이 매력으로 다가왔던 것 같다.

약은 앞으로 인간을 구원할 것인가, 아니면 파멸할 것인가? 굳이 답하자면, 구원하길 희망한다. 하지만 질문을 바꿔 묻는다면 필자는 더 확신에 찬 답을 할 수 있을 것 같다. 약은 앞으로도 인간을 매혹할 것인가? 분명 그럴 것이다.

감사의 글

책이 나올 수 있도록 큰 도움을 주신 최성훈 대표님, 책을 만

드는 데 조언을 아끼지 않으신 김동출 박사님, 좋은 구성의 원고

가 될 수 있도록 도움을 주신 최종현 과장님, 흥미롭고 쉽게 읽을

수 있도록 원고에 새로운 형상을 입혀주신 이휘주 편집자님, 그리

고 인터뷰를 통해 귀중한 이야기를 해주신 의료용 대마합법화 운

동본부의 강성석 목사님께 감사의 인사를 전합니다. And I would

like to acknowledge Leona Ha and the friends of some. Thanks

to your helps, the manuscript could be born again into this great

book with full of interests.

그리고 지금의 제가 여기까지 올 수 있도록 도움을 주신 분

들께도 감사의 말씀을 전합니다. 박사과정을 무사히 마칠 수 있도록 큰 힘이 되어 주셨던 Ulf Göransson 지도교수님께, This one page could not be enough space for mentioning my sincere acknowledgement. 부족한 저에게 따뜻한 위로를 주시고 새로운 길을 열어주셨던 Prof. Bill DeGrado 님께, I have not forgotten your emotional support and kindly helps. 저에게 새로운 가능성을 제시해주신 조현일 교수님, 많은 도움을 주셔서 진심으로 감사드립니다. 우리나라에서의 새로운 길에 등불을 밝혀 주신 유기억 교수님, 연구에 있어 많은 조언을 주셨던 천경식 교수님, 저를 비롯해 학생들을 항상 따뜻하게 지도해주신 석차옥 교수님, 이론적 연구와 복잡다단한 인생을 쉽게 풀어갈 수 있는 진리가 있다고 가르쳐주신 윤휘열 교수님께도 감사의 인사를 드립니다.

저를 언제나 챙겨 주시고, 또 함께 해 주신 다음 분들께 감사의 인사를 전합니다. Dr 정이은, Dr 정재호, Fritz Jungjin Shin, 박길웅, 민정호, Dr 양인용, 최규성 형님, 김용태 형님, Dr 곽대호, 두인석 형님. 일일이 감사의 말씀을 드리지 못하는 것은, 여러분이 주신 도움이 너무나 크고 소중하기 때문입니다. 감사합니다.

1장 약의 시작은 약이 아니다

믿음이 너를 치유케 하리라

Bellavite, P., et al. (2005). "Immunology and homeopathy. 1. Historical background." Evidence-based complementary and alternative medicine : eCAM 2(4): 441-452.

Magner, L. N. and R. E. C. M. Fund (1992). A History of Medicine. Second Edition. Taylor & Francis., Chapter 1. Paleopathology and Paleomedicine.

Nunn, J. F. (2002). Ancient Egyptian Medicine, University of Oklahoma Press., Chapter 5. Magic and religion in medicine.

Stein, J. D. (2011). Cosmic Numbers: The Numbers That Define Our Universe, Basic Books., Chapter 5. Avogadro's number.

2장 약, 과학의 영역에 들어서기까지

히포크라테스, 합리적 의학의 막을 올리다

Kopperman, P. E. (2004). ""Venerate the Lancet": Benjamin Rush's yellow fever therapy in context." Bull Hist Med 78(3): 539-574.

North, R. L. (2000). "Benjamin Rush, MD: assassin or beloved healer?" Proc (Bayl Univ Med Cent) 13(1): 45-49.

반덕진 지음, 〈히포크라테스의 발견〉, 휴머니스트, 2005. 2장. 코스 섬 시절의 히포크라테스. 아스클레피오스., 8장. 합리주의 정신, 신에서 인간으로. 합리주의와 신비주의 공존., 9장. 자연의학.

윌리엄 바이넘 지음, 박승만 옮김, 〈서양의학사〉, 교유서가, 2017., 1장. 머리말 의학.

자크 주아나 지음, 서홍관 옮김, 〈히포크라테스〉, 아침 이슬, 2004., 4장. 저자를 알 수 없는 저술들., 6장. 의사와 환자., 7장. 의사와 질병.

연금술, 매혹과 욕망의 학문

Bartlett, R. A. and Hauck, D. W. (2009). Real Alchemy: A Primer of Practical Alchemy, Ibis.

Borzelleca, J. F. (2000). "Paracelsus: Herald of Modern Toxicology." Toxicological Sciences 53(1): 2-4.

Gantenbein, U. L. (2017). Toxicology in the Middle Ages and Renaissance, Academic Press., Chapter 1. Poison and Its Dose: Paracelsus on Toxicology.

Stillman, J. M. (1919). "PARACELSUS AS A REFORMER IN MEDICINE." The Monist 29(4): 526-546.

쿠사노 타쿠미 지음, 코트랜스 인터내셔널 옮김, 〈도해 연금술〉, AK Trivia Book, 2012

연금술과의 이별, 근현대 약학

Rooney, S. M. and Campbell, J. N. (2017). How Aspirin Entered Our Medicine Cabinet, Springer., Chapter 2. Aspirin and Chemistry Laboratory. 2.4. Aspirin's Chemistry.

마르시아 안젤 지음, 강병철 옮김, 〈제약회사들은 어떻게 우리 주머니를 털었나〉, 청년의사, 2014., 6장. 신약들은 정말로 우수할까?

미켈 보쉬-야콥슨, 전혜영 옮김, 〈의약에서 독약으로〉, 율리시즈, 2016., 2장. 의학의 대중화, 약품의 일상화.

생기론의 논쟁에 관하여, 다음 문헌을 참조. A. Kinne-Saffran, E. and Kinne,

R. K. (1999). "Vitalism and synthesis of urea. From Friedrich Wohler to Hans A. Krebs." Am J Nephrol 19(2): 290-294., B. Ramberg, P. J. (2000). "The Death of Vitalism and The Birth of Organic Chemistry: Wohler's Urea Synthesis and the Disciplinary Identity of Organic Chemistry." Ambix 47(3): 170-195.

제약산업들이 염료를 생산하는 화학공장에서 어떻게 출현했는지는 다음 문헌을 참고. A. Couteur, P. L. and Burreson, J. (2004). Napoleon's Buttons: 17 Molecules that Changed History, Jeremy P. Tarcher/Penguin. Chapter 9. Dyes., Emergence of Pharmaceutical Science and Industry: 1870-1930. Chemical & Engineering News. ACS. 2005. https://pubs.acs.org/cen/cover story/83/8325/8325emergence.html

3장 생존에서 불로불사까지

만병통치약 오디세이

Moog, F. P. and Karenberg, A. (2003). "Between horror and hope: gladiator's blood as a cure for epileptics in ancient medicine." J Hist Neurosci 12(2): 137-143.

Chatzitheodoridis, F. and E. Ohajanian Chiotakis (1996). Lemnian Soil: The Soil that Supported an Island.

Dannenfeldt, K. H. (1985). "Egyptian Mumia: The Sixteenth Century Experience and Debate." The Sixteenth Century Journal 16: 163-180.

Scholz-Böttcher, B. M., et al. (2013). "An 18th century medication "Mumia vera aegyptica" – Fake or authentic?" Organic Geochemistry 65: 1.

존 웨슬리 지음, 김명남 옮김, 〈세상을 바꾼 독약 한 방울 I〉, 사이언스북스, 2010., 2장. 수은이 우리를 독살한다. pp.82

만능해독제, 내 몸안의 독을 빼자

Barroso, M. D. S. (2014). The bezoar stone: a princely antidote, the

Távora Sequeira Pinto Collection-Oporto.

데이비드 C. 린드버그 지음, 이종흡 옮김, 〈서양과학의 기원들〉, 나남, 2009., 13장. 중세의 의학과 자연사. 5. 질병, 진단, 예후, 그리고 치료

파멜라 마린 지음, 추미란 옮김, 〈피의 광장〉, 책우리, 2009., 5장. 위기의 로마

테리아카의 생약 구성 성분 및 제조 방법은 다음 문헌들에서 발췌하였다. A. Macht, D. I. (1915). "The history of opium and some of its preparations and alkaloids." Journal of the American Medical Association LXIV(6): 477-481. B. Magner, L. N. and Fund, R. E. C. M. (1992). A History of Medicine, Second Edition, Taylor & Francis. Chapter 4. Greco-Roman Medicine. pp 130-131., C. Laurence, M. V. T. (2004). "Mithradates' Antidote: A Pharmcological Ghost." Early Science and Medicine 9(1): 1-19.

숫사슴의 심장에 달린 뼈에 관해서는 다음 문헌을 참조. Jackson, W. A. (2002). "Antidotes." Trends in Pharmacological Sciences 23(2): 96-98. 이렇게 심장 근처에서 혈관이 굳어 생긴 뼈를 os cordis bone이라고도 부르는데, 이 뼈에는 평평하고 길죽한 형태를 가지고 있다고 한다.

불로불사의 욕망, 금속치료제

감홍을 얻는 과정에 관해서는 다음 문헌을 참조. Greenberg, A. (2007). From Alchemy to Chemistry in Picture and Story, John Wiley & Sons.. Section 3. Medicine, Purge, and Ointment. The alchemist in the pit of my stomach. pp.141

Mahdihassan, S. (1988). "Lead and mercury each as prime matter in alchemy." Ancient science of life 7(3-4): 134-138.

Wikipedia contributors, 'Qin Shi Haung', The Free Encyclopedia. Accessed 6 Feb 2019. https://en.wikipedia.org/wiki/Qin_Shi_Huang

데버러 헤이든 지음, 이종길 옮김, 〈매독: 천재성과 광기, 매독에 얽힌 미스터리〉, 길산, 2004.

감홍과 승홍이 단백질을 통해서 어떻게 독성을 나타내는지, 그리고 신체 내에 흡수되어 어떻게 독성을 나타내는지는 언급된 논문을 참고. Bernhoft,

R. A. (2012). "Mercury toxicity and treatment: a review of the literature." Journal of environmental and public health 2012: 460508-460508.

감흥을 얻는 과정에 관해서는 다음 문헌을 참조. Greenberg, A. (2007). From Alchemy to Chemistry in Picture and Story, John Wiley & Sons.. Section 3. Medicine, Purge, and Ointment. The alchemist in the pit of my stomach. pp.141

후나마야 신지 지음, 진정숙 옮김, 〈독과 약의 세계사〉, AK Trivia Book, 2017., pp.30-31. 연소 반응을 통하여, 산화 수은을 만들 수도 있는데, 황화 수은 역시 붉은 색의 금속이다. 산화수은은 수은을 공기 중에서 400도로 가열시키면, 공기 중의 산소와 결합하여 산화수은이 된다. 역으로, 산화수은을 가열하면 수은을 얻어낼 수 있다.

활력과 정력을 약속하는 약

Li, J. J. (2006). Laughing Gas, Viagra, and Lipitor: The Human Stories behind the Drugs We Use, Oxford University Press.. Chapter 4. Sex and drug. Synthetic Aphrodisiacs. pp.111.

The oyster's my world ~ history of oysters and oyster cultivation. Accessed 09 Feb 2019. https://theoystersmyworld.com/tag/casanova-and-oysters/

장 폴 브리겔리, 성귀수 옮김, 〈사드: 불멸의 에로티스트〉, 해냄, 2006. 마르세유 사건 pp.112-120.

초콜릿의 성적 효과에 대한 연구결과는 다음의 문헌을 참조. Salonia, A., et al. (2006). "Chocolate and Women's Sexual Health: An Intriguing Correlation." The Journal of Sexual Medicine 3(3): 476-482 이 연구 결과를 리뷰한 논문들은 연령의 통제요인을 고려한 후자의 방법으로 도출된 결과에 좀 더 무게를 싣고 있다. 즉, 초콜릿에는 아무런 효과가 없다. 신문의 칼럼을 읽다 보면 실험의 결과로 초콜릿이 효과가 있는 것으로 소개되어 있는 것을 발견하게 되는데, 그 이유는 다음과 같다. 실험에 있어 두 집단, 즉 초콜릿을 먹은 집단과 먹지 않은 집단으로만 단순하게 비교했을 때는 통계적으로 유의미하게 효과에서 차이를 보였기 때문이었다. 이 통계적 분석은 피실험자의 연령을 고려하지 않은, 단순히 초콜릿을 복용했는지의 여부만으로 두 그룹으로 나눈 것이었다. 하지만 좀 더 엄격한 통제 요인을 도입하여, 두 집단 사이에서 효과의 차이를 연령별로 나누어 비교하였을 때—각각의 집단에서 연령이 비슷한 피실험자들끼리 효과의 차이를 비교하였을 때—에는, 두 집단 사이에는 아무런 차이가 없었다.

최음제의 유래와 관련된 정보에 대해서는 다음의 문헌을 참조. Melnyk, J. P. and Marcone, M. F. (2011). Aphrodisiacs from plant and animal sources— A review of current scientific literature., West, E. and Krychman, M. (2015). "Natural Aphrodisiacs—A Review of Selected Sexual Enhancers," 3(4): 279-288 영어단어 'aphrodisiac'는 일반적으로 최음제를 뜻하지만, 본문에서 언급된 세 가지 기능의 약을 총괄적으로 의미하는 성증진제를 뜻하기도 한다.

4장 중독과 쾌락

담배, 중독의 대명사

Goodman, J. (1994). Tobacco in History: The Cultures of Dependence, Routledge., Part I, Chapter 2. Food of the spirits.

Stanford University Research into the Impact of Tobacco Advertising. Accessed 02 Feb. 2019. http://tobacco.stanford.edu/tobacco_main/index.php

Wikipedia contributors, 'Anne Greene', Wikipedia, The Free Encyclopedia. Accessed 6 Feb 2019. https://en.wikipedia.org/wiki/Anne_ Greene

이옥 지음, 안대회 옮김, 〈연경, 담배의 모든 것〉, 휴머니스트, 2008. pp.155-156.

아편, 인류 최초의 진통제

Dormandy, T. (2006). The Worst of Evils: The Fight Against Pain., Yale

University Press. Chapter. The Shape of Dreams.

Gahlinger, P. (2003). Illegal Drugs, Penguin Publishing Group., Chapter 20. Opirate

Booth, M. (1999). Opium: A History, Griffin., Chapter 2. The Discovery of Dreams, Chapter 5. Heroic Substances, Chapter 10. Junkies and Living Dead

코카인, 묘약에서 마약으로

Gahlinger, P. (2003). Illegal Drugs., Penguin Publishing Group. Chapter 11. Cocaine., Chewing Coca.

Nutt, D. (2012). Drugs - without the hot air, UIT Cambridge Ltd., Chapter 10: Cocaine - from chewing to crack.

Karch, S. (2005). A Brief History of Cocaine, CRC Press., Chapter 6. Genies and Furies, Chapter 7. Death by Misadventure.

Streatfeild, D. (2003). Cocaine: An Unauthorized Biography, Picador., Chapter 4. The Third Scourge of Humanity, Karch, S. (2005). A Brief History of Cocaine, CRC Press., Chapter 5. Craving for, and Fear of, Sigmund Freud., Chapter 6. Genies and Furies.

Wake Forest University. Journal of Business & Intellectual Property Law. Shh! It's a secret!: Coca-Cola's Recipe Revealed? http://ipjournal.law.wfu. edu/2011/02/shh-its-a-secret-coca-colas-recipe-revealed/

독일에서 이루어진 에너지 음료 리콜이 불필요한 조치였는지에 관해서는 CBS Healthwatch에서 Dr. Jennifer Ashton의 견해를 참고하길 바란다. https://www.youtube.com/watch?v=sqozYk3ABRE그리고 관련된 기사로는, Red Bull's New Cola: A Kick from Cocaine. http://content.time.com/time/world/article/0,8599,1900849,00.html

전쟁의 대상이 된 약, 대마

Booth, M. (2005). Cannabis: A History, Picador., Chapter 1. The fragrant cane.

Gahlinger, P. (2003). Illegal Drugs, Penguin Publishing Group., Chapter 17. Marijuana.

Kuhn, C., et al. (2014). Buzzed: The straight facts about the most used and abused drugs from alcohol to ecstasy. Fourth Edition, Norton & Company., Chapter 7. Marijuana. How THC moves through the body.

McPartland, J. (2017). Cannabis sativa and Cannabis indica versus "Sativa" and "Indica": 101-121.

Nutt, D. (2012). Drugs - without the hot air. UIT Cambridge Ltd., Chapter 15. The War on Drugs, and drugs in war.

Report: Aide says Nixon's war on drugs targeted blacks, hippies. Tom LoBianco. CNN politics. March 24, 2016

The War on Drugs: How President Nixon Tied Addiction to Crime. Emily Dufton. The Atlantic Health. March 26, 2012

"마약과의 전쟁"을 끝내야 하는 이유. 에단 네이덜만(Ethan Nadelmann) at TEDGlobal 2014. www.ted.com

대마가 정치적인 이유로 어떻게 불법이 되었는지는 다음 문헌들을 참조. A. Isralowitz, R. and Myers, P. L. (2011). Illicit Drugs, Greenwood., Part I: Illicit Drug Use and Abuse, pp.17-19, B. Holland, J. (2010). The Pot Book: A Complete Guide to Cannabis, Inner Traditions/Bear., Chapter 3. Recent History. FDR, Mellon, and Rockefeller & It goes on and on⋯ 참고 문헌 〈The Pot Book〉은 〈올 어바웃 카나비스〉로 2018년에 번역되었다. C. How Marijuana Became Illegal. http://www.ozarkia.net/bill/pot/blunderof37.html

5장 각성과 환각 그리고 행복

생산적인 마약은 괜찮습니까

Ecstasy as a Remedy for PTSD? You Probably Have Some Questions. The New York Times. May 1, 2018. Dave Philipps. https://www.nytimes.

com/2018/05/01/us/ecstasy-molly-ptsd-mdma.html

How Ecstasy was Banned? David Fleming 2016. 8. 26. https:// pulseradio.net/articles/2016/08/how-ecstasy-was-banned

MDMA-assisted Therapy. Sapiensoup Blog. Marlene Rupp. March 16, 2018

Ohler, Norman (2017). Blitzed: Drugs in the Third Reich, HMH Books. I. Methamphetamine, the Volksdroge(1933-1938), Germany, the Global Dealer.

메스암페타민 제조와 관련된 내용은 다음 문헌들을 참조. F. Skinner, H. (1990). Methamphetamine synthesis via HI / red phosphorus reduction of ephedrine., 이정구. "매일 밤 실험실 찾은 화공과 대학원생, 감기약으로 마약 만들었다는데…" 조선일보, 2017.04.22., 감기약의 슈도에페드린과 마황의 에 페드린 구조식이 거의 동일하며(서로 입체 이성질체 관계다), 아이오딘화수 소산(hydroiodic acid, HI)와 적린(red phosphorus)을 반응시키면 에페드린 에서 수산화기가 떨어져 나가 메스암페타민이 생성된다.

지각의 문을 넘어서는 약

Brown, J. and Lupu, M. (2014). Sacred Plants and the Gnostic Church: Speculations on Entheogen-Use in Early Christian Ritual. Journal of Ancient History. 2: 64.

Nutt, D. (2012). Drugs - without the hot air. UIT Cambridge Ltd.. Chapter 14: Psychedelics - Should Scientists try LSD?

Dyck, E. (2005). "Flashback: Psychiatric Experimentation with LSD in Historical Perspective." The Canadian Journal of Psychiatry 50(7): 381- 388.

Furst, P. T. (1976). Hallucinogens and Culture, Chandler & Sharp., Chapter 8. The Fly-Agaric: "Mushroom Of Immortality"

Kuhn, C., et al. (2014). Buzzed: The straight facts about the most used and abused drugs from alcohol to ecstasy, Fourth Edition, Norton &

Company., Chapter 4. Hallucinogens., Individual hallucinogens, LSD.

Leary, T. (1990). Flashbacks: A Personal and Cultural History of an Era: an Autobiography, Putnam.

Lee, M. A. and Shlain, B. (1985). Acid Dreams-The Complete Social History of LSD: The CIA, The Sixties, and Beyond, Grove Press. Chapter 6. From Hip to Hippie. Politics of the Bummer

MK-Ultra, History. https://www.history.com/topics/crime/mk-ultra-video

Wacker, D., et al. (2017). "Crystal Structure of an LSD-Bound Human Serotonin Receptor." Cell 168(3): 377-389. e312.

심준보, 도취제로서의 소마 연구의 의의. 인도철학. 제24집(2008), 167-197

지적 대화를 위한 넓고 얕은 지식, 9회 종교 신비체험 특집. 4부 뇌, 약물. 팟캐스트

크리스티안 생-장-폴랭 지음, 성기완 옮김, 〈히피와 반문화〉, 문학과지성사, 2015.

LSD가 불러일으키는 출생 시에 관련된 환각과 출생 이전 세포 단계의 환각에 관해서는 다음 문헌을 참조. 스타니슬라프 그로프, 유기천 옮김, 〈초월의식: 환각과 우연을 넘어서〉, 정신세계사, 2018.

당시 어떤 종류의 약물이 사용되었는지, 이들 약물을 어떤 원리로 자백약으로 계획했었는지는 미국 CIA의 webpage에 올라와 있다. "Truth" Drugs in Interrogation. Central Intelligence Agency. 다음 링크를 참고. https://www.cia.gov/library/center-for-the-study-of-intelligence/kent-csi/vol5no2/html/v05i2a09p_0001.htm

티머시의 LSD와 연관된 일대기, 그리고 헉슬리의 임종과 "환각 경험"에 관련된 자세한 이야기는 다음을 참조. A. Leary, T. (1990). Flashbacks: A Personal and Cultural History of an Era: an Autobiography, Tarcher., Putnam. B. Sion, R. T. (2014). Aldous Huxley and the Search for Meaning: A Study of the Eleven Novels, McFarland

Barondes, S. H. (2005). Better Than Prozac: Creating the Next Generation of Psychiatric Drugs, OUP USA., Chapter 1. Clara's Secret

They said it was safe. The Guardian. 1999

Virapen, J. (2010). Side Effects: Confessions of a Pharma-Insider: Death, Virtualbookworm.com., Chapter 7.

미켈 보쉬-야콥슨 지음, 전혜영 옮김, 〈의약에서 독약으로〉, 2016, 율리시즈, 프롤로그., 프로작이 불러온 자살.

1980년대 당시 미국 FDA의 프로작 승인 과정에 관한 자세한 내용은 다음 문헌들을 참조. Healy, D. (2009). The Creation of Psychopharmacology, Harvard University Press. Chapter 7. The Sorcerer's Apprentice., Healy, D. (2003). Let Them Eat Prozac, James Lorimer & Company Limited. Introduction: Before Prozac. Prozac and the Regulators.